Julia Finkernagel

Ostwärts

mdr

Julia Finkernagel

Ostwärts

Oder wie man mit den Händen Suppe isst, ohne sich nachher umziehen zu müssen

KNESEBECK Stories

Inhalt

Prolog 7

Polen 10

Diplomatie für Einsteiger in Breslau 11

Mit Kloß im Hals in Krakau 14

Slowakei 20

Gruseln in Čachtice 21

Ungarn 28

Lebensmüde in Budapest 29

Reiten in Ungarn ist Ehrensache –
und meine leichteste Übung 33

Die schlimmste Nacht der Reise 36

Rumänien 41

Über Siebenbürgen musst du gehen 42

Peter der Leibhaftige –
ein Running Gag wird Wirklichkeit 47

Bulgarien 53

Trampen für Fortgeschrittene 54

Wieder mal die schlimmste Nacht der Reise.
Diesmal: Baltschik 61

Coming Home ain't Easy 63

Georgien 67

Willkommen im Bootcamp für die Leber 68

Eine georgische Tischgesellschaft, oder:
Alles hört auf den Tamada 75

Goldsuche im geheimen Dorf 81

Pferdetreck ins Gebirge – Reiten:
Klappe, die zwote 86

Gastfreundschaft 2.0 (Promille) 95

Russland 100

Dreimal Russische Riviera, bitte 101

So geht Reporterglück:
auf dem Weg zum Völkerkunde-Museum
über eine Volksgruppe stolpern 105

Saumäßig lässiger Pferdetreck und a…kaltes
Zeltlager in 2000 Metern Höhe 112

Julias verhexter Wunschzettel –
Murphys Gesetz gilt auch im Kaukasus 123

Absolut begründeter Terrorverdacht – über
Muffensausen und Kopfkino hinter Gittern 127

Kirgistan 135

Mit einer kirgisischen Schönheit, Aprikosenduft
und hundertmal Plov unterwegs 136

Schuften in der Sommerjurte –
ein Tag als kirgisische Schwiegertochter...... 142

Der schlimmste Drehtag –
das On/Off-Problem mit dem Auslöser 151

Glauben ist alles! 157

Tadschikistan 162

Umleitung! Legendärer Roadtrip über den legendären Pamir-Highway 163

»Ziehzeit« – oder wie man in Tadschikistan anständig Tee macht 170

Fünfhundert Kilometer Herzklopfen 175

Eine Hochzeit, und der Gast bekommt die Geschenke 180

Usbekistan 189

Von Märchen, Medresen und Modern Talking 190

Die Karawane zieht weiter nach Buchara 195

Der Realität entrückt in Chiwa 200

Hohe Diplomatie in Karakalpakistan oder: der lange Treck zum Aralsee 203

Mongolei 208

Leben außerhalb der Komfortzone – bei den Onkels in der mongolischen Steppe 209

Leben mit dem inneren Kompass – und einem mongolischen Macho 220

Ein eigenes Kapitel nur für das Bächlein 227

Total im (mongolischen) Fluss oder: Respekt muss man sich eben erarbeiten 230

Epilog 236

Dank 237

PROLOG

Von Leipzig ans Schwarze Meer und dann immer weiter ostwärts – erster Drehtag überhaupt

Im Abteil riecht es nach Salamibrötchen und Zigarettenrauch. Das Rattern macht schläfrig. Zwei Männer sitzen mir gegenüber, in diesem polnischen Zug auf dem Weg in mein bisher größtes Lebensabenteuer. Die beiden sind ab jetzt »meine« Männer. Tom und Michael.

Gerade haben wir die Grenze passiert. Hohe Fichten reichen bis ans Gleisbett, Sonnenlicht glitzert hindurch, es ist ein freundlicher, alter Wald. Auf dem Weg von Leipzig bis hierhin haben wir schon so viel geredet und gelacht, dass mittlerweile Stille eingekehrt ist und jeder von uns seinen Gedanken nachhängt. Wie wird das wohl werden die nächsten Wochen? Einen guten Monat lang werden wir Tag und Nacht zusammen sein (na ja, nachts vielleicht nicht) und für unser Filmprojekt arbeiten. Hoffentlich geht alles gut, hoffentlich vertragen wir uns, passiert uns nichts Schlimmes, versemmel' ich das nicht. Denn das hier ist eine echte Premiere.

Es ist ein Juninachmittag und unser erster *Ostwärts*-Arbeitstag geht in die zehnte Stunde. Er hat heute Morgen um halb fünf in Leipzig begonnen: Anmoderation auf dem Fockeberg in der aufgehenden Sonne. »Kannste nur einmal drehen, denn die geht nicht noch mal für uns auf, wenn es nicht perfekt sein sollte«, weiß der Kameramann. *If it's wrong, it's right for television* – heißt im Klartext: So wie es ist, wird es gesendet. Noch mal drehen gilt nicht, das ist ab sofort das Motto.

Prolog

Unser Auftrag: Filmmaterial für sechs Folgen der neu konzipierten Serie *Ostwärts* mitbringen. Brauchbares, wohlgemerkt! Unser Reisebudget ist verschwindend klein, unser Gepäck auch, aber trotzdem ist es zu schwer und zu viel. Aus diesem Grund sind wir nicht nur zu zweit, sondern zu dritt. Michael ist mein Kameramann (wie cool klingt das, bitte?) und wird ab jetzt alles filmen, was mir und uns unterwegs passiert. Da wir aber nicht mit einem Kleinbus reisen und entgegen landläufiger Meinung auch nicht von einem Begleitfahrzeug mit Maske, Kostümberaterin und Cateringteam verfolgt werden, sondern wie jeder stinknormale Backpacker mit öffentlichen Verkehrsmitteln das Schwarze Meer erreichen wollen, brauchen wir noch einen Obelix, der des Kameramanns Gepäck schultert, wenn wir durch Flüsse waten, Burgberge erklimmen oder auf Züge springen und es schnell gehen muss. Ähnlich wie die aufgehende Sonne uns keine Extrawurst brät, werden nämlich auch die öffentlichen Verkehrsmittel des Ostens nicht auf uns warten (eher schon wir auf die). Unser Obelix heißt Tom. Der ist gerade mit seinem Studium fertig und hat gestrahlt wie Bolle, als er für diesen Job angeheuert wurde. Ebenso wie Michael. Der ist ein alter Hase im Kamerageschäft und hat schon in den außerirdischsten Ländern gedreht. Er war quasi überall und nichts kann ihn aus der Ruhe bringen (das wird sich bald ändern).

Wir haben zwei Kameras, dreißig Filmkassetten und sieben Reiseführer dabei. Ich bin voller Vorfreude, aber auch ziemlich aufgeregt und frage mich zum x-ten Mal: Wie bin ich hier eigentlich reingeraten?

In Wahrheit bin ich ja gar keine Filmemacherin, sondern bloß Managerin auf Urlaub. Nach zehn Jahren Projekte rocken und Abteilung leiten am Frankfurter Flughafen habe ich um eine einjährige Verschnaufzeit gebeten und bin um die Welt gereist. Wollte herausfinden, wo meine Leidenschaft ist – im klimatisierten Büro war sie mir irgendwie abhanden gekommen. Also untervermietete ich meine Wohnung und weg war ich: mit dem Rucksack nach Südostasien, später nach Skandinavien und Nordamerika. Von Anfang an habe ich Reiseberichte geschrieben und mit meiner Hosentaschenkamera die Skurrilitäten gefilmt, die mir unterwegs passiert sind. Dadurch verwandelten sich schlimme Erfahrungen in lustige (tellergroße Spinnen, tellergroße Zimmer, tellergroße Augen beim Anblick des Dschungel-Baumhauses und der Konstruktion, über die man sich dorthin abseilen sollte), und meine Reisen wurden für Freunde, Familie und die daheim gebliebenen Flughafenkollegen miterlebbar. Nach vier Monaten voller Geschichten, die von meinen Empfängern munter weiter verteilt wurden, bat die Kulturchefin vom MDR um Kontaktaufnahme und bot mir ein Praktikum beim Fernsehen an. Das Zeitfenster lag noch innerhalb meines Sabbatjahres. Ich dachte: Merkt ja keiner, und schlug ein. Gegen Ende der zwei Monate sollte ich einen Probefilm für ein neues Reiseformat (*Ostwärts*) drehen. Ich zog mit einer Kamerafrau auf eine winterliche Paddeltour durch Leipzig, machte meinen allerersten Fünfminüter – und wurde angeheuert.

Und jetzt sitze ich tatsächlich in einem Zug Richtung Osten und fühle mich so semilocker.

Ich habe eine grobe Route im Kopf. Wir wollen über Breslau und Krakau in die Slowakei, uns von da Richtung Ungarn vorarbeiten, mit Stopp in Budapest, dann durch Rumänien weiter nach Bulgarien. Dort geht in 31 Tagen unser Rückflug ab Varna, den sollten wir nach Möglichkeit kriegen.

Und bis dahin noch miteinander sprechen (und überhaupt: noch leben).

Polen

GUT ZU WISSEN:

Erst mal rüber zum Nachbarn und fröhlich »Dzień dobry!« (»Guten Tag!«) sagen.

Unbedingt probieren: Oscypek (kleine geräucherte Käse aus Schafsmilch mit Zopfmuster)

- 1 -

Diplomatie für Einsteiger in Breslau

In Breslau ist die Hölle los. Fußball-Europameisterschaft, Vorrunde. Allgemeine große, fröhliche Euphorie. Wir befinden uns (2008) in einer Ära, in der wir mit entspannt hoch erhobenem Kinn in so ein Turnier gehen (und wenn ich »wir« sage, meine ich natürlich vor allem uns fußballdeutsche Zuschauer). Diese Ära hält noch zwei weitere sehr ordentliche EMs, zwei WMs und einen Titel für uns bereit, bevor sie 2018 – das deutsche Fußballselbstvertrauen zutiefst erschütternd – abrupt zu Ende gehen wird. Und bevor mit dem historischen Ausscheiden in der WM-Vorrunde in Russland auch etwas Sportlichkeit vom Platz gehen wird. Aber noch sind wir davon weit entfernt.

Heute spielt Deutschland gegen Polen. Ausgerechnet. Singende Fans in Rot-Weiß laufen am frühen Abend über den Rynek und grölen in unsere Kamera. Der mittelalterliche Rynek ist einer der schönsten Plätze, die ich kenne, etwa zweihundert mal zweihundert Meter groß und rundrum von bunten, edelst begiebelten Patrizierhäusern gesäumt. In der Mitte des Platzes stehen das »neue« und das (tipptopp restaurierte) Alte Rathaus. Breslau war schon vor sechshundert Jahren ein totaler Hotspot (ganz ohne WLAN), und auf dem Rynek strömt dieser mittelalterliche Hochglanz aus jeder Mauerspalte.

Solche Plätze rufen in mir ein Schwärmen hervor, das von tief unten kommt: »Altes Europa«, will es seufzen, »lass dich nie abreißen, asphaltieren, verputzen, sondern bleib so, wie du bist.« Ich ziehe meinen Hut vor den Trillionen von Restauratoren, die hier sorgsam geackert haben, um das wieder herzustellen, was von früher erzählt – weil es sonst für immer verschwindet. Denkmalschutz eins a. Da knicke ich doch gerne x-mal auf dem Kopfsteinpflaster um und schnaufe schmale steile Treppen hinauf, wenn ich dafür einen Hauch »Damals« bekomme.
Ja, da fließen Steuer- und massenhaft EU-Gelder rein, und nein, die Welt ist nicht gerecht. Aber wer zum ersten Mal den Rynek beschreitet, denkt nicht mehr daran (wenn es dich zum ersten Mal anlächelt, sind die Wehen vergessen). Was den Rynek außerdem besonders macht: Er ist keine Touristenfalle (jedenfalls keine reine.) Auch die Einheimischen kommen hierher, wenn sie mal schick ausgehen wollen. Und teilen ihren Platz und das viele Bier mit den Besuchern von außerhalb. Auch und ganz besonders an jenem Sommertag, als Deutschlands Fußballstern noch ungebrochen strahlt.

Die schon vor Spielbeginn ordentlich angeschickerten Fans brüllen fröhliche, aber auch unflätige Kampfrufe in die Kamera (das schneiden wir dann raus) und sind extrem gut drauf. Noch. Als nach zwanzig Minuten das erste Tor für Deutschland fällt, ausgerechnet durch Lukas Podolski und dann auch noch vorbereitet von Miroslav Klose (die brauchen sich hier vorläufig nicht mehr blicken zu lassen), müssen wir uns sehr am Riemen reißen, um uns nicht zu laut zu freuen. Als Podolski dann in der zweiten Halbzeit noch mal trifft, ziehen wir uns unauffällig zurück, denn so eine Stimmung kann schnell kippen, und die Fußballfreunde hier haben inzwischen noch viel mehr Bier intus. Das muss irgendwann wieder raus, und die männlichen Fans lassen in jeder, ich betone in JEDER, Toreinfahrt, die nicht rechtzeitig

abgesperrt wurde – nebeneinander aufgereiht wie die Mannschaft beim Hymnesingen – hemmungslos alles raus. So duftet das wunderschöne Breslau an diesem Abend an manchen Stellen nach Bier und an den anderen nach Pipi.
Kurzer Einwurf: Es gab eine größere Diskussion im Sender, ob man »Breslau« sagen darf oder sich politisch korrekt mit »Wrocław« die Zunge abbrechen muss. Für die Sprach-Nerds unter uns: Es wird Wrotz-whaff ausgesprochen – das »ł« mit dem Strich durch klingt wie ein englisches »wh«, zum Beispiel in »what«. Für die anderen 98 Prozent, denen »Breslau« leichter über die Lippen geht, kommt hier die Beruhigung: Es hat nichts Geschmäcklerisches und ist auch keineswegs politisch unkorrekt, »Breslau« zu sagen. Freundschaftlich und völkerübergreifend wurde festgelegt, dass Namen sowohl in der Landes- als auch in der jeweils eigenen Sprache ausgesprochen werden können: So dürfen die Amerikaner München Munich nennen und die Franzosen Londres sagen statt London. Alles easy.
Wir werden auf den Stationen, die folgen, noch ein paarmal unter Leuten EM-Fußball schauen, denn Deutschland schafft es bis ins Finale (wo wir uns dann tragischerweise von Spanien wegbürsten lassen werden).
Wir wollen nach Krakau, und so lustig und launig die Reise gerne werden darf: Dort haben wir etwas Schwermütiges vor.

- 2 -

Mit Kloß im Hals in Krakau

Den Film *Schindlers Liste* habe ich drei- oder viermal gesehen und jedes Mal Rotz und Wasser geheult. Meine allgemeine Affinität zu Filmen lässt mich oft noch Tage nach dem Abspann auf der jeweiligen Geschichte herumkauen. Was ist wohl danach passiert, was wäre gewesen, wenn? Ich spinne sie weiter und speichere die Originalschauplätze auf meinem internen Reisewunschzettel. Bei *Schindlers Liste* ist aber noch mehr passiert: Aus irgendeinem Grund fühle ich mich dem ehemaligen mittel- und osteuropäischen jüdischen Leben emotional verbunden. Es interessiert mich und berührt mich. Ich fühle eine Art Grundschuld, obwohl ich gnädigerweise nicht in dieser Zeit gelebt habe. Ich habe Filme über jüdische Lebensgeschichten gesehen, Bücher gelesen, Museen besucht, war in Jerusalem in der Niemand-kann-je-wieder-glücklich-werden-Gedenkstätte Yad Vashem, aber ich hatte noch keinen Ort gefunden, an dem dieses frühere jüdische Leben tatsächlich greifbar wird. Oder anders gesagt, einen Platz, an dem ich erleben kann, wie sich damaliger jüdischer Alltag – und ich meine an dieser Stelle den »normalen« – angefühlt hat.
In Krakau gibt es diesen Ort, es ist der Stadtteil Kazimierz. Manch einer mag es kitschig finden (call me a wimp) – ich bin elektrisiert. Wir staunen uns durch die hübschen Gassen (Kopfsteinpflaster!), kommen

an Synagogen und alten Bethäusern vorbei, sehen steinerne Davidsterne an den Hauswänden. In einem der Restaurants auf dem langgezogenen Szeroka-Platz gehen wir jüdisch essen, beobachten die vorbeilaufenden Menschen. Es sind viele Touristen darunter, viele ältere, einige mit jüdischem Hintergrund (was Tom, der gerne mal die Leute anquatscht, in Erfahrung bringt). Und wir stellen uns vor, wie das gewesen sein muss, als die Welt für diese besondere Gruppe Menschen noch in Ordnung war (oder zumindest halbwegs in Ordnung) und nur wenige ahnten, was auf sie zukommt.

In der Buchhandlung neben der Hohen Synagoge explodiert schließlich der Kloß in meinem Hals. Und zwar, weil auf einem Buchdeckel der Begriff »Stetl« steht. Dieses eine kleine Wort sorgt dafür, dass ich minutenlang ratlos und mit feuchten Augen Bücher von einem auf den anderen Haufen stapele und total verloren bin. Ich mag mich darüber nicht mit »meinen Männern« austauschen, weil ich das Gefühl gar nicht auszudrücken vermag – es spielt sich jenseits meines Sprachzentrums ab. Ich will auch auf keinen Fall hinübersehen, was die beiden jetzt gerade tun. (Hoffentlich filmen sie mich nicht.) Wahrscheinlich machen sie das gleiche wie ich, starren und schlucken. Sowohl Michael als auch Tom sind nämlich ebenfalls durchaus »rührbar« und in der Lage, ein Tränchen zu verdrücken, wenn sie von einer Welle der Empathie überrollt werden.

Kazimierz also. Als ich eine Woche vor Abreise noch einmal Schindlers Liste gesehen habe, kam beim Abspann in mir die Frage auf, ob von den »Schindlerjuden« noch welche leben könnten, und wenn ja, wo. Sind sie nach Israel gegangen und dort geblieben? Oder hatten sie Heimweh nach Europa und sind zurückgekommen? Die Online-Recherche bringt nicht viel zutage. Ich will das aber wissen und filmen. Und werde ausgerechnet in meinem Reiseführer fündig. Demnach führt in der Remuh-Synagoge ein Mitglied der Krakauer jüdischen Gemeinde Aufsicht, das selbst auf Schindlers Liste stehen soll. Also auf zur Synagoge. Die Ernüchterung kommt schnell, der gute Mann ist nämlich verreist. Wir erfragen daraufhin in unserem kleinen Hotel, wo die jüdische Gemeinde beheimatet ist, und filmen den gesamten Suchvorgang (das, was bei »Bitte melde Dich« oder »Vermisst« im Vorfeld gemacht wird).

Hierbei lerne ich zwei spitzenmäßige Nebeneffekte meiner vierwöchigen Dauerverkabelung kennen. Ich trage nämlich von früh bis spät ein kleines Ansteckmikrofon – unter Profis: die Funke. Diese klemme ich mir jeden Morgen im Ausschnitt fest. Das daran hängende Kabel mündet nach einer Irrfahrt um meinen Oberkörper in ein zigarettenpäckchengroßes Funkgerät, das wiederum in meiner hinteren Hosentasche steckt. Ein baugleiches zigarettengroßes Päckchen (das »baugleich« nehme ich an, es sieht jedenfalls genauso aus) ist auf die Kamera geschraubt.
Zum einen landet so der von mir kontinuierlich produzierte Schall auf magische Weise (Funk eben) an Michaels Kamera, beziehungsweise über ein weiteres Kabel in seinen Kopfhörern. Wenn ich – was vorkommt – ohne Ansage herzhaft niese oder ein Taxi rufe, kann es passieren, dass Michael schmerzverzerrt zusammenzuckt, weil er mich mordsmäßig verstärkt auf die Lauscher bekommt. Ich könnte mich auch mit einem Megafon an sein Ohr stellen und reinbrüllen.

Der zweite Effekt ist allerdings noch cooler. Den lerne ich kennen, als ich aus dem Gebäude der jüdischen Gemeinde herausstürme, um ihm freudig mitzuteilen, dass wir willkommen sind. Schon auf halber Strecke pralle ich jedoch mit der Kamera zusammen.
»Aber wir haben doch ausgemacht, dass ich erst frage, ob wir drehen dürfen!« (Julia hat gerne die Kontrolle über das Geschehen, wenn sie nervlich angespannt ist.)

»Dürfen wir doch«, sagt Michael (der ebenfalls in Stresssituationen ungern die Fäden aus der Hand gibt).
Ich gucke verständnislos.
Er tippt auf seine Kopfhörer, grinst und sagt: »Ich höre dich, Julia«. Dann, etwas leiser (ich will nicht sagen, gequält): »Die ganze Zeit«.
Oh. Die Funke.
Vom hilfsbereiten Herrn Russek aus der jüdischen Gemeinde erfahren wir, dass es noch genau zwei überlebende Schindlerjuden in Krakau gibt. »Schindlerjude« ist die selbst gewählte und eher nüchterne Bezeichnung für diejenigen tausend Menschen, die der deutsche Fabrikant Oskar Schindler vor dem sicheren Tod im Konzentrationslager bewahrte, indem er sie im Herbst 1944 für seine Munitionsfabrik im tschechischen Brünnlitz »kaufte«. Ein Krakauer Medizin-Professor hat über Jahre hinweg aus Interviews mit Überlebenden, von denen viele seine Patienten waren, ein Buch über Oskar Schindler geschrieben. Diesen Arzt ruft Herr Russek an, und kurz darauf sitze ich erst im Wartezimmer der Praxis von Professor Skotnicki und dann in seinem Professorenzimmer, das aussieht wie eine unaufgeräumte Bibliothek. Überaus charmant, der Herr Professor, muss ich schon sagen, auch mit sechzig noch durchaus ein Frauentyp. Er öffnet mir sein Herz und kurz darauf die Tür zum Patientenzimmer von Stella Müller-Madej.

Es ist ein bewegender Moment. Ich bin aufgeregt und will das auf keinen Fall vermasseln. Ihr jetzt bloß nicht irgendwie zu nahe treten, denke ich. Oder allzu begeistert sein, dass wir sie sehen können – »Begeisterung« ist bei dem Thema vielleicht nicht angezeigt. Ich bin aber begeistert. Frau Stella (so sagen das die Polen, ich bin hier Frau Julia) ist zwar etwas klapprig, aber wahnsinnig freundlich und spricht prima deutsch. Die kleine Frau sitzt in einem Krankenhaus-Rollstuhl und stützt den Kopf in eine Hand. Sie hat schüttere kurze, dunkle Haare, lebendige braune Augen und ein warmes Lächeln.

Sie erzählt bereitwillig und strahlt sogar richtig, als wir auf Oskar Schindler kommen.

Ihre Geschichte ist live ebenso dramatisch, wie ich sie aus dem Film kenne. Stella Müller (später Müller-Madej) ist Nummer 169 auf Schindlers Liste. Sie berichtet nüchtern, dass sie in Auschwitz mehrmals durch die Tür der Gaskammer gehen musste und dann in letzter Minute zurückgepfiffen wurde. Mit vierzehn. Das sagt sie ganz ohne Bitterkeit, ohne sichtbaren oder spürbaren Groll, einfach so als Tatsache. Vielleicht hat sie das Thema »ausgefühlt« – ich bin ja nicht die Erste, mit der sie darüber spricht.
Schindler hatte Chuzpe, das muss man schon sagen. Im Epizentrum des Bösen noch auf dicke Hose zu machen und geschäftsmännisch auf »seine Arbeiterinnen« zu pochen. Er bezahlte für jede einzelne der Frauen und kaufte sie damit vor dem sicheren Tod in der Gaskammer frei. In Auschwitz hat Frau Stella Oskar Schindler zum ersten Mal gesehen und sagt, dass sie sofort wusste, wer das ist. Sie lächelt und erzählt mit ihrem reizenden Satzbau von diesem Moment. »Wir haben ihn nicht früher gesehen, aber wir haben absolut gewusst, DAS muss sein der Oskar Schindler. Und so ruhig hat er geredet: ›Nu ja, jetzt wir gehen zu meiner Fabrik, und jetzt die alle Frauen sind meine.‹« Sollte er das wirklich so gesagt haben, dann »Chapeau!« vor so viel Rest-Humor an derartigem Ort.

Frau Stella berichtet auch von dem Tag – später in der Fabrik in Brünnlitz –, als »seine« Fabrikarbeiter Oskar Schindler zum Geburtstag gratulierten und sagten: »Wir lieben dich alle, sei gesund!« Dass er da ein bisschen geweint habe. Ich recherchiere: Es muss sein 37. Geburtstag gewesen sein.

Wir führen kein übermäßig langes Interview. Es ist ja mein erstes überhaupt, und für so einen historischen Moment bin ich furchtbar schlecht vorbereitet. Hinterher werden mir noch tausend Fragen einfallen, die ich Stella gern gestellt hätte. Ich kann bei dieser besonderen Frau kein noch so kleines Fünkchen Bitterkeit erspüren. Sie ist freundlich, weichherzig, voller Frieden und Dankbarkeit. Zum Abschied legt sie ihre Hand in meine und sagt mit einer ganz sanften Stimme: »Ich erinnere ihn jede Nacht, jeden Tag, jeden Moment«. Ich bin genauso sprachlos wie ergriffen.

Als wir die Klinik wieder verlassen, sind wir ein Kaleidoskop unterschiedlicher Gefühlslagen: Natürlich sind wir bedröppelt ob der unglaublichen Geschichte, aber auch froh über dieses spezifische Happy End. Außerdem stolz und erleichtert, weil wir das filmen konnten, und ein wenig erschöpft wegen des gesamten emotionalen Aufruhrs. Eins-a-Journalisten. Sachlich-distanziert. (Nicht.)

Mit diesem einzigartigen Erlebnis im Kopf und im Herzen verlassen wir Krakau mit dem Zug in Richtung Hohe Tatra und reisen vom polnischen Wintersport-Juwel Zakopane (wo man an Grillständen mannsgroße Schweinespieße verschluckt und mit gigantomanischen Bierrationen nachspült) weiter über die Grenze in die Slowakei.

Slowakei

GUT ZU WISSEN:

Das unterschätzte Schätzchen zwischen Polen, Tschechien und Ungarn

Wichtiges Wort: »strašidelný« (»straschidjelni«), das heißt »gruselig« – und zum Gruseln sind wir hier.

- 3 -

Gruseln in Čachtice

In der Slowakei reisen wir ausnahmsweise mal westwärts. Wir kommen von oben herein (oben im Sinne von oben, und im Sinne von Norden). Die Grenze zwischen Polen und der Slowakei verläuft durch die Hohe Tatra, den höchsten Gebirgszug der Karpaten. Sie hat einige hundert Zweitausender und allein vierundzwanzig Gipfel über 2500 Meter. Die Grenze liegt weiter unten, auf 860 Metern. Ein polnischer Bus bringt uns zur Bergalm Łysa Polana. Dort führt eine Fußgängerbrücke über die Białka rüber in die Slowakei – außerordentlich idyllisch, dieser Grenzübergang. Dass wir auf den slowakischen Bus von hier nach Poprad warten müssen, kommt mir sehr gelegen, denn es riecht nach den Ferien meiner Kindheit in den Alpen. Grasduftschwangere Bergluft weht über die Wiesen und durch die hohen Wipfel, der Fluss plätschert leise. Hach. Jetzt einfach hier bleiben, Heidi-Urlaub machen, das wäre was. Doch Müßiggang ist nicht angezeigt: Wir wollen es ja bis ans Schwarze Meer schaffen. Irgendwann – so nehme ich mir vor – komme ich wieder, mit mehr Zeit und ohne Kamera. Ab jetzt werde ich mir das jeden zweiten Tag irgendwo vornehmen. Es wird so was wie mein Mantra.

Von Poprad arbeiten wir uns mit einem gemütlichen Zug in Richtung Westen vor. In Züge ein- und aussteigen ist das Einzige, das wir zweimal drehen. Deshalb muss es extra schnell gehen. So langsam bekomme ich Routine: Zug fährt ein. Tom sucht sich mit seinem und Michaels Gepäck eine Tür weiter hinten und steigt ungefilmt ein. Ich erklimme für die Kamera den Zug, Michael filmt von außen. Jetzt muss ich ganz fix wieder aussteigen und ihn hineinlassen. Von innen filmt Michael, wie ich reinkomme. Man macht sich darüber keine Gedanken, weil das im Film später wie ein ganz normales Einsteigen aussieht. Mir ist es mittlerweile so in Fleisch und Blut übergegangen, dass es mich nicht überraschen würde, wenn es mir irgendwann auch mal ohne Kamera passiert, dass ich direkt hinter der Zugtür wieder kehrtmache …

Weil wir es uns wert sind, reisen wir heute erster Klasse (stechen allerdings ein bisschen raus mit unseren Outdoorklamotten und den Rucksäcken). Der Blick aus dem Fenster ist auch erster Klasse. Die Slowakei ist reich an alpinen Gebirgslandschaften und gesegnet mit Heilquellen und unberührter Natur. Nach der Trennung von Tschechien hat die Slowakei bekanntheitsmäßig zwar definitiv den Kürzeren gezogen, aber das verleiht ihr gleichzeitig diesen gewissen Geheimtipp-Charme.

In Nove Mesto müssen wir umsteigen und uns beeilen (inklusive einsteigen, aussteigen, einsteigen), um die Schnellbahn nach Čachtice noch zu erwischen. Das Örtchen Čachtice (»Tschachtize«) hat eine blutige Vergangenheit, denn auf der dazugehörigen Burg hat sich eine absolut slasher-mäßig grausame Geschichte abgespielt. Die liegt zwar schon vierhundert Jahre zurück, doch das schmälert ihren Gruselfaktor nicht im mindesten. Im Guinness-Buch der Rekorde ist von der »produktivsten Serienmörderin aller Zeiten« die Rede. Čachtice selbst ist heute allerdings genauso tot wie die sechshundert Mädels, die auf das Konto der sogenannten »Blutgräfin« gehen sollen.

In Amerika hätte man kurz vor dem Ortseingang eine Autobahnausfahrt mit riesigen Hinweisschildern gebaut und ein fußballfeldgroßes Gelände zu einem Parkplatz planiert. Von dort würde eine schicke Seilbahn die Menschenmassen bis zur Burg hinauf katapultieren, wo man auf einem rollstuhlgeeigneten Rundweg die Ruine erkunden kann. Es würde Buden mit Horror-Souvenirs und Zombie-Burgern geben, eine Geisterbahn und super gelaunte Guides mit Länderschildchen am Polohemd. Kostümierte und blutverschmierte Nachwuchsschauspielerinnen würden jede Stunde in einer Slash-the-Virgin-Show auftreten und kreischen, was das Zeug hält.

Hier: nix. Also im Sinne von gar nix. Ist das schön! Ich komme mir vor, als seien wir die Ersten, die dieses geschichtsträchtige Juwel entdecken! Die Ersten in Machu Picchu! Zu Fuß den Berg erklommen, oben über den Rand geschaut, der Nebel lichtet sich, und BÄM! Allerdings ist hier auch sonst nichts Touristisches. Im Sinne von, sagen wir, einem Hotel. Wir laufen vom winzigen Bahnhof aus eine ländliche Straße entlang, rechts und links von eingeschossigen Häusern mit Gärten gesäumt. Es ist schon später Nachmittag, alles menschenleer. Nein, nicht alles. Ich entdecke einen Mann in seinem Vorgarten und frage, ob er englisch oder deutsch spricht. Er antwortet in astreinem Slowakisch, und wir reden ein bisschen gleichzeitig. Ich gestikuliere »schlafen« und »essen« und wechsle (als ob das helfen würde) ins Denglisch. Er gestikuliert so etwas wie »Bleiben Se ruhich, Frollein« und zieht ein winziges Handy aus der Tasche. Unter freudigen Ausrufen reicht der Mann mir kurz darauf das Telefon: Dran ist sein Sohn, der kann Englisch. Er beschreibt mir den Weg zu einer Unterkunft, wir bedanken uns und laufen zur Bushaltestelle. Der Weg führt durch einen riesigen Friedhof, der sich zu beiden Seiten der Straße erstreckt. Ich staune über die unzähligen Gräber, die mit frischen Schnittblumen bedeckt sind. Hier wird anscheinend ordentlich gestorben. Der Himmel verdunkelt sich, und es donnert in der Ferne (oder bilde ich

mir das ein?), eine schwarze Katze kreuzt von links (kein Witz) und klassischerweise fängt es an zu regnen. Die Dramaturgie – das muss man Čachtice lassen – ist schon mal eins a.
Der Bus bringt uns in die »Innenstadt«. Ich freue mich auf eine anständige Portion landestypisches Essen – Sauerkraut vielleicht oder eine deftige Suppe. Und danach möchte ich unter eine rotkarierte, nach Waschmittel duftende Decke schlüpfen und morgen die Blutgräfin aufspüren. So könnte das laufen.
Tut es aber nicht. Die »Unterkunft« ist ein wenig einladendes älteres Gebäude über einer gut besuchten Kneipe. Zehn Euro kostet das Zimmer, und wir buchen drei. In den Zimmern stehen mehrere schmale Pritschen, teilweise frei im Raum. Wenn man einen etwas größeren nächtlichen Bewegungsradius hat, sollte man ein Bett an der Wand wählen, sonst schläft man ruckzuck auf dem Boden. Rotkarierte Decken sind leider Fehlanzeige, dafür duften sie. Gut – jetzt nicht nach Waschpulver, sondern nach Zigaretten. In Osteuropa gehört Rauchen dazu, und deshalb darf man das auch in Hotelzimmern, ohne dass hysterische Aufschreie zu erwarten wären. Die sanitären Anlagen befinden sich am Ende des Flurs und werden mit den anderen Bewohnern geteilt. Ich habe noch keine anderen Gäste gesehen, dann wird es schon keinen Stau geben, wenn die Dame am Morgen 'was länger braucht. Fehlt uns also nur noch etwas zu essen.

Die Kneipe im Erdgeschoss ist brechend voll. Viele sind Wanderarbeiter, meist rumänische, und ich stelle fest, ich bin die einzige WanderarbeiterIN im Raum. An der Wand hängt ein Fernseher, es läuft Fußball. Holland gegen Rumänien. Null zu null. Wir erfahren, dass die Küche bereits geschlossen hat, und plötzlich fühle ich mich außerordentlich schwach. (Ich verfalle sofort in milde Panik, wenn ich nicht alle drei Stunden etwas zwischen die Zähne bekomme. Könnte ja schließlich verhungern.) Michael faselt etwas von: »Sieben Bier sind auch 'ne Mahlzeit« und bestellt sich das erste. Gut, nehme

ich auch ein kleines Bier. Hopfen und Malz werden mich vor dem sicheren Koma retten. Der Hunger bleibt. Was sich dazu einstellt, ist ein leichter Schwips. Und dann noch mehr Hunger. Ich gehe dem Mann hinter der Bar so lange auf den Keks, bis er tatsächlich irgendwoher einen Laib Brot auf den Tresen zaubert. Am Stück! Also gibt es Brot und Bier, wie im Mittelalter. Passt ja zur Blutgräfin.
Nach vielen butterlosen Scheiben, diversen Gläsern Bier und Cola, beschließen wir, uns aufs Ohr zu hauen. Ich tappe durch den spärlich beleuchteten Flur ins kollektive Bad und stelle fest: Man kann das Klo nicht abschließen (och nee!). Auf dem Rückweg bekomme ich dann fast einen Herzinfarkt. Aus einem unbeleuchteten Seitengang tritt einer der Wanderarbeiter aus dem Dunkeln auf mich zu. Einfach so! Ob er das mit Absicht macht oder das einfach nur sein Weg aufs Klo ist und ob er sich ebenso erschrocken hat wie ich, werde ich nie erfahren, denn mir entfährt ein lautes »Ha!«, und ich renne um mein Leben an ihm vorbei (ich glaube, er grinst) und direkt in Toms Zimmer. Dort knalle ich die Tür zu, schmeiße mich von innen dagegen und ernte aufgerissene Augen.
»Was ist los?«
»Ich schlaf heute Nacht hier!«
Tom hat nicht wirklich die Wahl, denn keine zehn Pferde kriegen mich vor dem Morgengrauen wieder aus diesem Zimmer heraus. Ich gehe auch unter keinen Umständen heute Nacht aufs Klo! Das Bier. Bleibt. Drin.

Es wird eine unruhige Nacht auf dem schmalen Bett. Es ist unbequem und knarzt bei jeder Bewegung. Ich habe Tom seiner Alleinzeit beraubt, und mich plagt bei jeder Drehung die Befürchtung, dass er mich in der anderen Ecke des Zimmers rascheln hört. Durch die dünnen Wände schnarcht es aus allen Richtungen. Michael hat es auch nicht besser, sein Zimmer liegt direkt neben dem Gemeinschaftsbad, und er wird so gegen fünf von den ersten sich

unter Wasser schnäuzenden Arbeitern geweckt. Daher sind wir am nächsten Morgen alle ein bisschen gerädert. Aber so eine Nacht hat ja auch eine Kraft in sich. In dem Moment, als die Sonne aufgeht und die ersten Geräusche zu hören sind, bin ich so erleichtert, dass ich freudig aus dem Bett springe und den Tag sofort mit etwas anderem füllen will. Für uns ist das heute die Blutgräfin, die hat jetzt lange genug gewartet.
In ihrer Herkunftssprache – zu ihrer Zeit, um 1600, waren hier ungarische Gefilde – hieß sie Báthory Erzsébet, auf Deutsch: Elisabeth Báthory. Milde gesagt litt sie wohl unter einer psychischen Störung. Die gute Frau Báthory hatte irgendwann herausgefunden, dass es sie a) ein bisschen anturnt, wenn Blut fließt, und sich b) eingebildet, dass es ihre Haut verjüngt, wenn sie diese mit dem Blut von jungen Mädchen behandelt. Zu ihrer – schwachen – Verteidigung lässt sich nur erwähnen, dass sie im Kindesalter unfreiwillig Zeugin einiger grausamer Morde an und Bestrafungen von Nahestehenden geworden war. Jedenfalls nahm das Schicksal seinen Lauf, als eine Kammerzofe ihr versehentlich an den Haaren zog, sie diese zur Strafe mit dem Kamm pikte und das Blut der Zofe auf den adligen Handrücken tropfte. Fortan verschwanden regelmäßig Bauernmädchen von den Feldern und wurden nie mehr gesehen. Angeblich soll Elisabeth im Blut der jungen Mädchen gebadet haben (bäh). Ob sie da Gerinnungshemmer mit einlaufen lassen hat, sei mal dahingestellt. Ist eben alles eine große Legende. Mit den Jahren und nach dem Tod ihres Mannes (der ebenfalls grausame Züge an sich hatte und andauernd auf Dienstreise zu irgendeiner Schlacht unterwegs war), machte sie sich nicht einmal mehr die Mühe, die Leichname ihrer Opfer diskret zu entsorgen, sondern ließ sie einfach über die Burgmauer werfen, wo die Wölfe dann für Ordnung sorgten.

Zwölf Jahre lang hat sie ihr blutiges Unwesen treiben können. Und zwar nur deshalb, weil die Gegend um die Burg herum evangelisch geworden war, die Burg und ihre Besitzerfamilie aber katholisch blieben. Daher waren der lokalen Gerichtsbarkeit wohl die Hände gebunden. Zack, Stempel: Nicht zuständig. Ein beherzter Pfarrer machte acht Jahre lang auf das mysteriöse Verschwinden so vieler Mädchen aufmerksam, die auf der Burg Arbeit suchten und nie mehr zurückkehrten, doch auch ihn hörte keiner. Zack, Stempel: Wiedervorlage.

Schließlich wurde die wahnsinnige Sadistin unvorsichtig: Sie bediente sich irgendwann nicht mehr »nur« am jungfräulichen Nachwuchs armer Bauernfamilien, sondern erweiterte ihr Beuteschema auf den niederen ungarischen Adel. Ganz blöde Idee. Der König bekam Wind von der Sache, schickte seinen höchsten Vertreter (der ein Cousin von Elisabeth Báthory war) los, und die Burg wurde gestürmt. Den Prozessakten nach bot sich dabei Ende Dezember 1610 folgendes Bild: Burgtor angelehnt, halbnackte Mädchenleiche im Eingangsbereich. Dutzende weiterer Leichen auf dem Hofareal, dazu Mädchen in Käfigen. Fairerweise sollte man erwähnen, dass die Zeugen dieses Prozesses unter Folter ausgesagt haben. Einmal war von dreißig Morden die Rede, einmal von achtzig, und eine Dienerin will ein (nie gefundenes) Notizbuch der Gräfin gesehen haben, in dem sie diese sechshundertfünfzig Opfer fein säuberlich aufgelistet hatte. Ich habe das mal ausgerechnet: gut sechshundert Mädchen in rund zwölf Jahren, das wäre ein Mord pro Woche. Na ja.

Genug vom Blutrausch. Beim Verlassen des Dorfes zwecks Weiterreise Richtung Ungarn kommen wir noch einmal am Friedhof vorbei, hier will ich meine »Abmoderation« der Geschichte aufnehmen. Bei näherem Hinsehen lüftet sich auch das Geheimnis der frischen Schnittblumen: Sie sind alle aus Plastik.

Ungarn

GUT ZU WISSEN:

Wo Schnurrbärte, Schwermut und schnittige Mannsbilder Standard sind. Und wo die Dame zur Begrüßung noch »Kese tschokolom« hört – »Küss die Hand«!

Und die anderen hören »Jó napót kívánok« – »Wünsche einen guten Tag!«

Ungarn

- 4 -

Lebensmüde in Budapest

Ungeachtet der Tausenden Schritte, die uns die eigenen Füße getragen haben, hat sich auf unserer Habenseite der Verkehrsmittel während dieses Trips schon einiges angesammelt: Züge aller Alters- und Komfortklassen, Straßenbahnen und auch mal ein Taxi. Flugzeug kommt zum Schluss – sofern wir es rechtzeitig nach Varna ans Schwarze Meer schaffen. Nun fehlt also dringend … ein Schiff.

Wir schippern von der slowakischen Hauptstadt Bratislava über die Donau nach Budapest. Und wenn ich schippern sage, meine ich in Wahrheit rasen in Lichtgeschwindigkeit. Budapest liegt knapp 200 Kilometer flussabwärts, aber wir brauchen mit dem intergalaktischen Schnellboot gerade mal eine Stunde. Dass das nur einmal am Tag fährt und wir es um ein Haar verpasst hätten, weil wir uns vorher nicht informiert haben und der Kapitän nur auf uns gewartet hat und, ja, auch ein bisschen stinkig war, weil ich die Dame am Schalter angefleht habe, ihn anzufunken und aufzuhalten, tut an der Stelle nichts zur Sache.

Wir preschen also im amerikanisch-klimatisierten Wassergeschoss gefühlt einmal um die Kurve, und wenig später glänzt links von uns auf der Donau-Ostseite »Pescht« (wie der Ungar sagt, ein »s«

spricht sich »sch«, bitte merken). Welch eine Pracht! Mit seinem neogotischen Parlamentsgebäude sitzt es da am Fluss und konkurriert nicht nur mit dem Parlament in London, sondern vor allem mit dem gegenüberliegenden Ufer. Am Westufer der Donau erhebt sich nämlich der mächtige Gellértberg mit der Zitadelle: Buda.
Buda und Pest sind je an die tausend Jahre alt und waren lange Zeit rivalisierende Städte, bis jede ein ihr angemessenes Alleinstellungsmerkmal gefunden hatte: Buda wurde Königssitz, und Pest konzentrierte sich auf Handel und Wirtschaft. Die Alten Römer kamen und verschwanden, die Mongolen kamen und verschwanden, Türken, Habsburger, Sowjets, sie alle kamen und verschwanden. Jeder hat etwas kaputt gemacht, aber auch etwas mitgebracht. (So haben zum Beispiel die Türken im 16. Jahrhundert die Badekultur eingeführt. Dass in Budapest heiße Quellen sprudeln, wussten zwar schon die Römer (die sich überhaupt deswegen hier niedergelassen hatten). Aber erst die Türken haben während ihrer Herrschaft über die Stadt orientalische Bäder in Buda gebaut, von denen heute noch vier in Betrieb sind. Mit krachermäßigen Kuppelgewölben, Beckenlandschaft und Säulengängen. (Da sage ich: Danke auch von meiner Seite!)

Über die Jahre haben Buda und Pest sich zusammengerauft und sind mittlerweile durch neun Brücken verbunden. Deren Königin ist die superromantische Kettenbrücke. Man bekommt ein Schleudertrauma, wenn man die Konstruktionen vom Schnellboot aus alle sehen will. Zum Glück haben wir dafür und für alles andere 48 Stunden Zeit.

Ich habe eine Jugendherberge in Pest für uns gebucht. Wir wollen vom Schiffsanleger mit dem Bus dorthin, doch aus dem Automat kommen keine Tickets. Entweder ich bin zu blöd oder das Gerät hat hitzefrei. Es sind 36 Grad im Schatten. Jedes einzelne Grad und jedes Gepäckstück zerren an unseren Nerven und unseren Rückenmuskeln. Der Busfahrer ist unfreundlich, wahrscheinlich weil mein Ungarisch so schlecht, im Sinne von nicht existent, ist. Ich kann nur freundlich zu jeder Tageszeit grüßen oder »Entschuldigung, ich verstehe leider kein Ungarisch« sagen. Interessiert ihn aber beides nicht. Wir mutmaßen, dass er so etwas wie »Passt schon« gesagt haben könnte, steigen ein und fahren schwarz. (Liebe Kinder, das macht ihr bitte nicht.)

Budapest ist rasend schön. Es ist die erste Stadt, von der ich – buchstäblich – höre, dass dort Hupen verboten ist. Es halten sich auch tatsächlich alle dran. Wie putzig. Einen großen Anteil unserer 48 Stunden verbringen wir mit dem Filmen meiner Suche nach Spuren des »Lieds vom Traurigen Sonntag«. Dabei handelt es sich um eine zutiefst melancholische Melodie, die ein zutiefst melancholischer Ungar 1933 geschrieben hat, als ihm wieder einmal sonntags die Decke auf den Kopf gefallen war. Der Komponist hieß Szeress Reszö (»ßeresch Rehschöö«), und was er nicht ahnte: Er hatte einen Nerv getroffen. Und zwar bei sämtlichen Suizidophilen, die anscheinend nur auf den richtigen Song gewartet hatten. Dazu muss man wissen, dass in Ungarn bis in die Neunziger die Selbstmordrate im weltweiten Vergleich am höchsten war. Vielleicht war es die melancholische ungarische Seele, vielleicht die Musik?

Das Lied ist wirklich schaurig schön. Traurig? Ja. Melancholisch? Ok, so weit würde ich auch noch gehen. Aber deswegen umbringen? Ähm, nein. Heute nicht. Es gibt einen herzschmerz-romantischen Kinofilm von 1999, der eine Geschichte um das Entstehen des Liedes und seine Wirkung erzählt. Der Film heißt »Gloomy Sunday – Das Lied vom Traurigen Sonntag«. Die Ungarn wären ja auch bekloppt, wenn sie den nicht abreißenden Hype um das Lied nicht auskosten würden.

Nach einigem Suchen finden wir in der Osvát Utca 11 (Ecke Dohány Utca) das Restaurant »Kulacs«, in dem die »Hymne der Selbstmörder« komponiert wurde. Steht auf einer Tafel an der Wand. Ein gut aussehender Geiger mit leuchtenden Augen, Mittelscheitel und Pomade im Haar spielt es für mich. Seine dreiköpfige Band begleitet ihn auf Hackbrett, Bratsche und Kontrabass. Ist das schön. Obwohl heute tatsächlich Sonntag ist, überstehe ich den Abend in Budapest unbeschadet.

Tragische Fußnote 1: Das Restaurant hat mittlerweile zugemacht.
Tragische Fußnote 2: Der Komponist Szeress Reszö hat sich 1968 das Leben genommen.
Was ist denn das bloß für ein Karma.

- 5 -

Reiten in Ungarn ist Ehrensache – und meine leichteste Übung

Die Ungarn haben außer ihrer ausgeprägten Melancholie noch eine weitere Kernkompetenz: Sie reiten. Und zwar wie verrückt. Nicht nur auf *einem* Pferd – das kann ja jeder. Nein. Der Ungar-an-sich galoppiert angeblich mühelos auf fünf Pferden gleichzeitig. Das wollen wir mal sehen. Zu diesem Zweck begeben wir uns in die Puszta und fahren mit dem Zug aufs Land nach Felsölajos. Dort habe ich im Internet eine Frau gefunden, die einen kleinen Pferdehof bewirtschaftet. Ute Bende ist aus dem Bergischen nach Ungarn ausgewandert und bietet Ausritte und Gästezimmer an. Leider ist sie ausgebucht. Eine Gruppe Biker hat sich angesagt, aber sie schlägt mir einen kurzen Orientierungsritt vor. Ausreiten? Cool. Ich kann zwar nicht reiten. Aber das ist für das Pferd sicher unangenehmer als für mich. Probieren geht über studieren.

Als ich mit der mir zugeteilten Stute Polly auf Tuchfühlung gehe und sie ein bisschen herumführe (zum Luft ablassen unter dem Sattelgurt, rät Ute), tritt mir das Miststück doch tatsächlich auf den Fuß und bleibt eine ganze Weile darauf stehen. Ich versuche energisch, dem Pferd mitzuteilen, dass ich da zuerst stand, und probiere gleichzeitig, meinen Fuß weg zu ziehen. Parallel legt Michael (der alte

Gentleman) die Kamera beiseite und eilt mir zu Hilfe. Jetzt schnauze ich nicht nur das Pferd an, sondern auch ihn.
»Du sollst das filmen!«
»Aber wir sind doch nicht bei RTL!«
»Egal!«
Und dann filmt er immerhin den Rest. Das völlig unbeeindruckte Pferd und den sehr beeindruckten Schuh. Wow! Man sieht wirklich den Abdruck vom Huf! Ich möchte der Vollständigkeit halber erwähnen, dass ich nur deshalb so heldenhaft cool dabei bleibe, weil ich offenbar die besten, dicksten, robustesten Wanderschuhe der Welt trage. Das Pferdegewicht drückt zwar, aber es hat nichts geknackt, und ich bin ja nicht aus Zucker. In der Puszta hält man das eben mal aus.

Diese kleine Episode ist für Michael und mich allerdings prägend für die nächsten Jahre und Drehreisen. Wann immer mir etwas Schlimmes oder Unangenehmes passiert, weiß er, er muss jetzt knallhart bleiben und filmen. Nicht retten – filmen! Und ich weiß, ich darf ihm das niemals übel nehmen und muss nicht nur ihn, sondern auch die Kamera total vergessen. (Bei einem richtigen Knochenbruch ändern wir dann die Regeln noch mal, aber der ist bis jetzt noch nicht vorgekommen.)

Der Ausritt mit Ute und Polly ist dann im direkten Vergleich zwar um einiges unspektakulärer, bietet mir aber eine wunderbar ruhige halbe Stunde auf dieser turbulenten Reise.
Um uns Filmleuten etwas zu bieten, fährt Ute danach mit uns und einem Bekannten, der uns auch unterbringen wird, zu einer Csárda, einem ungarischen Dorfgasthaus. Den Weicheiern mal zeigen, was ein echter Ungar zu Pferde vollbringt. Und da wird es dann so richtig touristisch. Wir schauen gemeinsam mit einer Busladung freundlicher Touristen aus Österreich unheimlich männlichen Magyaren

beim Reiten zu. Diese coolen Csikós (»Tschikosch«) in ihren blauen Pluderhosen, diese Schnurrbärte, dieses ganze Testosteron! Der Held der Vorführung heißt Zsolt und rast tatsächlich mit je einem Bein auf je einem Pferd an uns vorbei (dieser Teufelskerl!) und hat am Zügel vor sich noch ein Dreiergespann. Macht er gut, ohne Frage. Aber bei aller Kühnheit: Zählt DAS jetzt als Auf-fünf-Pferden-Reiten? Tut uns leid, geringe Abzüge in der B-Note für nicht wirklich wahrheitsgetreues Marketing.

Die nächste Disziplin ist eine Lässigkeitsübung. Der Csikós führt uns vor, wie man mit einer langen Peitsche eine drei Meter entfernte Flasche von der Brüstung fegt. Und jetzt werden Freiwillige aus dem Publikum gesucht, die dem lässigen Ungarn nacheifern und das mal selbst probieren wollen. Da ich in meiner DNA leider unter anderem das Großmaul-Gen trage, das ich nicht immer unterdrücken kann, und wir außerdem diejenigen mit der Kamera sind, schreie ich ganz laut: »Hier!« Ich bin aber auch so eine coole Sau. NATÜRLICH hau ich die Flasche weg! Zack, gleich beim dritten Anlauf! Applaus für Julischka.

Tragischerweise kommt die Spitze der Peitsche – und das hätte der Profi eingerechnet –, nachdem sie die Flasche umgemäht hat, pfeilschnell wieder zurück und landet zielgenau links an meinem Hals. Sagt einem ja niemand vorher, dass die Peitsche ein Bumerang ist. Da hätte ich mal lieber 'nen Topspin geschlagen. Aber gut – es brennt, Michael hat seine Lektion gelernt und ALLES mitgefilmt, ich bin tapfer, und so langsam bildet sich ein roter Striemen. Toll für den Film, blöd für meine Optik.

Die größte Mutprobe steht uns jedoch noch bevor.

- 6 -

Die schlimmste Nacht der Reise

Der Bekannte, den uns die Reiterhofbesitzerin Ute vermittelt hat, besitzt eine unbewohnte Kate am Waldrand. Klingt super. Dort werden wir die Nacht verbringen und zum ersten Mal seit Beginn der Reise selber kochen. Da hier am Ende der Puszta kein Bus und kein Taxi mehr fährt, kutschiert er uns dorthin und macht uns zuliebe einen Abstecher zu einem Supermarkt.

Mit Hunger einkaufen ist die eine Sache, zu dritt mit zwei Kollegen einkaufen die andere. Jeder hat andere Vorstellungen, was in die Spaghetti soll. Wir vergessen völlig, dass es nur für EIN Abendessen und EIN Frühstück reichen muss und dass wir die Reste entsorgen oder tragen müssen. Also schieben wir einen vollen Einkaufswagen an die Kasse. Dort offenbart sich mir etwas, woran ich ab sofort immer denken werde, wenn ich mit noch-nicht-so-vertrauten Menschen einkaufe: Sie packen anders ein! Mein logistisches Grundverständnis gibt mir vor, zuerst die schweren, robusten Sachen aufs Band zu legen, die später zuunterst in die Tüte kommen. Dann arbeite ich mich sukzessive zu fragileren Produkten wie Joghurtbechern, Bananen und Eiern vor. Ich rolle innerlich mit den Augen, als ich sehe, wie meine Männer das handhaben. So hat halt jeder Mensch sein System, jeder hat andere Prioritäten, und den beiden geht es zumindest heute mehr um Tempo als um Raumeffizienz und Transportsicherheit. Vielleicht bin ich auch einfach nur unterzuckert, dass ich mich daran so störe. Aber wir sind zu müde zum Diskutieren, haben schon drei Wochen ohne einen Tag Ruhepause in den Knochen und sind alle drei kurz angebunden. In der Kate wird bestimmt alles gut.

Das einsame Haus wartet nach Einbruch der Dunkelheit hell erleuchtet am Waldrand auf uns, mit sperrangelweit offener Tür und aufgerissenen Fenstern. Es war ja auch ein heißer Tag. Es sieht wunderschön aus. Der nette Vermieter schubst uns und unser Gepäck schnell aus seinem Wagen, verabschiedet sich bis morgen und verdrückt sich. Wir strahlen und gehen hinein.
Und wollen sofort wieder raus.

Theoretisch hätte es richtig schön werden können in dieser Kate, doch wir sind nicht allein: Sämtliche Lampen sind wild umschwirrt von Mücken und Fliegen und noch anderen, knapp zwei Zentimeter großen Flügeltierchen, die ich nicht näher zuordnen kann. Die gesamte Insektenpopulation des Waldes hat sich bei der Eins-a-Beleuchtung auf den Weg in die Hütte gemacht, weil sie denkt: Cool, Vollmond! Wie kriegen wir die jetzt wieder raus? Im Wald Licht anmachen geht wohl schlecht. Kann es schlimmer kommen?

Es kommt schlimmer. Wir versuchen, die Tierchen zu ignorieren, und fangen sofort mit dem Kochen an, weil wir so hungrig sind. Suchen Messer und Brettchen, schnippeln. Doch plötzlich entdecken wir auch an den Wänden Krabbeltierchen. VIELE! Dicke, lange, schwarze, wurmartige Geschöpfe! Von überall krabbeln Tausendfüßler die Wände hoch, kommen hinter den Fußleisten hervor, kriechen aus Ritzen, und selbst in den Töpfen im Schrank wuseln welche. Es ist absolut horrormäßig furchtbar. Wir stehen unter Schock. Wir können hier nicht weg.

Es scheint absolut aussichtlos, die Tausendfüßler in Schach zu halten. Sie sind überall.
Und sie sind eklig.
Der erste Schock ebbt aber schließlich doch ab. Da wir die Lage offenbar nicht ändern können, fragen wir uns, ob wir wenigstens unsere Wahrnehmung der Situation abmildern können, und kommen aus schierer Verzweiflung auf etwas Ungewöhnliches: Alkohol. Ein bisschen was trinken könnte helfen. Eine Flasche Rotwein und ein paar Biere haben wir, das muss für heute reichen. Wir prosten uns halb resigniert, halb lachend zu und kochen unbeirrt weiter. Auf dem Teller schlingen sich die Nudeln in der Soße wie Würmer. Wie soll ich diese Assoziation jemals wieder aus dem Kopf kriegen?

Nach dem zweiten Glas Rotwein bricht Tom das betretene Schweigen. Er stützt den Kopf in die Hände, und ich bilde mir ein, seine Augen feucht schimmern zu sehen. »Ich will hier nicht bleiben. Ich tu hier kein Auge zu!«
Wir pflichten ihm bei. Es ist wirklich das widerlichste Erlebnis meines Lebens. Und ich habe schon in einer ganz schlimmen Kakerlaken-Kaschemme in Laos genächtigt, weil nichts anderes frei war, und im kambodschanischen Dschungel gecampt mit Krabbelgeräuschen vor und im Zelt. Aber das hier ist die Ungeziefer-Hölle meiner schlimmsten Alpträume. Wir haben alle schreckliches Heimweh. Endlich spricht einer die simple Wahrheit aus.
»Ich will nach Hause.«
»Ich auch!«
»Ich auch!«
Dann sagt einer: »Ich glaub, ich muss würgen.«
Das hebt die Stimmung. Wir würgen nämlich alle ein bisschen und werden darüber total albern. Michael macht sich auf die Suche und findet einen Staubsauger. Mit Verve und Schlachtrufen schwingt er das Saugrohr, tänzelt wie ein Fechter durch die Kate und saugt

die Viecher einzeln auf. Mit jedem »Schlock!« ist ein Tausendfüßler weniger zu sehen, und aus dem Auge gleich aus dem Sinn. Morgen dürfen sie ja gerne wieder raus, aber heute wird im Staubsauger geschlafen, Ende der Diskussion. Michaels Tänzchen, das geräuschvolle Aufsaugen und unsere weinlaunigen Kommentare dazu sind filmreif.

Die Nacht wird trotzdem absolut furchtbar, niemand von uns kann schlafen, weil wir wissen, da sind noch Tausende Tausendfüßler in der Kate, die machen doch vor dem Bett und dem Sofa nicht halt! Ich sehe sie im Stockdunkeln an der Wand hoch krabbeln, und selbst wenn ich meine Augen mit aller Kraft zupresse, sehe ich sie noch. Ich zähle die Stunden bis zum Morgengrauen und bin heilfroh, als die Sonne aufgeht und wir wieder abgeholt werden. Nur weg von diesem Ort. Wir beschließen, den Vermieter in diesem Kontext nicht zu filmen, weil wir glauben, DAS kann er nicht gewusst haben. Mein Glaube an das Gute im Menschen sagt mir, er hätte das Häuschen sonst niemals mit gutem Gewissen vermietet. Eher schon dem Kammerjäger übereignet. Oder gleich brandgerodet.

Als ich ein paar Tage später meinen Chef in der Redaktion anrufe und ihm pflichtgemäß die Ereignisse und Filmgeschichten der letzten Tage unterbreite, erwähne ich auch diese Geschichte. Er fragt mich: »Habt ihr das gefilmt?«. Und ich muss ihm gestehen, dass wir das, als wir müde vom langen Drehtag in die Kate kamen und von der Situation so komplett überrollt (überkrabbelt?) wurden, tatsächlich vergessen haben. Ich füge zu meiner vermeintlichen Ehrenrettung hinzu: »Wir wollten den Besitzer nicht bloßstellen.«

Mein Redakteur ist an sich ein langmütiger, geduldiger und vor allem sehr empathischer Mensch. Da ich im Filmgeschäft noch neu bin, genieße ich bei ihm Welpenschutz. Also zumindest genoss ich den bis eben noch. Ich glaube, er steckt sich gerade am anderen Ende der Leitung in Leipzig eine Zigarette an, um nicht zu schreien. Ich höre ihn ausatmen.

»Euch passiert SO eine Story, und ihr FILMT die nicht?«
Ich weiß darauf keine so wirklich kluge Antwort und beschließe, eine Weile ebenfalls nur zu atmen.
Er ist außer sich. »Wir besprechen das, wenn du wieder da bist.«
Später werde ich lernen, dass man im Schneideraum die Geschichten so montieren kann, dass bestimmte Personen nicht vorkommen oder, wie in diesem Fall, nicht als Besitzer erkannt werden. Der Profi weiß: In so einer Situation erst mal ALLES filmen. Rausschneiden kann man immer noch.
Im Moment hoffe ich aber nur, dass ich nie mehr in meinem Leben so eine Nacht verbringen muss – und dass ich die Filme noch schneiden darf, bevor ich gefeuert werde.

Rumänien

GUT ZU WISSEN:

Da denken wir an … erstens Siebenbürgen, zweitens Dracula und drittens? Na, Peter Maffay!

Unbedingt probieren:
Zacuscă (roter Brotaufstrich aus Paprika, Auberginen, Zwiebeln und Tomaten)

- 7 -

Über Siebenbürgen musst du gehen

Drei Viertel sind rum von unserer Ostalgie-Tour »Mit der Kraxe ans Schwarze Meer«. Michael schleppt die Kamera und die Videokassetten, Tom schleppt das Gepäck von Michael (und sein eigenes), ich schleppe meinen Rucksack, drei Reiseführer (die anderen vier habe ich Tom untergejubelt) und dazu die Verantwortung dafür, dass am Ende unserer Reise sechs ordentliche Filme heraus kommen müssen. An der Frage, ob sich irgendjemand für unseren verrückten Trip interessieren wird oder ob ich im hohen Bogen beim Sender rausfliege, schleppe ich am schwersten.

Also frage ich mich bei jedem der Länder auf unserer Route: Was weiß ich darüber, was verbinde ich damit, was sind die Klischees? Frage ich natürlich auch die Jungs. Beim Stichwort Rumänien kommen Dracula, Transsilvanien, eine kurze Pause und dann von beiden: PETER MAFFAY!
Ernsthaft? Peter Maffay? Stimmt, der ist Rumäniendeutscher. Wir lassen uns zu Albernheiten auf Kosten dieses großartigen Musikers herab, der es verstanden hat, Ossis wie Wessis gleichermaßen zu begeistern, summen die heimliche DDR-Hymne »Über sieben Brücken musst du gehen«, rollen ab jetzt das »r«, und dann erzählt uns Michael die dramatische und extrem berührende Geschichte von

seiner Flucht im Sommer 1989 über Ungarn nach Österreich. Wie sie zu zweit »in den Urlaub« gefahren sind – in dem Wissen, ihr gesamtes Leben zurückzulassen und statt in der Freiheit im Gefängnis landen zu können. Wie sie von einem STERN-Reporter in Budapest Tipps bekamen, wo die Grenze nach Österreich zu passieren sein könnte. Wie sie sich im Bus zur westlichen Grenze Ungarns merkwürdig beobachtet fühlten, wie beim Ausstieg der Busfahrer und einige Mitfahrer breit grinsten und die Daumen hochreckten, und Michael sich fragte: Ist es so offensichtlich? Wie sie bei einer freundlichen Bauersfrau einen Rucksack versteckten und an einem Freilicht-Eisenbahnmuseum Fotos bis zum Sonnenuntergang machten – für den Fall, dass sie erwischt und befragt werden würden, warum sie hier seien. Wie sie schließlich, spät in der Nacht im Dunkeln, zwischen hörbaren Grenzsoldaten zentimeterweise durch die Mais- und Sonnenblumenfelder robbten und sich in jeder Sekunde dessen bewusst waren, dass sie schon in der nächsten erwischt und verhaftet werden könnten. Jeder für sich zweifelte, ob das Risiko, als Republikflüchtling in den Knast zu gehen, es wirklich wert sei, und ob es nicht eigentlich doch ganz okay war in der DDR. Sie sahen Scheinwerfer und etwas weiter Leuchtraketen und hörten jede halbe Stunde Schüsse.

Wir heulen alle bei dem Moment, als Michael erzählt, dass nach Stunden ein deutschsprachiges Schild »Achtung: Hochspannung« an einem Gebäude auftauchte und sie wussten: Wir haben es geschafft, sind raus, wir leben! Wir haben die DDR tatsächlich verlassen! Es war halb drei Uhr morgens, als sie eine Ortschaft erreichten. In einem Haus brannte noch Licht, ein Geburtstag, dort bekamen sie Kaffee, »Selter« (wie Michael sagt) und Zigaretten, und durften sich waschen. Dann brachte der Gastgeber die beiden zum Pfarrer. Im Pfarrhaus waren die Republikflüchtlinge dann schon zu neunt. Aber erst am nächsten Tag in der westdeutschen Botschaft in Wien

realisierten sie, wie viele andere vor ihnen diese Flucht ebenfalls gewagt und geschafft hatten: Sie bekamen die Nummern 365 und 366. Zwei Jahre später – wieder in Berlin – erfüllte Michael sich seinen Jugendtraum und wurde Kameramann.
Für heute vergessen wir also Peter Maffay. Doch er holt uns ein. Und das meine ich wörtlich.

Wir drehen in Siebenbürgen. Siebenbürgen sieht so märchenhaft aus, wie es klingt. Wunderbare, aus der Zeit gefallene Städtchen, in denen sich vor Jahrhunderten ein Stück deutsche ländliche Kultur festgesetzt hat. Diese wurde von deutschen Auswanderern liebevoll über die Zeiten getragen, sodass sie einem heute gleichzeitig seltsam vertraut und doch veraltet-fremd vorkommt. In Sibiu (Hermannstadt) erleben wir ein Dorf beim Tanz und tun uns schwer mit den Trachten, den Flechtezöpfen und dem etwas ungewohnten Deutsch, das hier von einigen gesprochen wird. Man spürt, dass das keine lebendige Sprache ist, die sich weiterentwickelt, die neue Begriffe hinzunimmt und alte ablegt. Sie klingt statisch, fast wie Latein. Ich höre Worte, die ich nur aus alten Büchern kenne und die in unserem Alltagssprachschatz seit Langem nicht mehr vorkommen. Sie gefallen mir, und es beginnt eine Liebesgeschichte zwischen diesen alten Begriffen und mir – bis heute freue ich mich, wenn jemand aus Osteuropa Worte wie »Nu« am Anfang eines Satzes sagt (anders als die Dresdner es gebrauchen), oder über ein »freilich« (nicht als Bejahung wie bei den Bayern, sondern mittendrin im Satz). Altertümlich eben. Mich erinnert es an die Sprache meiner Großmutter.

Die Städte in Siebenbürgen sind für ihre Kirchenburgen bekannt – eigentlich ja ein Paradoxon, Kirche und Burg. Hier fanden die Dorfbewohner Unterschlupf, wenn feindliche Truppen – meist Türken – einmarschierten, um das Osmanische Reich zu vergrößern. Das ist auch überhaupt der Grund, warum hier so viele

Deutsche angesiedelt wurden. Vor achthundert Jahren gehörte Transsilvanien noch dem ungarischen König. Und der lockte – nicht ganz uneigennützig – deutsche Bauern und Handwerker mit dem Versprechen von Freiheit und eigenem Land in seinen noch relativ leeren Osten. Im Gegenzug bekam er besiedeltes und bewirtschaftetes Gebiet und obendrauf eine bewehrte Barriere Richtung Morgenland. Die Wehrkirchen stehen heute unter UNESCO Welterbe-Schutz.

Wir klettern in Cisnădie (Heltau) auf den Uhrturm der Wehrkirche und blicken von oben auf die kleinen Gassen herab.
Die Häuser darin haben übrigens Augen. In ihre Dächer sind winzige geschwungene Gauben wie Augenlider eingelassen. Überall fühlt man sich von gütigen alten Gebäuden freundlich beobachtet und behütet.

Mich macht das Alte und Vergangene ja immer wahnsinnig nostalgisch. Man muss sich das vorstellen. Da haben ganze Dorfgemeinschaften aus Deutschland beschlossen: Wir ziehen das jetzt durch. Wir gehen in die Fremde, weit, weit Richtung Osten, und bauen uns dort ein neues Leben auf. Fort von Leibeigenschaft, von Enge und Armut, hinein ins Abenteuer und ins hoffentlich bessere Leben. Über tausend Kilometer Fußmarsch entfernt haben sie sich eine zweite Heimat geschaffen und über Jahrhunderte aufrechterhalten. Ob das Heimweh sie später dazu angetrieben hat, alles so beizubehalten, wie es »damals in Deutschland« war? Haben sie dabei vielleicht übersehen, dass die Kultur der »alten« Heimat sich währenddessen ständig veränderte, und sich selbst die Evolution ihrer kulturellen Normen verboten? Sie bewahren jetzt etwas, das es nicht mehr so richtig gibt. Die positive Seite daran: Wer schon immer von einer Reise in das Gefühl einer anderen Zeit träumt, der könnte in Siebenbürgen fündig werden.

Jedenfalls sind nach der Wende ganz viele Siebenbürger Sachsen und Banater Schwaben zurück nach Deutschland gekommen. Hier sind sie besser versorgt und die Jugend hat natürlich andere Zukunftschancen. Nachvollziehbar, aber irgendwie auch tragisch. Denn hier (schlappe achthundert Jahre später) haben sie jetzt schon wieder Heimweh, weil sie sich nicht hundertprozentig zu Hause fühlen. Beziehungsweise, jetzt haben sie FERNweh nach ihrer alten Heimat in Siebenbürgen. Mann, und denjenigen die dort bleiben, geht es auch schlecht: große Sehnsucht nach der Zeit, als ALLE noch da waren. Also halten sie an dem ganz fest, was sie als Siebenbürger identifiziert. Fazit: Das Umsiedeln an sich ist ein großes Kloß-im-Hals-Thema. Wo du hinguckst, nix als Heimweh.

- 8 -

Peter der Leibhaftige – ein Running Gag wird Wirklichkeit

Wir haben genug von Siebenbürgen gesehen (okay – ICH habe genug von Siebenbürgen gesehen) und sind jetzt auf dem Weg in Richtung Kronstadt (Braşov). Etwas voreilig habe ich bereits den Drehschluss für heute ausgerufen. In den folgenden Jahren und Drehstaffeln werde ich lernen, dass, WANN IMMER ich dieses Wort ausspreche, etwas unglaublich Tolles passiert und ich mir in den Arm beiße, dass ich »Drehschluss« gesagt habe. Außerdem werde ich in den Folgejahren in Zusammenarbeit mit ANDEREN Kameraleuten lernen, dass dieses Wort unter gar keinen Umständen rückgängig gemacht werden kann – egal ob ein Ufo hinter uns landet, dem die auferstandene Lady Di entsteigt, oder ob der Yeti einem von uns auf die Schulter tippt und einen O-Ton geben möchte. Drehschluss ist Drehschluss, Punkt. Da macht sich der Kameramann ganz fix ein Bierchen auf und schüttelt die rechte Schulter aus (und notfalls den Yeti ab). Michael ist Gott sei Dank anders – er weiß ja, dass ich neu im Geschäft bin, und murmelt leise: »Jaja«, als ich »Drehschluss« vermelde und mich dabei unheimlich regisseurmäßig fühle.

Es ist noch hell, und Michael möchte unbedingt noch eine der Wehrkirchen in der Nähe besichtigen, in Viscri (Deutsch-Weißkirch).

»Aber ohne drehen!«, sage ich.
»Ja, nur für uns«, sagt er.
Und jetzt kommt's. Das Wunder von Deutsch-Weißkirch. Gemäß der Beschreibung im Reiseführer fahren wir einen unbefestigten Feldweg entlang. Vor uns kreuzt im Schneckentempo eine gemischte Herde Kühe und Pferde den Weg, und wir machen den Motor aus. Es ist ein wunderschönes Bild, der Himmel gelb, das Feld gelb, selbst die Kühe sind gelb. Alles ist in honigfarbenes Licht getaucht, und NATÜRLICH zückt Michael die Kamera. Der Gute. Der Beste! Baut das Stativ auf, filmt schön, hach. Wir stehen also am Straßenrand, machen Aufnahmen, und ich bin für einen kurzen Moment unheimlich entspannt. Selbst als die Kühe schon vorbei sind. Doch die Idylle ist nicht von Dauer, denn es nähert sich ein Motorengeräusch. »Soll ich den aufhalten?«, rufe ich und will mich gerade mit ausgebreiteten Armen auf den Feldweg schmeißen, als auch schon ein Kleinbus an uns vorbeirast, eine todesmutige Frau im Beifahrerfenster, die filmt. »Die filmt uns jetzt«, denke ich. Für den Bruchteil einer Sekunde sehe ich auch den Fahrer, und scheppernd springt meine Kinnlade aus der Verankerung. WAS? Das kann nicht sein, bin bloß unterzuckert. Michael macht Platz für das Auto und winkt dem Fahrer, und auch er schaut dem Kleinbus ungläubig hinterher.

»Haste dit jesehn?«, fragt er. »Der sah aus wie Peter Maffay!«
Quatsch.
»Ey. Das WAR Peter Maffay!«
Und schon fangen wir hysterisch an zu gackern und zu summen.
»Hast du den gefilmt?«
»Ich glaub nicht, das ging ja so schnell.«
Tom übernimmt die Regie: »Los, dann machen wir das jetzt.«

Wir hechten actionfilmmäßig ins Auto, Michael ist schon voll im Businessmodus und ruft nach hinten: »Mach die Funke wieder an!«

Ich mache zwar brav, was er sagt, postuliere aber auch sofort, dass ich nicht, im Sinne von GAR NICHT, mit Peter Maffay reden werde. Kein Wort. Was die Jungs nämlich nicht wissen: Ich habe so eine Art Promi-Blockade. Promis im echten Leben versetzen mich in totale Schockstarre, und mein Sprachzentrum setzt komplett aus. Ebenso wie mein Denkzentrum. Ich grinse blöd und bin dann einfach nur peinlich.
Michael ist resolut. »Klar redest du mit dem.«
»Aber WAS soll ich mit ihm reden?«
»Frag ihn was.«
»WAS soll ich ihn fragen?«
»Weiß ich doch nicht. Irgendwas.«
Ich verfalle in Angst und Schrecken.
Tom springt ein. »Frag ihn, was er hier macht. Ist er im Urlaub? Oder wohnt er hier? Mag er vielleicht was sing-«
»TOM!«
Das wird schrecklich peinlich. Ich bin gestresst. Michael hingegen ist ein alter Hase mit Promis. Er war schon mit Herbert Grönemeyer in Afrika unterwegs und ist auf du und du mit Wolfgang Niedecken und Carlos Santana. Die coole Socke vom Beifahrersitz beruhigt mich, während ich auf der Rückbank immer kleiner werde.
»Janz ruhig, pass uff. Ick frage den, und du hältst dich bereit«.
Michaels Sternstunde – mein Gang zum Schafott. Tom muss fahren und macht einen albernen Spruch nach dem anderen, sodass meine Promi-Scheu zu echter Maffay-Paranoia wird, weil ich befürchte, dass mir tourette-mäßig eine unserer konstanten Albernheiten über »THE Peter« rausrutscht, wenn ich ihm dann wirklich gegenüber stehe.
Wir sind dem Feldweg gefolgt, es erscheinen die ersten Gebäude an einer unbefestigten Straße, alles sieht sehr verlassen und sehr staubig aus. Am rechten Straßenrand vor einem der Häuser steht der schicke Bus von Peter Maffay.

Okay. Er dreht jetzt nicht komplett durch vor Begeisterung, ist aber professionell freundlich (ein bisschen skeptisch vielleicht) und vor allem einverstanden: Ja klar kann ich ihn was fragen, was ich denn wissen will? Mein Herz klopft bis zum Hals. Ich habe das Gefühl, ich mache mich hier völlig zum Deppen, und bin ganz rot im Gesicht – das fühle ich (und das wird man auch später im Film sehen, toll). Mein letztes Hirnareal, das noch nicht bis zum Rand mit Adrenalin geflutet ist, lässt mich eine kurze Unterhaltung mit Peter dem Leibhaftigen Maffay führen und erfahren, dass er in der Nähe geboren wurde, hier ein Haus hat und die Wehrkirche Deutsch-Weißkirch unterstützt. Dort veranstaltet er total coole Ferienlager für Kinder, die es nicht so gut haben (ein Teil seines großen Tabaluga-Projekts, wie ich später recherchiere). Ich stehe die ganze Zeit auf einem Bein und stelle das andere so weit wie möglich neben mir ab, um unseren Größenunterschied geringfügig zu nivellieren. Ich bin knapp eins achtzig, Peter Maffay (wie sage ich das jetzt diplomatisch) IST NICHT GANZ SO GROSS. Rein von der Statur her.

Ein Kind, dem es offensichtlich gerade etwas zu gut geht (sein eigenes), bewirft uns beim Dreh aus dem Hinterhalt mit kleinen Kieselsteinen. Was »Peter« (WIR vom Showbiz duzen uns ja) aber nicht weiter schlimm findet und wir für unseren Teil geflissentlich ignorieren wollen, solange die Kamera nichts abbekommt. Haben wir ja vielleicht auch nicht anders verdient, Blöde-Witze-Karma muss das sein.

Peter verabschiedet uns mit dem Tipp, unbedingt seine Geburtsstadt Braşov (Kronstadt) anzuschauen, wir bedanken uns artig und schon sitzen wir wieder in unserem Mietwagen, unterwegs zu unserem ursprünglichen Ziel, der Wehrkirche. Was für eine Wendung. Und das alles NACH DREHSCHLUSS!

Ich rufe meinen Redakteur zu Hause an und erzähle die Geschichte, überhaupt ist es eine der meisterzählten Geschichten dieser Reise. Wir glauben seitdem, dass Peter Maffay uns überall begegnen kann, vielleicht hat er sich klonen lassen, damit er seine ganzen Termine einhalten und seine wohltätigen Projekte umsetzen kann. »Du ahnst nicht, wen ich in der Kantine getroffen habe: Peter Maffay!« »Du ahnst nicht, wer heute Morgen am Schnittplatz saß.« »Peter Maffay?«

Und ohne Witz: Zwei Monate nach unserer Rückkehr ruft mich meine Schwester aus dem Urlaub an und sagt: »Du ahnst nicht, wer hier eben aus dem Auto gestiegen und ins Nachbarhaus gegangen ist! HIER auf Malle!«
Ich denke gar nicht nach, sondern antworte mechanisch: »Peter Maffay?«
BINGO! Auch meine Schwester mutmaßt eine kosmische Verbindung zwischen den Maffays und uns, einen magischen Link. Aber das müssen wir ein andermal herausfinden.

Natürlich schauen wir uns auf Peter Maffays Anraten hin seine schnuckelige Geburtsstadt Braşov (Kronstadt) an. Leider nur im Schnelldurchlauf, sonst verpassen wir den Zug nach Bukarest. In diesem verwickle ich meinen Sitznachbarn in ein Gespräch über Dracula. Ohne den will ich Rumänien nämlich nicht verlassen. Er kam aus dem rumänischen Landstrich Transsilvanien und hieß eigentlich Vlad III. Drăculea. Angeblich wurde er in Sighişoara (Schäßburg) geboren. Das ist auch so eine siebenbürgische Schatzkiste: eine ehemals bewohnte Festung mit alten, bunt verputzten Häusern. Eins davon – mittlerweile ein Restaurant – ist das ehemalige Wohnhaus von Draculas Vater. Außen bezeugt eine clevere Tafel dessen Ansässigkeit hier von 1431 bis 1435. Der restliche Text ist auf Rumänisch, und ich wette: 95 Prozent aller Touristen überfliegen das, lesen Vlad DRACUL (das ist alles, was zählt) und denken, sie machen ein Selfie vor Draculas ehemaligem Wohnhaus. Falsch gelesen, Freunde. War nur sein Vater.

Der wenig zimperliche Sohn verhalf (ebenso wie unsere Freundin aus der Slowakei, die Blutgräfin) dem Schriftsteller Bram Stoker zu der gruseligen Inspiration, die er brauchte, um sich mit dem Buch DRACULA auf alle Zeiten unsterblich zu machen. Einen Krümel von diesem Kuchen möchten natürlich auch die Rumänen abhaben, daher bauen sie – nicht ohne Stolz und durchaus mit Augenzwinkern – heute einen Teil ihres Tourismus darauf auf. Und während man in England übers Wetter smalltalkt, ist hier Dracula allüberall ein Eins-a-Aufhänger für ein anregendes Gespräch. Dementsprechend schnell vergeht die Zugfahrt nach Bukarest.

Bulgarien

GUT ZU WISSEN:

Ein bulgarisches Sprichwort sagt:
»Kurzes Abendessen – langes Leben.«
Deshalb nehmen wir heute …

… Schopska-Salat (Tomate, Gurke, Zwiebel, geriebener Schafskäse, sonst nix) – ein totales Highlight!

- 9 -

Trampen für Fortgeschrittene

In Bukarest bringt uns mein netter Sitznachbar aus dem Zug noch zur Metro. Die befördert uns zum Busbahnhof, und von da geht's weiter nach Giurgiu an der Donau, einem Grenzort mit Übergang nach Bulgarien. Doch am dortigen Busbahnhof ist Endstation, kein Bus fährt nach drüben. Also brauchen wir jetzt noch ein Taxi. Und nun lerne ich mal kennen, was passiert, wenn man vermeintlich »nach Geld aussieht«.

Klamottenmäßig strahlen wir ja nicht unbedingt die dicke Kohle aus (gut, wir sind auch nicht total abgerockt: verschwitzte T-Shirts, Outdoorhosen und Wanderschuhe eben). Aber wir haben die Kamera dabei und reden Deutsch miteinander. Das reicht anscheinend, um den Gedanken aufkommen zu lassen, dass bei uns was rauszuholen wäre. Die Taxifahrer sehen uns schon von Weitem kommen. Ich picke mir einen raus. Und er sich mich. Ich sage, dass wir über die Grenze in die Stadt Russe möchten. Auf Englisch und Deutsch. Er antwortet auf Rumänisch.

Ich sage: »Border, Grenze, Russe!«

Er sagt: »Jajaja«, und schreibt eine Summe mit dem Finger in die Luft.

Verstehe ich nicht.

Er malt die Summe auf seine Hand.

Ich kann's nicht lesen.
Er sagt: »Sixty, sixty!« Sechzig. Was denn, Euro? Ja, nickt er. Und funkelt mich aus geschäftstüchtigen Knopfaugen an. Ich ringe kurz um Fassung. So viel? Oder habe ich »Russe« falsch ausgesprochen? Denkt er, er soll uns bis ans Schwarze Meer bringen und dann mit uns übersetzen? Nach RUSSLAND? Dann wären sechzig Euro allerdings ein Schnäppchen.
Er faselt etwas von Vignette, da kostet eine Strecke fünfzehn Euro. Plus Sprit. Plus dreißig Euro für die paar Kilometer. Ja, sind wir denn in London? Ich frage freundlich nach dem Taxameter. Versteht er nicht. Ich zeige eine Uhr und sage: »Taxi! Apparat! Klick, klick, klick!«
Er schüttelt den Kopf und beteuert, dass sein Taxameter nicht grenzübergreifend funktioniert. »No international Taxi-Apparat! Taxi-Apparat Romania, no Taxi-Apparat Bulgaria!«
Ist klar. Und ich Naivchen dachte immer, die messen nur die gefahrene Strecke und nicht auch noch, in welchem Land sie benutzt werden. Es gibt anscheinend noch viel zu lernen für mich.
So etwas macht mich ja fertig. Ich fühle mich ernsthaft veräppelt und auch heute noch ärgert mich das, wenn ich online die Preise und Gebühren checke: Die Wochen-Vignette für die Einfahrt nach Bulgarien kostet 8 Euro, eine Brückenüberquerung von Giurgiu nach Russe 6 Euro. Stand HEUTE, das kann also damals nicht teurer gewesen sein. Transport wird teurer, nicht billiger. Altes chinesisches Sprichwort. Zurück muss er auch noch, macht zusammen 20 Euro – nicht 60, Freundchen.

Mittlerweile hat sich mein Keiner-macht-Julia-was-vor-Modus aktiviert, und ich fange an, wissend zu grinsen. Das habe ich in der Türkei gelernt, beim Verhandeln. Lachen, weggehen, und hoffen, dass der Händler nach kurzem Überlegen folgt (weil man das Objekt ja wirklich kaufen möchte). Dass er einem dann ein Angebot macht, das man nicht ablehnen kann. Vielleicht nicht ganz so drastisch wie beim Paten. Ein bisschen Show eben. Ich muss gestehen: Das Feilschen macht mir so viel Spaß, dass es mir auch in Ländern passiert, in denen normalerweise nicht verhandelt wird. Da schäme ich mich dann hinterher. Aber hier in Rumänien, mit meinem Freund, dem Taxifahrer, wird gehandelt! Ich wende mich Michael und Tom zu, wir plaudern unbeeindruckt und entfernen uns ein Stück. Schau her, die Fahrt kostet auf einmal nur noch 30 Euro. Tutti kompletti. Mit Vignette, Sprit, aber ohne Taxameter. AHA?!

Das war jetzt natürlich wenig strategisch von ihm. Nun weiß ich hundertprozentig, dass das nicht bloß ein freundlicher Nachmittagsrabatt für seine Freunde aus Germania ist, sondern dass er uns eigentlich ein bisschen übers Ohr hauen wollte, und zwar vor seinen Taxikollegen. Das macht mich ja noch unerbittlicher. Wir schachern noch eine Weile herum und einigen uns dann darauf, dass er uns nur bis zur Grenze bringt, dafür mit ganz normal angeschaltetem Taxameter. Den Rest machen wir dann halt zu Fuß. Rüberlaufen kann man auch schön filmen.

Dass das nun vereinbarte Ziel nur circa zwei Straßen weiter liegt, verschweigt er mir, und so bilde ich mir ein, mit dem schließlich doch vereinbarten Fixpreis von zehn Euro einen topp Deal gemacht und gewonnen zu haben, während er sich in der Gewissheit aalt, dass in Wahrheit ER gewonnen hat. Und seine Kollegen wissen das auch. Und dass Deutsche saudoofe Erbsenzähler sein können, das wissen sie jetzt auch.

Was mein Freund, der Taxifahrer, und seine Kumpels uns ebenfalls voraushaben, ist das Wissen, dass man ü-ber-haupt nicht zu Fuß über die Grenze kommt! Und FILMEN darf man da schon gar nicht! (Hätte ich ahnen können, habe ich aber nicht in Erwägung gezogen). Ohne uns an diesem Wissen teilhaben zu lassen, verabschiedet er uns – und ssssst, weg ist er. Nach und nach realisieren wir unser Problem: Wir stehen mutterseelenallein mit unserem Berg

von Gepäck an einer stark befahrenen Straße ohne Bürgersteig, und werden in einer Tour von Lastern angehupt, die wohl befürchten, dass wir ihnen vors Auto laufen.
Nicht ärgern, Finkernagel, du bist selbst dran schuld!
Wir beschließen zu trampen und schleppen uns und unser Gepäck ein Stück zurück zu einer Kreuzung. Daumen raus und lächeln. Wie früher. Unsere Autostop-Transportmasse umfasst drei ausgewachsene Personen, zwei große Reiserucksäcke, zwei kleine Rucksäcke, eine große Reisetasche zum Rollen, die Kamera und das Stativ. Der LKW, der SO viel Platz auf dem Beifahrersitz hat, muss erst noch gebaut werden. Geschlagene zwanzig Minuten stehen wir wie bestellt und nicht abgeholt an der Kreuzung. Diverse Laster fahren vorbei und hupen kurz, aber sie winken alle ab. Gestikulieren: »Kein Platz!« (und denken sicher: Ihr Idioten, warum nehmt ihr kein Taxi?).

Wir verlieren so langsam die Hoffnung und machen uns mit dem Gedanken vertraut, uns aufzuteilen. Wie gefährlich kann das wohl sein, und wer sollte welche Wertsachen nehmen? Wollen wir die Technik lieber aufteilen und das Risiko eines Verlustes dritteln oder besser alles Teure dem Kameramann mitgeben und Daumen drücken? Und wo sollen wir uns auf der anderen Seite wiedertreffen? Plötzlich kommen mir 60 Euro, beziehungsweise 30 (letzter Preis!) gar nicht mehr sooo viel vor. Was bin ich für ein blöder Dickschädel.
»Komm, wir drehen mal was«, sagt Michael und filmt mich beim erfolglosen Trampen. Erst bin ich echt genervt von der ganzen Situation, aber es dauert nicht lang, und ich bekomme tatsächlich Spaß an der Sache und gebe zu Protokoll, dass ich es dufte fände, wenn jetzt eine schicke Limousine anhielte, mit Klimaanlage und so. Das wäre schön.
Und ich schwöre beim funktionierenden Taxameter: Ein paar Minuten später hält eine schicke Limousine an! Mann! Das Wünsche-ans-Universum-Schicken funktioniert tatsächlich. Wie beim

Parkplatz-Wünschen – es geht! (Und das Universum hört anscheinend auch dann zu, wenn man es gar nicht direkt anspricht, sondern in eine Kamera quatscht. Es sieht fern!)
Ein supersympathischer Typ in einem glänzendschwarzen, picobello geputzten A6 hält an, lächelt freundlich und fragt, ob er uns mitnehmen kann. Ach, bloß nach Russe, na das sei doch kein Problem. Er hat es nicht eilig. Hilft uns beim Einladen und sieht dabei sogar noch gut aus. Wenn Flügel an ihm dran wären, würde es mich auch nicht wundern.
Wir steigen ein, Klimaanlage! Alles riecht frisch (bis wir einsteigen), und wir sinken glücklich in die ergonomisch gepolsterten, kühlen Ledersitze. »Limousine« hatte ich zwar nicht auf meiner Liste der möglichen Transportmittel ans Schwarze Meer. Aber jetzt, wo ich hier so im Fond fläze, möchte ich sagen: Ich habe nichts dagegen. Nein wirklich, keinerlei Einwände.
Wir stellen uns einander vor. Klarian ist auf dem Rückweg von Bukarest nach Bulgarien. Er klappt die Mittelkonsole auf und bietet uns gekühlte Getränke an. Tom und ich teilen uns einen Sprudel auf der Rückbank, Michael filmt vom Beifahrersitz aus, und Klarian erzählt uns den Grund, warum er mit so einem Schlitten durch die Walachei kachelt: Er ist Chauffeur. Heute Morgen wurde der Flughafen von Sofia gesperrt. (Recherche im Nachhinein: Ein Munitionslager in der Nähe des Flughafens der bulgarischen Hauptstadt war in die Luft gegangen, Asche und kleinere Teile waren auf die Rollbahnen geregnet.) Deshalb musste er seinen Chef nach Bukarest fahren und ist nun auf dem Rückweg, hat extra Platz und extra Zeit. Mensch. Bukarest. Da hätten wir ja noch viel früher bei ihm einsteigen können!

Klarian bringt uns zu einem Hotel, das er für angemessen für uns hält, und verabschiedet sich fröhlich. Er hat für heute seine Schuldigkeit getan. Die E-Mail-Adresse, die er mir aufschreibt, um ihm

das Abschiedsfoto, das wir machen, und den Sendetermin zu schicken, hat leider nie funktioniert. Aber vielleicht ist das so, wenn man einem Engel begegnet.
Das Hotel Anna Palace ist von alter Pracht: ein Neorenaissance-Gebäude von 1888 mit feudalem Foyer und fürstlich eingerichteten Zimmern. Hohe Decken, gigantische Betten, darauf und an den Fenstern glänzende Stoffe mit Ornamenten. Wir gönnen jedem von uns ein eigenes. Ich beschmutze in meinem Zimmer den Glanz, indem ich meinen verstaubten Rucksack auf das Bett plumpsen lasse. Einfach mal zehn Minuten Füße hochlegen, das wäre was. Aber das geht dann doch nicht – dazu bin ich zu schmuddelig. Im Bad entdecke ich, worauf ich in großen Hotels immer schon scharf war: kleine, hübsch verpackte Badezimmer-Gimmicks, die kein Mensch braucht (zumindest nicht die Duschhauben, seien wir ehrlich). Die aber nett angerichtet dastehen und einen fünfsternemäßig willkommen heißen. Ich war mal in einem Hotel, da war die Duschgel-Shampoo-Spülung-Bodylotion-Batterie in Form einer kleinen Skyline konzipiert. An so etwas habe ich unbändige Freude. Diese kleinen Produkte finden gerne mal den Weg in meine Kulturtasche, aber nie wieder raus. Sind ja viel zu schade zum Benutzen.

Die Marketingfuzzis vom Anna Palace haben sich jedenfalls anscheinend ernsthaft mit der Badezimmergimmick-Thematik auseinandergesetzt und kritisch hinterfragt, was man wirklich braucht und was nicht. Ich vermute, dass einer der ganz Fixen irgendwann in einem Meeting mit einer Duschhaube in der Hand dasaß und sagte: »Ernsthaft Leute, DUSCHHAUBEN?«, woraufhin die zurückhaltende Marketingassistentin – mit dem Hang zur Krause, sobald sie nur in die Nähe eines Wasserkochers kommt – schön ihre Klappe hielt und dachte: Gut, kann man sich ja auch selber mitbringen (aus einem anderen Hotel). Duschhaube gestrichen. Dann haben sie überlegt, womit sie die entstandene Gimmick-Leere füllen könnten,

und es müssen junge Leute am Tisch gewesen sein. Männliche junge Leute, tippe ich. Solche, die noch unverbraucht sind, die noch über den Tellerrand schauen und übrigens auch nicht als Erstes an »mit Duschhaube duschen« denken, wenn sie »schickes Hotel« hören. Denn – halb geschockt und halb amüsiert – entdecke ich außer Papp-Nagelfeile und Panik-Nähset auch ein KONDOM mit der Aufschrift »Anna Palace«. Es ist konservativ gehalten, das Präservativ, mit schnörkeliger Schrift. Die gelungene Verbindung zwischen verrucht und gediegen. Ich packe es ein – zur Erinnerung.
Wir verbringen einen arbeitsfreien, tiefenentspannten Abend zu dritt auf der Hotelterrasse und lassen die hinter uns liegenden atemlosen Tage bei ein, zwei Glas Rotwein Revue passieren. Reisen ist absolut grandios – aber anstrengend. Filmen ist absolut großartig – aber anstrengend. Reisen UND dabei Filmen ist das Nonplusultra – aber waaaahnsinnig anstrengend. Jeder, der etwas anderes erzählt, lügt.

- 10 -

Wieder mal die schlimmste Nacht der Reise. Diesmal: Baltschik

Ob es die Anwesenheit von zig Tausendfüßlern war, die uns den Schlaf geraubt hat, oder die Angst vor in finsteren Fluren lauernden Bauleuten, die mich hat hysterisch werden lassen – jede Erfahrung macht uns auf immer reicher und trägt zu unserem schillernden Geschichten-Repertoire bei. Aus diesem packen wir in Zukunft sofort bereitwillig aus, sobald sich eine gesellige Runde gebildet hat und zu heldenhaften Reiseanekdoten ansetzt. Dann beginnt er, der Wettbewerb um die coolste Socke, den härtesten Hund, das widerlichste Ungeziefer.

Mein Repertoire bekommt in der vorvorvorletzten Nacht dieser Reise noch ein Sahnehäubchen draufgesetzt. Wir sind am Schwarzen Meer angekommen, in Baltschik. Es ist ein hübscher Küstenort außerhalb der großen touristischen Epizentren, und wir beschließen, hier die Nacht zu verbringen. Unser Händchen für gute Unterkünfte verlässt uns aber diesmal, und wir landen in einer echten Kaschemme. Weil es spät ist und wir uns erst abends darum kümmern, inspizieren wir die Zimmer nicht sorgfältig, und daher bemerke ich erst nach meiner Rückkehr vom Abendessen, wie heruntergekommen es hier in Wahrheit ist. Mein Zimmer hat einen zentimeterdicken Teppichboden und riecht modrig. Ich habe das erste Mal seit

Tausendfüßler-Gate das Bedürfnis, meine Schuhe anzulassen, und gehe mit Flipflops zum Duschen in die Badewanne. NICHT AN DEN DUSCHVORHANG KOMMEN! Innen an der Badezimmertür hat sich nach Jahrzehnten schlechter Entlüftung das Furnier gelöst und hängt nun in labberigen schwarzen Holzstreifen herunter. Ich sehe Schimmel. Viel Schimmel. Da wir drei schon »Gute Nacht, John-Boy, gute Nacht, Elisabeth!« gesagt haben, ich mir die Zimmernummern der Jungs nicht gemerkt habe und wir uns außerdem noch in der prä-WLAN- und prä-Wischhandy-Ära befinden, muss ich da jetzt durch. Am besten, ohne irgendetwas zu berühren. Ich lege einen Sarong aufs Bett und mich obendrauf (den koche ich, wenn ich nach Hause komme). Ich versuche einzuschlafen, doch die Bilder in meinem Kopf lassen mich nicht wirklich entspannen. Diese Nacht zieht sich wie Kaugummi. Ich liege auf dem Rücken, zähle Schäfchen und atme flach, um ja keine Sporen in die Lunge zu bekommen. Komme mir vor wie der Hoteltester aus Ocean's Thirteen. Ich stelle mir vor, dass von überallher im Zimmer kleine Einzeller und Mikroben angekrabbelt kommen, dass sie sich in Straßen erst aufs Bett und dann auf mich hinauf schaffen. Julivers Reisen. Im Geiste sehe ich Trilliarden von Bazillen auf mir Tango tanzen. Ich möchte jetzt bitte wieder nach Hause und in mein eigenes Bett. Irgendwann gegen zwei oder drei Uhr bilde ich mir ein, es juckt. Ja, es juckt. Juckt mich wirklich! Da, am Fuß. Tatsächlich habe ich am nächsten Morgen Ausschlag am Fuß und am Bauch, der Autosuggestion sei Dank! Die Jungs hingegen sitzen recht fröhlich beim Frühstück und beteuern: Ihre Zimmer waren gut. Schweinebacken. Wir suchen uns also für die letzten zwei Nächte etwas anderes. In einem Hotel im Strandort Škorpilovci finden wir drei piksaubere, helle Zimmer mit Meerblick – für zehn Euro pro Nase. Na also.

- 11 -

Coming Home ain't Easy

Im Bulgarischen Schwarzmeerabschnitt gibt es zwei große Küstenorte mit Flughäfen (Varna und Burgas) und die beiden Lizenzen zum Gelddrucken »Goldstrand« und »Sonnenstrand«. Der Goldstrand hieß wegen seiner Sandfarbe schon historisch so, der Sonnenstrand wurde erst aus Marketinggründen so benannt (und wahrscheinlich im gleichen Zug mit Duschhauben und/oder Kondomen befüllt). Eigentlich ist die Natur der bulgarischen Schwarzmeerküste an vielen Stellen von eher rauer Schönheit: schroffe Küsten und steile Kliffs. Diejenigen Küstenabschnitte, die mit Sandstrand gesegnet sind, mussten im Kommunismus und nach der Wende so viele schlimme Bausünden erdulden, dass man sie in den Arm nehmen und trösten möchte, bevor man ihnen dann ohne Betäubung die mehrstöckigen Bettenburgen herausreißt. Der Goldstrand und der Sonnenstrand waren dabei in den Sechziger und Siebzigerjahren noch richtig edle Reiseziele, bevor der Ballermann-Tourismus eingesetzt hat und die Region meiner Meinung nach sowohl optisch als auch würdemäßig den Bach runtergegangen ist. Ist aber letztlich Geschmackssache – und eine Geldfrage. Denn hier Urlaub zu machen, ist eben sagenhaft günstig. (Und es gibt Geheimtipps: Die kleine denkmalgeschützte vorgelagerte Halbinsel Nessebar am südlichen Ende des Sonnenstrands mit ihren verwinkelten Gässchen und liebevoll restaurierten Häusern ist jedenfalls ein bezaubernder Kontrast zu den Hochhäusern im Betonparadies auf dem Festland.)

Nun findet unsere erste *Ostwärts*-Reise also ihren krönenden Abschluss. Ich überlege mir eine schöne Abmoderation für die ganze Staffel. Sie soll zur Anmoderation passen, die wir vor vier Wochen bei aufgehender Sonne in Leipzig aufgenommen haben. Ich stelle mir den Wecker auf vier Uhr, male mich ein bisschen an, wir treffen uns am Strand und machen ein paar Trockenübungen. Es ist der vorletzte Tag, denn wir wollen das sicher im Kasten haben. Dann können wir heute Abend ganz entspannt noch etwas feiern. Ich bin ziemlich aufgeregt, weil ich die Moderation IN DER AUFGEHENDEN Sonne machen will. Das ist natürlich totaler Quatsch: Wenn die Sonne und ich gleichzeitig im Bild sein sollen, muss die Kamera in die Sonne filmen, und ich bin schwarz wie die Nacht, weil im Gegenlicht. Wenn ich jedoch schön angeleuchtet sein will, muss der Kameramann die Sonne im Rücken haben und darauf achten, dass weder Mann noch Kamera mir einen Schlagschatten ins Gesicht zaubern. Die Lösung? Man nimmt das separat auf und schneidet es zusammen, oder man schwenkt von der Sonne auf die Julia und zurück. Alles Dinge, die ich in meinem langen Filmemacherleben noch lernen werde.
Heute aber lerne ich erst mal eins: Man kann noch so gut planen, Murphys Gesetz schlägt trotzdem zu. Nach erfolgreicher Aufnahme und noch einer zusätzlichen Mütze Schlaf treffen wir uns beim Frühstück. Tom und ich sind euphorisch (Drehschluss!), doch Michael schaut ein wenig zerknirscht aus der Wäsche und teilt uns mit: »Ihr müsst jetzt stark sein, wir müssen das noch mal drehen.« Ja klar. Origineller Scherz, auf den wir vor vier Wochen vielleicht noch reingefallen wären, aber doch nicht heute. Leider ist es kein Scherz. Es hat einen Ausfall beim Ton gegeben: Alles, was wir aufgenommen haben, knackt auf der Tonspur. Da wir keinen Tonmann dabei

haben und Michaels Kopfhörer nach vier Wochen nicht mehr taufrisch sind, ist ihm das erst beim Prüfen des Materials auf dem Zimmer aufgefallen. Müssen wir also morgen doch noch einmal früh aufstehen.

Es geht noch mehr schief. Der Rückflug ist gestrichen, das erfahren wir in letzter Minute am Check-in in Varna. Zurück zum Strand trampen ist keine Option, der Schnittplatz wartet. Wir lassen uns nach Prag umbuchen – das Deutschland-nächste Ziel, das heute noch angeflogen wird. Ab da nehmen wir einen Mietwagen für die letzten zweihundertfünfzig Kilometer nach Leipzig.
Unser Redakteur empfängt uns mit einer kleinen Grillfeier in seinem Garten! Überall hängen Schilder, auf denen »Willkommen zurück«, »Ihr Helden« und »Geschafft!« steht, und wir sind total gerührt und erzählen alle durcheinander von unseren Abenteuern.
In den vier kommenden Wochen schließe ich mich ein und sichte das gesamte Rohmaterial am Rechner. Danach sitze ich zum ersten Mal mit einem Cutter »im Schnitt«. Wir verbringen zehn Stunden am Tag, sechs Tage die Woche in einem abgedunkelten Raum, während sich draußen bei dreißig Grad alles im Freibad vergnügt. Man muss schon Vitamin D nehmen, damit man dabei nicht depressiv wird. Die Sonntage verbringe ich weiter sichtend und schreibe den Kommentartext für die Sprachaufnahme der ersten Folgen. Wir haben enormen Zeitdruck, und ich mache das alles enorm schlecht, weil ich es zum ersten Mal mache. Nach vier Wochen Dauerstress klingele ich im Vorbeigehen bei einer Psychologin, deren Messingschild mir auf dem Nachhauseweg aufgefallen ist. Sie sagt: »Kommense rein, setzense sich, sagense mal nichts, nur tief ein- und ausatmen.« Ich atme tief ein und aus und fange nach dreimal atmen bitterlich an zu weinen. Schluchze und bebe und schäme mich ein bisschen. Nach knapp zwei Stunden bei der guten Frau kann ich wieder lächeln und weiß: Es ist »nur« die Anspannung, das Fehlen

von Ruhepausen, das viele Fremde, Neue, die geistige und körperliche Überforderung, und irgendwann wird alles gut.

Parallel laufen die ersten *Ostwärts*-Folgen im Vorabendprogramm. Von Woche zu Woche steigern sich die Quoten, bis auf über 15 Prozent. Das ist ziemlich, ziemlich gut – die Redaktion scheint einen Nerv getroffen zu haben. Das nicht starr durchkonzipierte, sondern auf Zufälle und Fettnäpfchen gesetzte Konzept mit freier Schnauze im Gegensatz zu vorgeschriebener und auswendig gelernter Moderation geht voll auf. (Es ist die Dämmerung vor dem Boom der YouTube-Stars, die genau das gleiche machen werden – ihre ganz normalen Reisen mitfilmen, ganz normale Dinge erleben, ganz normal sein, nur eben im Internet und nicht im Fernsehen.)

Nach der Ausstrahlung der vierten von sechs Folgen haut mir der Redakteur eines Montagmorgens jovial auf die Schulter und sagt: »Gratuliere, du fährst wieder los!«
Ich freue mich riesig!
Als das dann langsam tiefer einsickert, frage ich: »Wo soll's denn diesmal hingehen?«
»Das bestimmt die Programmchefin, sie erwartet dich in zwei Minuten.«

Georgien

GUT ZU WISSEN:

Das osteuropäische Epizentrum der Gastfreundschaft – beim Besuch unbedingt mitbringen: Hunger und Durst!

Und wenn dann einer »Chatschapuri« (Holzofenbrot mit Käsefüllung) oder »Badridschani« (Auberginenröllchen mit Walnuss-Knoblauch-Mischung) sagt, ganz laut »Hier!« schreien!

- 12 -

Willkommen im Bootcamp für die Leber

»Oh!«, werde ich von meinem ein Grinsen unterdrückenden Kameramann im Frühstückraum des Hotels freundlich begrüßt. Michael und ich sind zwar erst seit gestern Abend in Georgien (Idee der Programmchefin), aber ich habe jetzt schon dicke Augen. Irgendwas mit dem georgischen Rotwein muss nicht in Ordnung gewesen sein. Dabei hatte ich – ich schwör's! – nur ein halbes Glas. Ich weiß ja nicht, wie die den machen, aber meine Augenpartie hat auf irgendetwas darin mit Aufplustern reagiert – wie zwei Kugelfische beim Anblick eines Hais. Ich hoffe, das ist kein schlechtes Omen für diese Reise.

Dabei lässt sich das hier so gut an. Über Mund-zu-Mund-Propaganda habe ich einen netten Georgier namens George Tevdorashvili gefunden, der zwölf Jahre in Deutschland gelebt hat, aber viele Sommer davon mit deutschsprachigen Reisegruppen in seiner Heimat herumgetingelt ist. Vor zwei Jahren haben Gia (so dürfen ihn nur enge Freunde nennen, und das werden wir) und seine deutsche Ehefrau Katrin ihre vier Kinder und ein paar Sachen in den Kombi geladen, um in Georgien ihr Glück in die Hände zu nehmen. In der Hauptstadt Tbilissi haben sie ein kleines Reiseunternehmen gegründet, und wir sind die ersten Kunden.

In den kommenden Wochen wird Gia mein Gastgeber und Übersetzer sein. So kann ich das Land mit offenen Augen entdecken und erfahre nebenbei viel mehr über die georgischen Gepflogenheiten, als wenn ich ohne einheimische Begleitung unterwegs wäre. Gia ist ein Stück kleiner als ich, Mitte dreißig, hat dunkle Haare, freundliche braune Augen und ist grundsätzlich gut gelaunt. Das habe ich schon am Telefon festgestellt. Er bringt seinen ganzen Stolz – einen weißen Geländewagen – und einen entfernten Neffen namens Bidzina mit an den Start. Bidzina, Mitte zwanzig, spricht weder deutsch noch englisch, arbeitet aber als Techniker beim georgischen Fernsehen und soll uns ein bisschen zur Hand gehen. Dafür nimmt er seinen ganzen Jahresurlaub. Vor allem wird Bidzina auf das Auto und die Ausrüstung aufpassen, wenn wir irgendwo anhalten und mit Gia aussteigen.

Unsere Rucksäcke kommen in den Kofferraum, und allein das Wissen, dass ich diesmal meine siebzehn Kilo nicht jeden Tag zu Bushaltestellen und Bahnhöfen schleppen muss, verleiht mir nicht nur eine physische, sondern auch eine gewisse psychische Leichtigkeit. Das Einzige, das jetzt noch etwas zu schwer ist, sind meine Tränensäcke.

Letztlich ist ja dieser Georgier daran schuld. Gia hat uns nämlich gestern Abend am Flughafen abgeholt, zum Ausladen in ein kleines Hotel in der Altstadt gebracht und umgehend in ein georgisches Restaurant gelockt. Dort gab es gleich die ersten landestypischen Leckereien (Badridschani – mit Walnusspaste und Knoblauch gefüllte Auberginenröllchen –, hausgebackenes duftendes und noch warmes Weißbrot, frische Tomaten und Gurken) und dazu den »besonderen« georgischen Wein. Dass der besonders ist, kann ich jetzt schon bestätigen. Ich wollte nicht unhöflich sein, schließlich kennen wir uns ja noch gar nicht, also habe ich ein Glas mitgetrunken. Mit der beschriebenen Nachwirkung. Was lerne ich daraus? Trinke niemals vorm ersten Drehtag. Und am besten auch danach nicht. (Das Kleingedruckte: Versuch DAS mal in Georgien.)

Übrigens: Als ich vom Sender hörte, ich fahre nach Georgien, war ich erst mal nur so mittelbegeistert. Ich wusste NICHTS.

Was ich aber wusste: Der Job hier ist kein Wunschkonzert, also hopphopp: Widerstände überwinden und erst mal anständig recherchieren. Der kleine verbohrte Wessi in mir erweitert jetzt mal schön seinen Horizont. Malle kann jeder. Und siehe da: Beim Einlesen stellte sich sofort große Vorfreude ein. Sehr bald wollte ich so was von unbedingt nur noch nach Georgien.

Liebe dich selbst, und du wirst auch von anderen geliebt! So oder so ähnlich müssen die Georgier drauf sein, denn sie rühmen sich mit einer überaus charmanten Entstehungslegende. Die geht so: Als Gott den Völkern die Länder zugewiesen hat, waren die Georgier spät dran, weil sie vom Singen-und-Wein-trinken-Müssen aufgehalten worden waren. Als sie sich dann doch irgendwann die Ehre gaben, half kein Lamentieren: Alle Länder waren bereits verteilt. Aber sie hatten eine Strategie. Mit Charme, Musik und vermutlich auch viel Essen und noch mehr Wein wickelten sie Gott um den Finger. Er hatte eine echte »Quality Time« mit den Georgiern! Schließlich nahmen sie ihn mit ihren wunderbaren polyphonen Gesängen so für sich ein, dass er weich wurde wie Butter. Und dann hat er ihnen das Stück Land gegeben, das er eigentlich für sich reserviert hatte. BÄM.
Bescheidenheit vier minus. Egal. Aber wer so etwas von sich behauptet, der muss natürlich auch liefern. Daher werden die Georgier von mir in den kommenden Wochen an genau dieser Legende gemessen.

Georgien

Die Hauptstadt Tbilissi, wie der Georgier sagt, oder Tiflis, wie der Russe sagt (weswegen der Georgier streng auf Tbilissi besteht) betört uns mit herrlichstem Maiwetter. Es geht ein leichter Wind, die Sonne scheint, Schäfchenwölkchen grasen am blitzblauen Himmel, und eine Vorahnung von Sommer liegt über den Häusern. Alten Häusern in einem schwer zu beschreibenden Baustil mit verziertem, wettergegrautem Holz, die hügelige Gassen aus Kopfsteinpflaster säumen. Die hypermoderne Brücke über den Mtkwari (oder auf deutsch: über die Kura) ist gerade fertig geworden, und Tbilissi hat den Wandlungsprozess zur ultrahippen Metropole gerade begonnen. Trotzdem werden wir uns hier nicht lange aufhalten – das weite Land interessiert mich mehr als die Stadt.

Gia fährt deshalb mit uns ins wilde Swanetien, eine waldige Gebirgsregion im Nordwesten Georgiens. Dunkelgrün, nebel- und sagenumwoben. Swanetien grenzt an die autonome Republik Abchasien, die sich an den Kaukasus schmiegt und die Füße ins Schwarze Meer baumeln lässt. Eine traumhafte Landschaft.

Abchasien gehörte bis Anfang der Neunzigerjahre zu Georgien – und tut es aus Sicht der Georgier noch immer. Nur Russland und vier weitere Länder erkennen Abchasien an, der Rest der Welt betrachtet die Region als okkupiertes georgisches Gebiet. In einem erbitterten Bürgerkrieg, den die Weltpresse verpasst hat, weil sie mit allen Kameras auf den Jugoslawienkrieg geschaut hat, haben sich verschiedene Volksgruppen gegenseitig aus ihren Häusern gejagt und umgebracht. Viele Georgier wurden aus Abchasien vertrieben und haben Haus und Hof verloren. Auf beiden Seiten hat so gut wie jede Familie in diesem Gemetzel Angehörige verloren.

Gia versucht, das möglichst neutral zu schildern, während wir uns am Ostufer des Enguri entlang durch unzählige Tunnel hindurch die Berge hinaufschlängeln. Die einspurige Straße nach Mestia, dem Hauptort von Swanetien, war am Anfang noch asphaltiert, jetzt ist sie nur noch eine unbefestigte Piste, an einer Seite von Felsen

begrenzt, an der anderen von einem steilen Abhang. Wer an der Talseite sitzt, sollte schwindelfrei und ohne Höhenangst sein. Man kann diese Straße nur tagsüber befahren, im Dunkeln ist sie zu gefährlich. An einer Brücke über den Fluss machen wir eine kleine Pause, und Gia zaubert hausgebackenes Brot, luftgetrocknete Würste, Bananen und Weintrauben her. Leider fängt es an zu regnen, also brechen wir das georgische Picknick ab und fahren weiter. Der Himmel verdunkelt sich weiter, und der Regen wird stärker. Kleine Schlammbäche kommen uns den Berg herunter entgegengelaufen.
Fünfzehn Kilometer vor Mestia muss Gia in die Bremsen steigen, weil sich wie aus dem Nichts vor uns ein Stau gebildet hat. Ein riesiger Zementlaster ist im Schlamm ins Rutschen gekommen und steckt jetzt darin fest – ein paar Handbreit trennen ihn noch vom Abgrund. Michael und ich werfen uns in die Regenjacken und tauschen einen Blick wie zwei Rettungssanitäter vorm Ansetzen des Defibrillators. Strom: läuft. Kamera: läuft. Fertig, los. Dieser Thriller muss gefilmt werden. Der Fahrer des Zementlasters hat sich in einer quer über die Straße verlaufenden Vertiefung festgefahren und kommt weder vor noch zurück. Natürlich an einer besonders engen Stelle, an der er nicht überholt werden kann.
Nach kürzester Zeit sind wir zwar klatschnass, aber durchaus vergnügt. Für uns sind es spektakuläre Bilder, die sich da so unverhofft ergeben. Der Reisevogel in mir fragt sich zwar leise, ob wir wohl heute noch heile in Mestia ankommen. Doch der Filmemacher in mir trötet: Egal! Das sind mindestens drei Minuten grandioser Film!

Zwischen dem Unglückslaster und uns stehen noch ein blauer Ford Transit und ein ungefähr zwanzig Jahre alter russischer Bus (ein GAZ-53) voller Männer. Wir tippen auf Straßenarbeiter auf dem Nachhauseweg. Gia ist mittlerweile ebenfalls ausgestiegen und schwadroniert ein wenig mit ihnen herum. Angeblich ist bereits Hilfe auf dem Weg, in diesem Gebiet ist immer ein Abschleppdienst

in der Nähe. Und es ist deshalb hier so viel Betrieb, weil die Straße asphaltiert werden soll. Na, das Vorhaben kommt nicht zu früh.
Ein Grollen in der Ferne kündigt Gewitter an. Hinter uns trifft der Abschleppwagen ein, ein wuchtiger Dreiachser mit Reifen so groß wie ich. Der lässige Retter freut sich sichtlich, dass er zum Einsatz kommt, und bringt sich hinter dem Zementlaster in Position. Er klinkt ein armdickes Abschleppseil an dessen Anhänger, dann zieht er den Laster mühelos wie am kleinen Finger nach hinten. Aber dadurch wird es erst richtig dramatisch: Der vordere Teil des Zementlasters steht nämlich quer, und durch den Zug rutscht er noch weiter in Richtung Abhang. Ich schätze, jetzt fehlt nur noch ein Daumenbreit bis zur unfreiwilligen Talfahrt. Das Flussbett liegt etwa zweihundert Meter unterhalb der Straße.
Mannmannmann.
Der Abschlepper macht sich wieder los und rangiert hinter dem Zementlaster hin und her. Es ist ein imposantes Fahrzeug und gleichzeitig wendig und kletterfähig wie eine Echse. Meine Jungs drehen fast durch vor Freude. Schließlich setzt der Fahrer ernsthaft dazu an, sich obenrum am Hang entlang an dem Zementlaster vorbei zu drängeln! Ich bin sicher: Sobald er am Berg ist, kippt er zur Seite, landet auf dem Laster, und rummms! verabschieden sich beide für immer ins Tal. Aber kein Fünkchen Angst im fröhlichen Gesicht des Fahrers – nur leuchtende Augen der Euphorie. In einem todesmutigen Akt (Selbstüberschätzung?) kurbelt er am Lenkrad und manövriert den Hang hoch. Seine Reifen kleben wie mit Magnetfüßen am Berg. Wie kann das gehen? Dann fährt er parallel zum Hang, überholt tatsächlich und setzt sich rumpelnd vor den Zementlaster. Die coole Sau. Und das Beste: Er winkt noch im Vorbeifahren in die Kamera. Mittlerweile hat sich ein amtliches Publikum gebildet, und es gibt Szenenapplaus für den Helden. Der rangiert vor dem Zementlaster, hängt das Seil jetzt vorne ein und zieht den Unglücksraben aus der Patsche. James Bond ist ein Dreck dagegen.

Später recherchiere ich, was denn das für ein cooles Gerät ist: Der KrAZ-255 kommt aus dem Krementschuker Automobilwerk und wurde in der ehemaligen Sowjetunion hauptsächlich für den militärischen Einsatz gebraucht. Aha.

Ich wünsche mir so sehr, dass mich mal ein Klugscheißer fragt: »Sag mal, wie viel Kubik hat denn der KrAZ-255?«, und denkt, er könne mich damit aus der Fassung bringen. Dann könnte ich im Gegenzug, während ich nach irgendwas in meiner Tasche krame, so ganz nebenbei antworten: »Du. Knapp fuffzehn Liter Hubraum. Achtzylinder-Viertakt-Dieselmotor, wassergekühlt. 240 PS. Verbraucht so im Schnitt vierzig Liter, fährt maximal einundsiebzig. Aber der Clou: Alle drei Achsen sind über ein sperrbares Verteilergetriebe an den Antriebsstrang angeschlossen. Damit schafft er Steigungen bis achtundfuffzig Prozent. Trinkst du auch noch was?«

- 13 -

Eine georgische Tischgesellschaft, oder: Alles hört auf den Tamada

Mit anderthalb Stunden Verspätung und im letzten Tageslicht kommen wir in Mestia an und werden vom Hausherrn unserer Unterkunft empfangen. Emzari war bis vor Kurzem Polizeichef in den swanetischen Bergen und ist jetzt im Ruhestand. Emzari ist ein alter Bekannter von Gia und freut sich sichtlich, ihn wiederzusehen. Den respekteinflößenden Swanen umgibt eine Aura von Macht. Er hat große raue Pranken und einen Händedruck, der einem die Finger zermalmen könnte. Ich drücke auch ganz fest zu und blicke ihm noch fester dabei in die Augen. Das kommt besonders bei Alphamännchen gut an, und der erste Eindruck zählt ja bekanntlich. Dazu schlage ich dem Fass der Sympathie den Boden aus, indem ich ihm auf Georgisch Guten Tag entgegendonnere: »Gamarjoba!« Findet er gut. Lächelt. Wechselt einen Blick mit Gia. Das war das.

Wir folgen Emzari mit unseren Rucksäcken ins Haus, dort begrüßt uns seine Ehefrau Zoia. Sie hat einen dicken Wollpullover an und ihre Haare mit einem Tuch zusammengebunden. Und verabschiedet sich sofort wieder in die Küche. Es duftet herrlich nach Essen. Wir folgen ihr durch ein geräumiges Wohnzimmer mit einem Esstisch und weiter nach draußen zum Balkon mit der – Achtung,

Frostbeulen! – Außenküche. Zoia steht an einem großen Holzofen. Außer direkt am Ofen ist es ganz schön schattig hier draußen.
Vom Balkon geht es auf einen Hof mit angrenzendem Fischteich und an der anderen Seite auf eine weiß gestrichene Holzveranda. Von dieser gehen drei Türen ab: unsere Gästezimmer. Immer mehr Familien bieten private Schlafmöglichkeiten für Besucher an. Manche räumen einfach in ihrem Haus ein paar Zimmer frei, andere bauen an, sobald sie etwas Geld gespart haben. Tiefer ins georgische Leben kann man nicht eintauchen, und spätestens wenn einem der Holzofen-Brotduft aus der Küche um die Nase zieht, macht es einem nichts mehr aus, dass das Bad auf dem Flur ist und die extra Wolldecke auf dem Bettzeug im used look daherkommt, weil sie eben schon zwanzig Jahre lang benutzt wurde.
Natürlich wissen die Georgier, welche Chancen im Tourismus liegen – weshalb Gäste jederzeit willkommen sind. Dazu kommt aber noch eine weitere Wahrheit. Hier gilt das Sprichwort: »Jeder Gast ist ein Geschenk Gottes«. Die Georgier meinen das wörtlich, denn sie LIEBEN Gäste. Eines der vielen ungeschriebenen Gesetze sieht vor, dass man jeden Gast behandeln muss wie einen König. Selbst der ärgste Feind wird hier gut bewirtet. Sobald er deine Schwelle übertritt, ist er dein Gast. Und wird bedient, Ende der Durchsage.
Ein weiteres ungeschriebenes Gesetz und seine Unterparagraphen lerne ich beim Abendessen kennen. Der Hausherr gibt sich die Ehre und wird mit uns speisen, er thront am Kopfende des Tisches und hat uns auch unsere Plätze zugewiesen. Beim Servieren der Suppe sehen wir seine Frau wieder. Ich frage Gia, ob Zoia denn nicht mit uns isst. Er fragt sie, sie schüttelt den Kopf und antwortet gleichzeitig mit ihrem Mann. Gia übersetzt: »Nein, sie muss ja kochen.« Ist klar.
Zweiter Anti-Emanzipations-Knaller: Wir wollen anstoßen, doch es stehen noch nicht alle nötigen Gläser auf dem Tisch. Wassergläser sind

bereits gedeckt, aber die für Wein und Schnaps fehlen noch. Emzari grummelt etwas vor sich hin, und ich nerve Gia so lange, bis er mir das widerwillig übersetzt: »Sie hat schon wieder die Gläser vergessen.«

Mädels. Dass eins klar ist. Ich höre mir keine Beschwerden mehr an, wenn ihr mal »Stress« habt, weil ihr beim Abholen eurer Kinder aus der Musikschule im Stau steht, sich das Handy nicht mit der Freisprecheinrichtung koppeln lässt, der geschätzte Kindsvater im Supermarkt mal wieder länger braucht als auf der Familienagenda vorgesehen, und deshalb erst später mit Kochen anfängt (weil der ist ja heute dran). Und weil ihr es deswegen mal wieder erst auf den letzten Drücker zum Yoga schaffen werdet (wenn überhaupt). Prallt an mir ab. Ich möchte euch liebevoll und mit erhobenem Zeigefinder daran erinnern, was für ein großes Los ihr gezogen habt. Denn ihr könntet auch a) weit abseits der Zivilisation und b) in einer Kultur leben, wo weder die Emanzipation noch die Yogastunde von irgendjemandem vermisst werden und ergo nicht mal dorthin unterwegs ist. Da würdet ihr am Herd stehen (DRAUSSEN!), Brot selbst backen, euer Gemüse selbst anbauen, alte Sachen anhaben, arm sein und ab und zu die Gläser vergessen. Hier oben in Swanetien gilt: kein Zweitwagen, kein Handy, kein Ehemann, der einkauft (geschweige denn KOCHT), und – Obacht, ihr Lieben, das wird jetzt vielleicht ein bisschen wehtun – auch keine Spülmaschine.

Die kleine Emanze in mir kann sich eine winzige Rotzigkeit dem Hausherrn gegenüber nicht verkneifen. »Frauen sind aber auch so nachlässig!«, sage ich grinsend zu Gia, und bin froh, dass er das nicht übersetzt. Wir zackern hin und her, wer von uns beiden jetzt in die Küche geht und die fehlenden Gläser holt. Denn dass die Hausherrin das auch noch machen muss, das wollen wir beide nicht. Gia geht. Strike!
Als alles auf dem Tisch steht, erlebe ich meine erste »Georgische Tafel«. So nennt man eine Tischgesellschaft, die auch als »verlängertes

Abendmahl« bezeichnet wird. Normalerweise sitzen allerdings mehr Jünger und Jüngerinnen am Tisch, heute sind es nur: Hausherr Emzari (der Herr Jesus quasi), daneben Gia, dann ich, dann auf der anderen Kopfseite Bidzina und schließlich Michael – der nicht wirklich viel sitzt, denn er filmt ja das Ganze.

Der Tischherr bei so einer Tafel, die man auch Supra nennt, ist der Tamada. Diese Rolle muss man sich erarbeiten, man kann nicht einfach sagen: »Leute, passt auf, ich geb heut den Tamada für euch.« Es ist eine außerordentlich ehrenvolle Aufgabe, der man in den Augen der anderen Gäste gewachsen sein und die man mit Würde ausführen muss. Deshalb wird man dazu ernannt. Ein Tamada sollte lebenserfahren, wortgewandt, diplomatisch und standhaft sein. Ebenso wie seine Leber. Und männlich. Der Tamada trinkt für gewöhnlich am meisten von allen und darf niemals, ich betone NIEMALS, umfallen. Frauen und Antialkoholiker sind damit automatisch disqualifiziert. Natürlich dürfen sie mit am Tisch sitzen und Teil der Gesellschaft sein, nach Möglichkeit sollten sie dabei auch mittrinken. Nur richtig gute Ausreden wie eine Schwangerschaft oder fortgeschrittene Leberzirrhose werden akzeptiert, ansonsten kommt man ums Trinken nicht drumrum.

Sobald der Tamada sein Glas erhebt, ist Ruhe. Er bringt den ganzen Abend über Trinksprüche aus und widmet diese verschiedenen Themenkomplexen. Zuerst heißt er uns willkommen in dieser Familie und in Swanetien und wünscht uns allen Frieden. Unter den Top-Ten-Adressaten der darauffolgenden Lobeshymnen sind der liebe Gott, Georgien, die Familie, die Eltern und Großeltern, die Verstorbenen, die Kinder und Enkelkinder, die Frauen, die Freundschaft. *You name it, he's got it.*

Ein Tamada darf sich nicht mit Wortknappheit beschmutzen. Er sagt daher niemals so etwas Billiges wie: »So, jetzt trinken wir auf die Frauen, die so schön kochen können. Das war lecker, prost.« Oh nein, ein Trinkspruch ist blumig und poetisch und vor allem:

lang. Wortreich und minutenlang wird ausgeschmückt, warum die Frauen-an-sich so wundervoll sind, wie lieb und schön und klug, wie froh wir sind, dass wir sie haben, ach, was wären wir ohne sie, im Allgemeinen und im Speziellen (er darf auch Namen nennen), danke, dass ihr da seid und unser Leben bereichert. Danach können sich auch andere zu Wort melden (Männer versteht sich) und als Gastredner in einer ebenso minutenlangen Schwärmtirade die Aussagen des Tamadas bekräftigen und ihren Senf dazugeben. Positive Produktverstärkung heißt das, glaube ich.

Nächste Regel: Angestoßen wird nur mit Wein oder Schnaps. So. Wenn man jetzt aber zwischendurch Durst hat oder mal eben etwas Sperriges herunterspülen muss, dann darf man das auf keinen Fall, wirklich unter gar keinen Umständen, mit Wein (oder gar Schnaps) tun – böser Fauxpas! Zu diesem Zweck bekommt man Wasser oder »Saft« hingestellt. Letzterer steht meistens in Form von hausgemachtem Kompott in einer Glaskaraffe auf dem Tisch. Er ist oft so süß, dass ein Löffel darin stehen könnte, und daher zum Durstlöschen eher mäßig geeignet. (Im subtropischen Klima der georgischen Ebenen gedeihen Zitrusfrüchte, Feigen, Kiwis, aber auch Kornelkirschen und Quitten, dementsprechend viele verschiedene Kompottsorten gibt es.)

Unser heutiger Tamada öffnet nach der Vorspeise eine Zweiliterflasche mit klarer Flüssigkeit, und ich reiße angstvoll die Augen auf. Ich raune Gia zu: »Ist das Schnaps?«

Er rollt mit seinen. »Julia, wie lange bist du jetzt schon hier? Ja, das ist Schnaps.«

Und schon schenkt uns der Tamada großzügig ein, prostet uns zu und achtet darauf, dass wir auch wirklich mittrinken. Ich meine, er war hier Polizeichef, der sieht alles. Es ist zu allem Übel nicht nur Schnaps, es ist Chilischnaps. Wer erfindet so was? Mir brennt es gleich doppelt in der Kehle, und während ich bereits huste, spüre ich, wie das flüssige Feuer durch meine Speiseröhre hinabrinnt. Aua!

Ich bin froh um jeden Menü-Gang, der serviert wird. Es gibt eine köstliche rote Suppe mit Weißkohl und Fleischeinlage. Dazu Kubdari – Holzofenbrot gefüllt mit Fleischstückchen und frischen Bergkräutern. Zoia weiß, dass das Gias Leibspeise ist, und macht es immer, wenn er kommt. Danach gibt es Rindfleischtopf, Bratkartoffeln und Sulguni – so eine Art georgischer Mozzarella aus Salzlakenkäse. Ich liebe dieses Abendessen.

Was es bei einer Georgischen Tischgesellschaft nicht gibt und was unter allen Umständen verboten ist: Streit am Tisch. Daher hört man niemals jemanden beim Essen über Politik oder Religion reden. Die Themen sind schlichtweg verboten, und damit ist die Supra das diametrale Gegenteil von einem deutschen Bierstammtisch. Hier vertragen sich alle! Die schimpfen nicht! Auf gar nichts! (Obwohl sie könnten.) Wie cool ist das denn?

Nach ein paar Trinksprüchen der Kategorie »Standard« spricht Emzari einen Toast auf »unsere Schönheit hier am Tisch: unser Schwesterchen!« aus. Das bin ich! Ich bin geschmeichelt und merke: Ich habe ganz leicht einen im Tee. Wenn das so weiter geht, führt uns die nächste Drehreise in den geschlossenen Entzug. *Ostwärts – mit dem Flachmann der Betty-Ford-Klinik entgegen.*

Da ich ja nun schon gelernt habe, wie ich unter Umständen am nächsten Tag um die Augen rum aussehen könnte, stelle ich deshalb unauffällig auf Saft und Wasser um. Michael, Gia, Bidzina, Emzari, der mittlerweile aufgetauchte Zigarrenraucher aus dem Nachbarzimmer und ein weiterer Freund des Hauses machen aber zusammen tatsächlich die Zweiliterflasche Schnaps leer. Da ist das Schwesterchen allerdings schon lange im Bett.

Fazit: Eine georgische Tischgesellschaft ist ein einmaliges Erlebnis! Sie ist unheimlich wertschätzend, man könnte sogar sagen: Trinken auf höchstem gesellschaftlichem Niveau. Mein Trinkspruch-Favorit heute Abend wird: »Auf eine Million Jahre Freundschaft!«

- 14 -

Goldsuche im geheimen Dorf

Wir sind natürlich nicht ohne Grund hier oben in die Einsamkeit gekommen und haben unser Leben auf der »Straße« nach Mestia aufs Spiel gesetzt. Wir sind auf der Suche nach Gold! Schon Jason und die Argonauten haben damals im griechischen Kolchis nach dem wertvollen Goldenen Vlies gesucht. Dieses historische Kolchis entspricht heute georgischem (und abchasischem) Territorium, und tatsächlich wird hier oben in Swanetien auch heute noch Gold gewaschen. Die genauen Fundstellen sind natürlich ober-geheim, aber Gia hat Emzari gestern Abend in Schnapslaune etwas entlockt, und zwar den Namen eines Dorfes an einem Fluss, ungefähr anderthalb Stunden von hier.

Gia vermeidet es heute tunlichst, mir in Emzaris Anwesenheit den Namen dieses Dorfes zu nennen – auch wenn wir deutsch miteinander reden, würde Emzari das vielleicht heraushören. Auch später im Auto will er nichts preisgeben. Naja, ich krieg's schon raus. Steter Tropfen höhlt den Stein. Wir fahren auf einer unbefestigten Piste durch einen verwunschenen, feucht dampfenden Wald mit hohen Tannen und geraten ab und zu in eine Nebelwand, die uns zum Schrittfahren zwingt. Der Weg ist duster, und an einer Gabelung kann sich Gia nicht so recht erinnern, welche Abzweigung ihm Emzari genannt hatte. Es wäre ja einfach, auf der Karte nachzuschauen, wenn

er mir den Namen sagen würde. Meine Meinung. Aber offenbar hat er Emzari Stillschweigen versprochen.
Außerdem ist Gia unsicher, ob es so eine Spitzenidee ist, wenn wir den Namen des Dorfes im Fernsehen preisgeben. Das hat natürlich eine gewisse Logik. »Geheim« ist geheim, »einmal im Fernsehen« ist nicht mehr so wirklich geheim. Dann käme der Goldrausch nach Swanetien, und – so schnell können die gar nicht gucken – ein Schweizer Abenteuerveranstalter böte Goldwäscher-Abenteuer-all-inclusive-Pakete an.
Ich will Gia ein bisschen aufs Korn nehmen und frage immer mal wieder unvermittelt: »Sag mal, wie hieß das Dorf noch gleich?« Irgendwann wird's ihm schon rausrutschen. Als ich mit Augenzwinkern beteuere, dass er's mir ruhig sagen kann, weil ich absolut vertrauenswürdig und auch sehr verschwiegen bin, sagt er's. Vor laufender Kamera! Wer mich für den Geheimdienst anheuern will, nur zu. Ich hätte noch Vakanzen.

Natürlich hat Emzari seine Spezis im geheimen Dorf Ieli (ups) vorgewarnt, dass ein paar Bekloppte vom deutschen Fernsehen kommen, insofern sind wir jetzt keine totalen Überraschungsgäste. Ist auch ganz gut so, denn hier oben will man es sich mit den Einheimischen nicht verscherzen – in der Abgeschiedenheit würde man nicht nach uns suchen, wenn wir auf wundersame Weise verschwänden …
Zwei finster dreinblickende, wettergegerbte Männer erwarten uns auf der einzigen Dorfstraße. Genau wie der Polizeichef a.D. haben sie einen festen Händedruck, ernste Mienen und lächeln breit, als ich ihnen mein »Gamarjoba« entgegentröte.
An einem historischen Wehrturm werden wir in ein altes Haus gebeten und kommen durch einen hellen Flur in einen riesigen Raum mit Holzboden, drei großen Holzfenstern, Holztüren und einem Holzofen. Hier drin könnte man tanzen! In der Mitte steht ein Tisch mit ein paar Stühlen und an der Wand ein breites Sofa mit einem flachen,

breiten Tisch davor. In einer anderen Ecke steht ein Buffet mit Wasserkocher und Bechern. Eine freundliche alte Frau namens Guliko mit Kopftuch und Schürze wird mir vorgestellt und macht sich sofort wieder am Ofen zu schaffen. Wir setzen uns mit den Männern an den Tisch, und ich komme ohne Umschweife zur Sache. Ich bitte Gia zu übersetzen, dass wir gehört haben, hier gäbe es Gold. Das bestätigen sie mit einem fast unsichtbaren Nicken. Ich fahre fort, dass wir da gerne mit ihnen hingehen würden. Und ob es nicht total verrückt wäre, wenn SIE mir zeigten, wie man Gold wäscht? Sie bereden sich kurz murmelnderweise miteinander und lassen mich dann wissen: »Nein das geht nicht.« Ich frage, warum nicht, Gia übersetzt hin und her, und schließlich heißt es: »Dann müssten wir ja laufen«. Da ich nicht weiß, wie man sonst hier zum Fluss kommt, finde ich die Argumentation ein bisschen dünn. Ich versuche es anders und frage, wo denn das Gold ist, das sie bereits gefunden haben. Und wo genau noch mal die Stelle am Fluss ist, an der man fündig wird. Bei Gia hat das ja auch vorhin geklappt.

Diesmal klappt es nicht.

Ich bitte sie, uns doch wenigstens zum Fluss zu bringen, ich könnte ja mein Glück selber versuchen. Murmelmurmel, dann: »Ach, das ist jetzt wirklich blöd, es regnet ja.« Freunde, ich bin ausgerüstet. Hier: wasserfeste Jacke, dicke Schuhe, ich kann das bisschen Regen aushalten! Sie murmeln, Gia übersetzt: »Nein, es geht nicht, nicht nur wegen des Regens, es ist nicht die richtige Zeit, der Fluss hat zu viel Wasser.«

Wie jetzt? Im Mai?

Ich schaue Gia fragend an, der macht treue Rehaugen. Er befragt die Swanen erneut und übersetzt dann, im Mai stehe das Wasser viel zu hoch, da finde man nichts. Bevor ich mich ärgern kann, bringt der Älteste einen Krug und ein paar Gläser. Gia sagt, ich soll doch mal lieber den swanetischen Rakhi (»Rachi«) probieren, eine Art Obstler.

»Aber es ist noch nicht mal zwölf – wir können doch jetzt keinen Schnaps trinken!«
Gias lapidare Bemerkung dazu: »Wir haben schon das Frühstück verpasst.«
Also stoßen wir mit Selbstgebranntem an (oioioi!). Die Hausherrin macht im Hintergrund kurz den Ofen auf. Von dort zieht ein unfassbar betörender Brotduft ohne Umwege in meine Nase, der mir zusammen mit dem Schnäpschen so das Gehirn verdreht, dass alles Gold der Welt plötzlich wurscht ist – Hauptsache, ich bekomme das zu essen, was ich gerade rieche.

Chatschapuri heißt das. Ich schaue Omi Guliko dabei über die Schulter, wie sie es zubereitet. Das selbstgebackene georgische Fladenbrot schmeckt ohne Füllung schon unglaublich lecker. Es besteht aus Weizenmehl, Hefe, Wasser, Salz und heißt »Puri«. Bei Chatschapuri wird der göttliche Fladen noch zusätzlich mit einer Käse-Quark-Mischung gefüllt, das ist dann wirklich nicht mehr zum Aushalten köstlich. Eine Teigkugel so groß wie zwei Fäuste wird ein wenig geplättet und darauf ein Berg Füllung getürmt. Die besteht aus einer Mischung von geriebenem reifen Käse und Kuhmilch-Frischkäse. Die Seiten der Teigunterlage wälzt man vorsichtig um den Käse nach oben und drückt sie wie zu einem Säckchen zusammen, in dem jetzt der Käse schlummert. Das Ganze wird sanft flach gedrückt und kommt in den Holzofen. Allein das Geräusch vom Spatel, der das knusprige Brot immer wieder dreht und schließlich (endlich!) aus dem Ofen holt, lässt mir das Wasser im Mund zusammen laufen. Warum gibt es so etwas nicht bei uns?
Ich schwenke also um – von Gold auf Hüftgold. Kalorienmäßig könnte man mit einem Chatschapuri ein ganzes Goldwäscherdorf über den Winter bringen, und es macht mich satt und zufrieden.
Beim Gehen zeigt uns der Geheimnisträger noch den hofeigenen Wehrturm. Die hohen bewohnbaren viereckigen Steintürme sieht

man in Mestia und den umliegenden Dörfern sehr oft. Ihr Eingang ist in sechs bis sieben Metern Höhe angebracht. Nur über eine Leiter kommt man hinein. Diese zog man, als das noch nötig war, mit sich nach oben in den Turm und harrte dort tage- oder wochenlang aus, bis der Feind wieder abgezogen beziehungsweise besiegt war. Wir fragen unseren schweigsamen Goldwäscher, ob wir denn mal einen Blick in seinen Wehrturm werfen dürfen. Da kann er jetzt ja wohl echt nicht nein sagen. Er denkt eine ganze Weile nach, bevor er antwortet. Dann entschuldigt er sich, die Leiter sei kaputt. Gia übersetzt mir das, schaut mich an, ich schaue ihn an, und dann platzt es mit unterdrückter Stimme aus ihm heraus: »Weißt du, was ich glaube? DA oben ist das Gold!« Ja! Ergibt Sinn! Und ich kann es dem Geheimnisträger einfach nicht übel nehmen, irgendwie finde ich die Dorfbewohner mittlerweile richtig klasse. Weil sie so frei von Fernseheitelkeit sind, und es ihnen so völlig schnuppe ist, was wir wohl denken – oder senden – könnten.

So verabschieden wir uns mit einem Ränzlein voller Hüftgold und dem Versprechen, wiederzukommen, wenn das Wasser niedriger steht und die Leiter wieder heile ist und das Gold nur auf uns wartet. Dann fahren wir unverrichteter Dinge, aber durchaus vergnügt von dannen.

- 15 -

Pferdetreck ins Gebirge – Reiten: Klappe, die zwote

Wir sind jetzt seit drei Wochen mit Gia in seinem zauberhaften Land unterwegs. Gerade haben wir eine 24-stündige Drehpause in Tbilissi eingelegt, weil Gia sich eine dicke Erkältung zugezogen hatte und ich ihn zum ersten Mal schlecht gelaunt erlebt habe – für ungefähr zwanzig Minuten. Aber Männer und Erkältung, das ist eine ernste Sache, daran kann man sterben. Deshalb sollte Gia sich ausruhen und wieder zu Kräften kommen. Michael und ich sind einen Tag lang in der Stadt herumgestrolcht und haben Stadtansichten gedreht (die es aus dramaturgischen Gründen in der Regel nicht in den Film schaffen, aber unser Dreh-Gewissen immens erleichtern).

Nun sind wir wieder vereint und erneut in den Bergen. Der Lagodechi Nationalpark liegt im Nordosten Georgiens an der Grenze zu Dagestan und Aserbaidschan und gehört zum Hohen Kaukasus. Weil wir von unseren bisherigen Erlebnissen bereits verwöhnt sind, muss jetzt unbedingt etwas neues Abgefahrenes passieren: Wir machen einen Pferdetreck! Gia ist noch nie geritten, was mir das Gefühl eines gewissen Vorsprungs vermittelt. Immerhin saß ich ja schon in Ungarn hoch zu Ross. Profi quasi. Diesmal habe ich noch dickere Schuhe an, da können mir sogar zwei Pferde gleichzeitig auf die Füße treten.

Am Rande des Nationalparks liegt der gleichnamige Ort Lagodechi. Eine hübsche, dörflich bewohnte Straße führt leicht bergauf zum Parkeingang am Waldrand. Hier deponieren wir unsere Sachen in einer kleinen Familienpension und packen nur Tagesrucksäcke für zwei Nächte. Das bedeutet: Zahnbürste (alle), Regenjacke (alle), Ersatzschlüppi (ich hoffe doch alle), Stativ und zweite Kamera (Gias Neffe Bidzina), Akkus und P2-Karten (Michael), Fotoapparat und Wärmflasche (ich). Gia trägt die Verantwortung, das muss reichen. Wir buchen einen kundigen Bergführer, einen jungen Einheimischen namens Kakha (»Kacha«). Der geht mit Gia auf den Wochenmarkt und kommt mit Säcken voller Essen zurück. Jeder Georgier ist von dieser Urangst geprägt, verhungern oder verdursten zu können – ein Teil von mir muss georgisch sein, ich bin begeistert von dem Proviant.

Im Nationalpark bekommen wir sehr hübsche Pferde zugeteilt. Die haben gerade erfahren, dass sie nicht nur uns, sondern auch je zwei große Satteltaschen auf dem Rücken tragen müssen, und scharren ein bisschen unzufrieden mit den Hufen rum. Kakha der Bergführer ist auch unzufrieden. Er weigert sich kategorisch – warum auch immer – zu reiten. Er möchte lieber neben uns her laufen. Da wir in meiner Vorstellung Black-Beauty-mäßig mit wehenden Pferdeschwänzen durchs Bild galoppieren werden, finde ich das von ihm eher kontraproduktiv. Muss er dann selber sehen, wie er uns hinterher geflitzt kommt.
Wir sind albern und ein bisschen aufgeregt. Zwei Tage in der Wildnis! Die Übernachtung soll in 2000 Metern Höhe auf einer Wetterstation stattfinden, und mir schwant: Das wird keine Skihüttenatmosphäre mit Raclette und Kamin. Das wird arschkalt und ohne Strom. Zu uns fünf Chaoten – Gia, Bidzina, Michael, Kakha und ich – kommt noch ein sechster Reiter samt Ross hinzu: ein Ranger vom Nationalpark, ohne den darf man nicht rein. Gogi heißt er

und ist schon etwas älteren Semesters. Er trägt eine Tarnfarbenhose und ein Ranger-Hemd mit aufgenähtem Wappen, darüber eine Anglerweste (so ein Ding, in das alles reinpasst, vom Flachmann über das Taschenmesser bis zur Hängematte). Gogi hat einen durchaus imposanten Schnurrbart und ein durchaus imposantes Jagdgewehr, zweiteres trägt er am Ledergurt über der Schulter. Damit wird er uns die Braunbären, Luchse und Wölfe vom Pelz halten (oder uns ihnen). Ich befürchte, er findet uns doof, da keiner von uns auch nur annähernd reiten kann und wir auch deshalb nur so schleppend vorankommen, weil wir so albern sind.
Ich weiß nicht wirklich, wo das herkommt, aber sobald Michael mich in der Nähe eines Pferdes sieht, amüsiert er sich prächtig. Da kann er vorher noch so konzentriert und ernst gewesen sein. Auch jetzt sehe ich auf drei Meter Entfernung, dass er sich auf die Lippe beißt und sich extra-angestrengt auf sein Display konzentriert, um nicht laut aufzulachen. Vielleicht ist es ja seine eigene Nervosität wegen des Reitens-und-dabei-Filmens oder einfach nur die Absurdität, dass ein Filmteam, das definitiv nicht reiten kann, einen Pferdetreck macht. In dem Moment, als ich mich innerlich grinsend, aber äußerlich indigniert zu der Bemerkung: »Ich weiß nicht, was DARAN jetzt so komisch ist – ich reite hervorragend!«, hinreißen lasse, ist es bei Michael vorbei, und er prustet los. Freu ich mich. Leute zum Lachen zu bringen, macht mich froh.

Ich führe mit meinem Pferd übrigens intensive Zwiegespräche. Es heißt Bujan. Da wir zwei Tage miteinander verbringen werden, möchte ich gleich an einer guten Beziehung arbeiten. Es soll sich an meine Stimme gewöhnen und kennenlernen, wie ich so drauf bin. Bujan soll mich mögen und trotzdem wissen, ich bin der Chef im Ring.
Soweit zur Theorie. Die Praxis: MEIN Pferd ist ein Revoluzzer. Und definitiv der Meinung, dass ich überflüssiger Ballast bin. Der ihm

noch dazu gar nichts zu sagen hat. Es spaziert abseits der Wege und stellt sicher, dass mir pausenlos ein Zweig ins Ohr pikst. Es grast, wann und wo es will, was jedes Mal dafür sorgt, dass ich beinahe vornüber kippe. Ich kann ziehen und schimpfen, »brrrrr« rufen und beschwichtigen – ihm ist das alles einerlei. Vielleicht ist es ja schwerhörig?

Jedenfalls stecken wir schon nach kurzer Zeit in der Krise. Michael findet das komisch und filmt uns vom Wegesrand aus. Ich schlage vor, dass er doch mal VOM PFERD AUS filmen soll, dann kommen wir alle schneller voran. Irgendeiner hat die glorreiche Idee, dass er wie die Motorradreporter bei einer Marathon-Berichterstattung vorwegreiten und rückwärts gewandt filmen könnte, damit er mein Rassetier und mich von vorne sieht. Da Michael aber nun mal kein Schlangenmensch ist und sich bei der 180-Grad-Drehung mit der Kamera in der Hand fast ein paar Wirbel verknackst, beschließt er, rückwärts zu reiten. Also nicht das Pferd geht rückwärts, sondern ER sitzt rückwärts im Sattel. Noch so eine glorreiche Idee. Minus mal minus gleich plus? Eher nein. Glorreich mal glorreich gleich total bescheuert. Aber bitte.

Allein das Aufsteigen meines Kameramanns ist zum Brüllen. Er kann jetzt ja nicht das Bein lässig hinten rum hochschwingen, dann bekäme das Pferd eine Ohrfeige (nicht empfehlenswert.) Also muss er erst einmal im rückwärtigen Damensitz Platz nehmen und dann ladylike ein Bein über die Kruppe (aka den Po vom Pferd) hinüberschwingen. Blöd ist, dass der Sattel nicht fürs Voltigieren gedacht, sondern ergonomisch aufs Vorwärtsreiten geeicht ist.
Mein Tipp für jeden, der mal einen schlechten Tag, aber Zugang zu robusten Pferden und zu nicht-reitkundigen Erwachsenen hat: Sie einfach mal auf diese Weise aufsitzen lassen und zuschauen. Ist besser als Fernsehen.

Die ganze Statik stimmt jetzt nicht mehr, und Michael droht nach vorne (also hinten) zu kippen und vom Pferd zu rutschen. Netter Versuch, aber leider eine Schnapsidee. Wir können das Reiten also nicht beschleunigen, und meine Prognose lautet: Wir schaffen es niemals in zwei Tagen auf 2000 Meter und wieder zurück.

Gogi war schon etwas vorausgeritten und kommt uns nun mit ernster Miene entgegen. Er spricht mit Kakha und Gia. Gia übersetzt, dass der Fluss, den wir überqueren müssen, ungewöhnlich hoch ist. Es ist noch relativ früh im Jahr, und die Schneeschmelze hat das Wasser auf gefährliche Höhe ansteigen lassen. Wir »reiten« bis zum Ufer und bekommen Respekt. Der Fluss ist wirklich reißend und hat am Rand viele Pools gebildet, in denen sich das Wasser zu Strudeln formt.

Michael steigt ab und sucht sich eine Position an der Flussbiegung, um uns zu filmen. Ich beratschlage gerade mit Gogi (und mit Händen und Füßen), wie wir da am besten rüber kommen, als mein Vierbeiner beschließt: Mir reicht's.

Die nächsten Ereignisse spielen sich in Sekundenschnelle ab, und doch nehme ich sie alle ganz intensiv wahr, so als ob ich mich in einer Zeitlupenblase befinde. Das Pferd legt sich HIN! Ja … aber … ich sitze doch noch drauf!? Da das Pferd an sich nicht so in die Knie geht, wie es für den Reiter angenehm wäre (alle vier Beine gleichzeitig stufenlos absenken), sondern ein Bein nach dem anderen ruckartig einknickt, bekommt es an unerwarteten Stellen eine unerwartete Unwucht, und ich bekomme – nicht ganz unerwartet – Panik. Halb wirft es mich, halb sinke ich hin. Ich rutsche seitlich vom Pferderücken. Mein linker Fuß im Steigbügel erreicht den Boden zuerst, und ich ahne, nein, ich weiß: Jeden Moment landet der gesamte Pferderumpf auf meinem Bein. Krk. Wird es machen.

Ich lasse einen Schrei los, werfe mich unheimlich sportlich nach Backbord, ziehe blitzartig meinen Fuß aus dem Steigbügel und rolle gekonnt auf den Rücken.

Direkt in eine von den Flusspfützen.
Mein Bein ist unversehrt, Bujan auch (chillt jetzt mal ein bisschen), aber ich liege rücklings im kalten Wasser. Äußerst bescheiden. Werde ich jetzt in diesen Klamotten den ganzen Treck bei 13 Grad und gefühlten 80 Prozent Luftfeuchtigkeit durch den Urwald trotteln? Das trocknet doch nie!

Mein Autoren-Alter-Ego sieht die Misere natürlich nicht. Es denkt: Super, das brauch ich für den Film!, und schaut unauffällig zu Michael rüber. Ich sehe es schon aus den Augenwinkeln … keine Kamera. Michael hockt auf einem Stein und ist ellbogentief mit beiden Armen in seinem Rucksack versunken. Ich brülle gegen das Flussrauschen an. Beim dritten Mal schaut er auf.
Ich brülle: »Hast du das aufgenommen?«
Er brüllt: »Was?«
Ich brülle: »Ey! Ich bin gerade vom Pferd geflogen!« Wär das nicht total verrückt, wenn er das auch gefilmt hätte?
Doch er brüllt: »Oh sorry, ich hab nix gesehen, ich musste hier gerade die Akkus wechseln.«
Sch…! Jetzt kriegt man im Film nicht mal erzählt, warum ich nass bin, und wir haben dazu noch ein paar tolle Bilder »verloren«.
Ich schimpfe tonlos weiter vor mich hin, als Michael – anscheinend immer noch im Clown-Modus – einen Spitzenvorschlag macht: »Kannste dit noch mal machen?«
Komm du mir nach Hause.

Unter Anleitung von Gogi und unter Johlen und Applaus schaffen wir es alle nacheinander durch den Fluss. Gogi hat eine Stelle gesucht, an der »nur« der Pferdebauch und unsere Füße nass werden – sofern wir die Knie rechtzeitig anwinkeln. Dazu brauchen die Pferde allerdings eine gewisse Motivation, also einen liebevollen Kick in die Seite. Wir fühlen uns wie Helden, als alle schließlich am anderen Ufer angekommen sind. Und Michael macht Eins-a-Bilder.

Vergleichsweise ereignislos verlaufen die nächsten Stunden Ritt durch den Wald. Wir schreiten über weichen Boden, knorrige Wurzeln und Nadelberge. Es riecht nach feuchter Luft und feuchtem Pferd. Herrlich. Irgendwann tun mir die Knie so weh, dass ich absteigen muss. Auch die ersten Schritte zu Fuß sind irrsinnig schmerzhaft, ich muss meine Beine von der O-Form des Cowboymodus wieder zurück in den Fußgängermodus biegen. Reiten ist und wird definitiv nicht mein Sport. Ich trotte vor mich hin, die Zügel über die Schulter geworfen, und mein Pferd brav hinter mir her, als ob es kein Wässerchen trüben könnte. Uns geht es beiden besser so. Ich frage mich, ob wir diese Wetterstation längst erreicht hätten, wenn wir einfach zu Fuß mit zwei Packeseln losgezogen wären.

Es tröpfelt schon seit einer Weile, doch nun prasselt es sich richtig ein. War ja klar. Als der Regen zu stark wird, treibt Gogi die Pferde zusammen und zaubert eine Plane aus seiner Yps-Weste. Er hält sie für uns hoch, und jeder nimmt einen Zipfel. Minutenlang stehen wir zu sechst unter der Plane, und jeder versucht, sich möglichst weit in der Mitte zu positionieren. Wir schauen ratlos auf unsere Füße und realisieren: Das hört sich nicht nach einem Schauer an, eher nach einem Unwetter. Uns tun die Beine weh, wir haben Hunger und sind müde. Alle Albernheit ist weggespült.
Aber wir sind in Georgien. Bergführer Kakha zaubert aus seinem Rucksack »MEDIZIN«. Diese befindet sich in einer unschuldig aussehenden Plastik-Wasserflasche und ist in Wirklichkeit selbst gebrannter georgischer Traubenschnaps. Der Tschatscha hat zwischen 40 und 50 Volumenprozent Alkohol. Jeder von uns bekommt eine Dosis, und Gogi reicht dazu eine Tüte mit Pfefferkuchen herum. Da

er der Älteste ist, bringt er den ersten Trinkspruch aus. Er trinkt auf »unsere Gäste, dass sie öfters herkommen mögen«.
Mein kurzzeitiges Stimmungstief verfliegt komplett mit diesem und den folgenden Trinksprüchen, die auf eine so einfache Weise die georgische Mentalität offenbaren. Alle dürfen und sollen etwas zum Besten geben, und allein sich zu fragen: Wofür bin ich denn gerade dankbar?, lässt uns vergessen, dass wir durchnässt sind, durchgefroren und noch weit entfernt von der Unterkunft für die Nacht. In diesem Moment darauf zu schauen, dass es uns doch gut geht, dass wir bei Mutter Natur sind, dass der liebe Gott uns diesen Wald und unsere Gesundheit geschenkt hat, das rührt mich sehr. Das und der Tschatscha.
Nach zwei Runden aus der Plastikflasche stimmt einer der Georgier ein Lied an. Jetzt singen sie auch noch! Dem fröhlichen Song folgt ein zutiefst melancholisches Liebeslied auf ihr Heimatland »Sakartvelo«, georgisch für »Georgien«. Auch ohne den Text zu verstehen, ist es die schönste Liebeserklärung an die Heimat, die ich je gehört habe: traurig, sehnsüchtig, patriotisch und Liebe-voll.

Wenn man bei YouTube »Lied Sakartvelo« eingibt, sieht und hört man ein paar unrasierte, halb angezogene Georgier bei Tageslicht am Küchentisch vor leeren Flaschen singen. Die haben sich nicht erst zum Frühschoppen verabredet, jede Wette. Sie mögen zwar blau und sich ihres optischen Zustands, als sie das hochgeladen haben, vielleicht nicht hundertprozentig bewusst gewesen sein, aber sie singen SO SCHÖN! Mehrstimmig und mit Gitarrenuntermalung. Es reicht, bei Minute 3 einzusteigen und die Augen zu schließen.) Der polyphone Gesang aus Georgien zieht einem wirklich die Schuhe aus. So ergreifend ist er. Selbst im Wald.

Singend, im Regen, unter der Plane vergessen MEINE Georgier und ich die Zeit. Gedankenverloren trällern sie und hören gar nicht

mehr auf. Der nasse Wald wird zur schönsten Open-Air-Bühne und die Plane zur Konzertmuschel. In einer kurzen Atempause beschließen wir einstimmig, den Treck abzubrechen, und sind alle erleichtert, dass es nach Hause geht – zurück ins Warme und Trockene. Sie singen den ganzen Rückweg (und, ja, sie trinken auch noch ein, zwei Tschatschas). Selbst die Flussüberquerung ist nach einem Schnäpschen nicht mehr so furchteinflößend wie heute Morgen (und nass sind wir ja eh). Im Nationalparkbüro ist man erleichtert und auch durchaus amüsiert über die erste Gruppe des Jahres, die so früh in der Saison partout auf die Wetterstation wollte und nun vorzeitig (aber unversehrt) zurück ist. Wenn sie uns bekloppt finden, lassen sie uns das zumindest nicht spüren.
Ich mag die Georgier.

- 16 -

Gastfreundschaft 2.0 (Promille)

Ich habe ja schon so einiges vom Alkohol erzählt. Eigentlich will ich gar nicht viel trinken, zum einen aus reiner Solidarität mit meiner Leber und auch weil ich eitel bin. Weder möchte ich vorübergehend dicke Augen haben noch vorzeitig altern, so ist das. Aber an manchen Orten auf der Welt kann man es sich nicht so richtig aussuchen. Beziehungsweise: Wenn man sich nicht to-tal unbeliebt machen will, dann muss man abwägen: Freundschaft oder Leber, Selters oder Sekt. Auf dieser Reise wäge ich also von Tag zu Tag neu ab. Mal bin ich die Spaßbremse und trinke Wasser oder Estragon-Limonade (sehr lecker!), aber in den entscheidenden Situationen – wenn uns jemand einlädt und ich weiß, das ist hier Teil der Kultur, und denke, warum sollte ich dem jetzt vor den Kopf stoßen – halte ich es mit Marilyn Monroe und sage mir: »Ach, was soll's«.
Diese Haltung wird allerdings heute auf eine harte Probe gestellt.

Gia und ich bringen am Tag nach dem nicht-wirklich-langen Treck die Satteltaschen zurück zum Nationalpark. In der hübschen Straße zwischen Pension und Parkeingang gibt es keinen Bordstein, im Gegenteil: Oft ist am Rand zwischen Straße und Grundstück ein kleiner Graben angelegt, durch den der Regen abfließen kann und der die Blumen und Gräser drum herum bewässert. Die Grundstücke selbst sind mit halbhohen Mauern, Zäunen oder Metalltoren von der Straße abgegrenzt. Viele der Höfe dahinter sind von einem Dach aus Weinlaub überwachsen.

Wir kommen an einem Hof vorbei, in dem ein älterer Herr an seiner Wein-Pergola herumschnippelt. Eigentlich wollen wir nur den Marsch zum Nationalpark filmen, aber der nette Mann winkt und begrüßt uns, und wir bleiben an seinem Tor stehen. »Ob wir nicht mal schauen wollen?«, lockt er uns auf seinen Hof. Ein Blick zu Michael, und er filmt, wie wir hineingehen. Ich jubiliere innerlich, denn solche ungeplanten Begegnungen mit Einheimischen sind für mich die interessantesten. Und oft auch die lustigsten. Natürlich ist das nicht garantiert, aber falls etwas Cooles passiert und ich es in den Film einbauen möchte, lautet bei solchen Gelegenheiten die Devise: immer von Anfang an filmen.
Der nette Herr heißt Schura und führt uns ein paar Stufen hoch auf eine überdachte Terrasse mit Außenküche, und von dort durch den Hintereingang ins Haus. Bunte gemusterte Tapeten, ein enger Gang, eine unüberschaubare Architektur. Ob wir etwas essen wollen? Nein, wir haben ja eben erst gefrühstückt. Ob wir etwas trinken wollen? Nein, BITTE NICHT. Ob wir mal mit in die Küche kommen wollen? Ja, gut. Aber dann gehen wir zum Nationalpark!
In der Küche öffnet Schura eine Klappe im Boden und signalisiert mit einer einladenden Geste, wir sollen da mal reinsteigen. Ich denke aus irgendeinem Grund ganz plötzlich an Hänsel und Gretel.
Gia grinst. »Komm mach, steig da mal runter. Und Michael du auch!«
»Nein, der bleibt draußen, der muss ja Hilfe holen.«
»Aber Michael muss zuerst rein, dann kann er aufnehmen, wie du guckst, wenn du unten ankommst.«
Gia hat schon viel übers Filmemachen gelernt.
Michael klettert zuerst runter. Er steckt Bein für Bein durch die kleine Öffnung, und Gia reicht ihm die Kamera an. Mein Kameramann verschwindet im Verlies. Es wird still. »WOW!«, schallt es dann von

unten. Wahrscheinlich ist hier die Familiengruft oder so. Michael ruft: »Julia, kannst kommen!«

Ich klettere eine schmale Treppenleiter herunter und erblicke einen … Weinkeller!

Der Hausherr zeigt uns mit stolzer Brust dickbauchige Weinballons aus Glas, die er mit Kreide beschriftet hat. Jahreszahlen stehen drauf, aus den Neunzehnhundertsiebzigern. Es sind die Geburtsjahre seiner Kinder und andere besondere Daten. Geburt, Jahrgangswein. Taufe, Jahrgangswein. Hochzeit, Jahrgangswein. Es ist übrigens selbstgemachter georgischer Landwein.

Schura erzählt und erzählt und hört gar nicht mehr auf. Er freut sich sichtlich über Gesellschaft. Als ich der Meinung bin, wir haben alles, nicke ich Michael zu und schließe kurz beide Augen.

»Reicht«, bedeutet das.

Doch Schura holt ein staubiges Glas aus einem der Regale und reibt es an seinem Hemd »sauber«. Ich schaue Michael mit hochgezogenen Augenbrauen an.

»Nicht schon wieder«, bedeutet das.

Michael zuckt mit den Schultern und grinst.

»Ist doch schön«, bedeutet das.

Schura zaubert noch weitere Gläser hervor, und ehe wir nein sagen können (beziehungsweise ich für alle NEIN! schreien möchte), gießt er Gia und mir ein Glas ein. Und noch ein Glas für sich und noch ein Glas für … och nee. Er reicht das Glas an den Kameramann weiter, und NATÜRLICH nimmt der dankend an.

Hallo? Trinken im Dienst? Manno.

Michael prostet mir freundlich zu.

»Mach dich mal locker«, bedeutet das wohl.

Also gut, trinken wir Wein. Aber nur ein Glas!

Schura ist nicht blöd und merkt sofort, dass ich nicht froh bin. Er schiebt es auf den Hauswein von 2010 – der schmeckt allerdings auch wirklich sehr herb, um nicht zu sagen staubtrocken. Also greift

er an mir vorbei und holt eine andere Flasche mit dunkler Flüssigkeit hervor. Er hat nämlich auch Cognac gemacht. 1965! Aus Sauerkirschen, übersetzt Gia. (In Wahrheit ist es Likör.) Freundlich plappernd schenkt er uns allen etwas davon ein. Ich rolle innerlich mit den Augen und füge mich. Gegen die Schnapsdrosseln hier komme ich nicht an, dann kann ich auch mittrinken. Morgen reden wir dann ein ernstes Wörtchen.
Och, der ist aber süß. Und lecker!
Trotzdem, ich versuche mein angefangenes Glas unauffällig auf einem Regal abzustellen. Schura sieht das aus dem Augenwinkel und hält seine Hand davor. Zeigt auf das Glas und dann auf mich.
»Ganz billige Nummer«, bedeutet das. »Du trinkst aus.«
Die machen mich fertig, die Georgier.

Michael macht »Schnittbilder« von den Weinflaschen, »Nahaufnahmen« von den Kreideaufschriften, von der Treppenleiter, von Gias Händen am Glas, Schuras Händen beim Gestikulieren, ihren Füßen, den Regalen. Eine »Totale« aus der einen Ecke, einen »Gegenschuss« aus der anderen. Ja, wir haben alles. Wir quatschen ein bisschen, wir warten höflich, derweil unsere Georgier sich trinkend verbrüdern. Mich würde es nicht wundern, wenn die auch gleich wieder singen. Schura füllt uns eine ZWEI-Liter-Flasche Rotwein ab (einen georgischen Piccolo). Zur Erinnerung.
Nach einer Weile schaut uns Gia mit roten Bäckchen an. »Braucht ihr noch was?«, bedeutet das wohl. Nein danke, Gia (aber lieb, dass du fragst).

Wir filmen noch das Wieder-rauf-Klettern und die Verabschiedung, dann machen wir Drehpause. Der Sauerstoffschock trifft Gia wie der Schlag, und er ist plötzlich sehr, sehr betrunken. Er bittet kleinlaut um ein Mittagsschläfchen, während Michael sein eigenes schlechtes Gewissen nutzt, um die Straße auf und ab zu gehen und wirklich schöne Aufnahmen der ländlichen Stimmung, der Dorfstraße, der Höfe und von einem älteren Ehepaar auf einer Bank vor ihrem Haus zu machen.

Später am Tag klopfen wir (mit laufender Kamera) bei Gia (einfach, weil wir das können und er das ein bisschen verdient hat). Er öffnet in T-Shirt und Boxershorts und mit zusammengekniffenen Augen.
»Wie viel Uhr ist es?«
»Sechs.«
»ABENDS?«
»Hm-hmh.«
Das ist ihm sichtlich peinlich, und wenn ich ihn nicht so unglaublich ins Herz geschlossen hätte, wäre ich echt sauer, weil wir einen halben Drehtag verloren haben. Aber diesem Menschen kann ich nichts übel nehmen. So haben die Georgier das bestimmt auch mit Gott gemacht, als sie bei ihm ankamen (hundert pro betrunken, sage ich) und die Länder unter den Völkern schon alle verteilt waren.
»Huch, schon sechs?«
»Ja, alles weg. Geht nach Hause.«
»Ja, aber …«
Und dann lamentieren sie nicht blöd rum, sondern sind charmant und witzig und treuherzig und wahrhaftig. Bis er weich wird. Genau so war's. Und dann hat Gott bestimmt gesagt: »Gut kommt her, ihr verrückten liebenswerten Georgier, Schwamm drüber, kriegt ihr halt mein Land.«
Und alle waren froh.

Als Michael und ich am Ende dieser unglaublich lustigen und herzenswarmen Reise von Gia am Flughafen verabschiedet werden, kullern die Tränen – bei allen dreien. Aber wir trösten uns mit dem tiefen Wissen: Das hier, das ist 'ne Freundschaft fürs Leben.

Russland

GUT ZU WISSEN:

Roadtrip mit dem schönsten Auto der Welt. (Der Sack mit den Vorurteilen kann in den Sondermüll.)

Vor Reiseantritt auswendig lernen: »Dobri vetscher, tri piva paschaausta« – »Guten Abend, drei Bier bitte!«

- 17 -

Dreimal Russische Riviera, bitte

Das winzige Auto quält sich den Berg hinauf. Ich sitze hinten, die Knie im spitzen Winkel. Unter meinem rechten Arm klemmt das Stativ, und zwar waagerecht zwischen meiner Rückenlehne (hinter mir) und Michaels Rückenlehne (vor mir). Es stützt nämlich den Beifahrersitz ab, damit der Kameramann sich anlehnen kann, OHNE dass der Sitz wieder die Grätsche macht und ich doch noch auf neue Kniegelenke sparen muss.

Unter meinem linken Arm klemmen: ein großer Reiserucksack, der Technikrucksack und zwei Schlafsäcke. Der Vorteil daran: Ich brauche mich nicht anzuschnallen, denn es gibt keinen Kubikzentimeter Raum, in dem ich mich – selbst bei starker Fliehkrafteinwirkung – noch bewegen könnte.
Michael sitzt breitbeinig mit ebenfalls angewinkelten Knien vor mir und hat das »Einbeinstativ« mit der darauf montierten Kamera im Fußraum zwischen seinen Beinen abgestellt. So kann er stabil nach vorne raus filmen und hin und wieder auch nach links schwenken. Denn links am Steuer sitzt »unser Russe«. Mischa heißt er, mit langem »i« und Nachnamen Plotnikov. Mischa saugt angestrengt an einer E-Zigarette und streicht ab und zu besorgt übers Armaturenbrett. Für ihn ist die Fahrt mindestens genauso hart wie für seinen

alten Lada. Der Wagen ist Baujahr 1980 – bei uns würde niemand auf die Idee kommen, DAMIT eine mehrwöchige Drehreise ins Gebirge zu machen. Bei uns kämen ein »H« aufs Nummernschild und eine Plane oben drüber, und dann ab in die Garage, hinterste Ecke. Andere (vernünftige) Drehteams mieten einen Minivan mit Klimaanlage, Sitzheizung und viel Stauraum.
Nicht wir.
Denn wir sind verliebt.
In diesen flaschengrünen Lada. Ich finde das kleine Auto so berückend schön, dass ich jede Panne in Kauf nehmen werde, ohne zu fluchen. Versprochen. Mischa nennt sein Auto liebevoll »Lastotschka«, was »Schwälbchen« heißt. Er hat immer einen Schluck Öl bereit, falls es Durst bekommt, und sein Werkzeugkoffer nimmt einen Großteil des Platzes im Kofferraum in Anspruch. Für sich braucht er nur einen kleinen Rucksack.

Was für ein cooler Typ. Michael und ich haben nicht nur das Auto, sondern auch seinen Besitzer sehr schnell ins Herz geschlossen. Mischa ist freundlich, ruhig und naturverbunden, mit einer tollen Beobachtungsgabe und einem beeindruckenden Sprachvermögen. Er kann deshalb so gut deutsch, weil er in Oldenburg Landschaftsökologie studiert und eine Weile beim Naturschutzbund gearbeitet hat. Dann war jedoch das Heimweh zu groß, und er ist zurück in seine Heimat gegangen. Er arbeitet als Berater in der Russischen Geographischen Gesellschaft, führt Expeditionen für Forscher und Experten, und ist nebenbei noch als Naturfotograf unterwegs. In den kommenden Wochen will er uns seinen »Kiez«, also Südrussland und den West-Kaukasus, zeigen – und ich will dabei meine GANZ LEICHTEN Russland-Vorurteile abbauen.

Ich sag's offen: Ich bin gespalten, was dieses Land angeht. Bei uns kommen nicht wirklich viele gute Nachrichten aus Russland an, aber das sind ja vorwiegend politische Nachrichten, und wir wollen uns Land und Leuten widmen. Wir werden diesmal nur zu dritt unterwegs sein und von Sotschi aus die Schwarzmeerküste hinauf touren, dann ins Landesinnere einbiegen und wieder Richtung Süden bis zum letzten erreichbaren Punkt des Hohen Kaukasus kurz vor der Grenze zu Abchasien (die Georgier würden sagen: »An der Grenze zu uns«). Ich bin mehr als gespannt.

In den ersten Tagen mit Mischa haben wir das Gebiet rundum Sotschi-Stadt klargemacht: die schwefeligen Heilquellen von Macesta, wegen derer der Sanatoriums-Tourismus hier zu Anfang des 20. Jahrhunderts überhaupt erst losging. Wir waren im Urwald wandern, haben die Felsen an der Agura-Schlucht erklommen und sind mit einer fragwürdigen Seilrutsche in schwindelerregender Höhe (und in tiefem Urvertrauen) über eine Schlucht gesegelt.

Die Leute, die wir mit Mischa treffen, sind freundlich und körpernah – sie drücken einen beim Verabschieden ans Herz . Selbst in der Marschrutka (einem kleinen Bus). Ich mag das. Ich fühle mich zwar fremd, klar, aber nicht doof-fremd, sondern ziemlich-okay-fremd.

Nun kacheln wir die Russische Riviera hoch. Sotschi, oder besser »Groß-Sotschi«, ist mit hundertfünfzig Kilometern die längste Stadt der Welt. Eine zweispurige Küstenstraße schlängelt sich am Schwarzen Meer entlang, mal auf Meereshöhe, mal über Anhöhen mit tollem Blick. Zu unserer Linken liegt das Wasser, rechts gehen bewaldete Hügel wellenartig in grüne Berge über. Die ersten Laubbäume in den dichten Mischwäldern färben sich bunt. Das Klima ist subtropisch, in Sotschi wachsen Südfrüchte wie Granatäpfel oder Kiwis bei den Leuten im Garten! Die verkaufen sie dann auch an Ständen neben der Straße. Gerade hat die Erntezeit für »Churma« begonnen. Die sehen aus wie orangefarbene Tomaten – bei uns heißen sie Kaki oder Sharon. Ihre braunen Stellen nennt Mischa »Tschokokoladnjik« – wär einer drauf gekommen, die braunen Flecken bei Bananen auch so zu nennen, gäb es nie Gemecker … Ich habe später mal eine Churma in Amerika gekauft. Das Ding sah zwar topp aus, aber der Schock hätte nicht größer sein können: Absolut ungenießbar! Als hätte ich auf Watte gebissen (oder Bauschaum). Die hiesigen Churmas sind vielleicht äußerlich nicht so perfekt, ebenso wie unsere russische Reise auch das Gegenteil vom amerikanischen Ideal ist: nichts ist modern, nichts sieht nach Hochglanz oder Perfektion aus, angefangen bei unserem klapprigen Lada. Aber innen drin, im Herzen: Da stimmt's.

- 18 -

So geht Reporterglück: auf dem Weg zum Völkerkunde-Museum über eine Volksgruppe stolpern, oder: Warum ins Museum, wenn man es live und in Farbe haben kann?

Heute will Mischa mit uns ins Landesinnere. Wir machen nämlich »in Kultur«! Vom Küstenort Lazarevskoye aus führt eine Straße die Hügel hinauf und am Fluss entlang ins Landesinnere. Wir wollen in ein Nest namens Tchagapsch. Da gibt es laut Mischa ein ethnografisches Museum, und da kann man was lernen. In Südrussland lebten nämlich ursprünglich keine Russen, sondern Tscherkessen, beziehungsweise Adygen, Karatschai, Schapsugen und mehr. Ich für meinen Teil habe von denen noch nie gehört. Wenn der Museumsbesuch also dazu dient, ein paar Hintergrundinfos und »Schnittbilder« zu diesen unbekannten Volksgruppen zu bekommen, bin ich doch schon froh. Und vorbereitet, falls wir auch echte treffen.
Wir haben keine Ahnung, welches Reporterglück tatsächlich in Tchagapsch auf uns wartet.
Es ist Sonntag, und wir knattern in dem kleinen Ort gemächlich über die Brücke auf die andere Flussseite. Am Ende der Dorfstraße soll das Museum sein. Doch so weit kommen wir nicht. Von Weitem sehen wir auf der Straße eine Menschenansammlung und viele

Autos. Irgendetwas ist hier im Busch. Es fallen Schüsse! Ist ja vielleicht toll für den Film, ich persönlich muss das aber gerade nicht unbedingt haben. Mischa fährt rechts ran, Michael schnappt sich die Kamera, ich greife instinktiv in meine rechte Seitentasche und schalte die Funke an – wir sind drehfertig.
Eine Frau mit schicker, schwarzer Kurzhaarfrisur kommt in engem Rock und Stöckelschuhen angerannt und begrüßt uns auf Russisch. Mischa tauscht sich mit ihr aus und übersetzt mir dann freudig, dass hier eine Hochzeit in vollem Gange ist – soeben wurde die Oma des Bräutigams verjagt, daher die Schüsse. Symbolisch natürlich. Ich bekomme keine Gelegenheit, mir das näher erklären zu lassen, weil wir bereits in die Menge gezogen und nach vorne geschoben werden.
So etwas habe ich noch nicht erlebt. »Julia, du musst schnell ins Haus, da findet jetzt eine Zeremonie für die Braut statt«, ruft Mischa mir über die Köpfe hinweg zu.
»Come, come!«, ruft die nette Frau, die Leyla heißt. Glücklicherweise habe ich nicht eine Sekunde Zeit, um mich zu fragen, ob ich mit meinen klobigen Wanderschuhen und der mittelfrischen Outdoorhose angemessen angezogen bin, ob wir vielleicht stören und was wir dem Brautpaar überhaupt schenken wollen. Wir schlittern in diese Hochzeit genauso hinein, wie die Oma eben aus ihr hinauskatapultiert wurde.
Irre!
Alles schiebt sich der Braut hinterher eine Steintreppe rauf und in ein Haus rein. Nein, nicht alles: nur die Frauen! Für Männer gilt: Wir müssen leider draußen bleiben. Ausgenommen: Kameraleute und Übersetzer. Michael hält die Kamera am Handstativ über die Köpfe und lässt einfach mitlaufen. Jetzt profimäßig Bild einrichten oder Ton aussteuern ist nicht. Reportage in Reinform.
Großartig!
In einem Zimmer des Hauses, das wir mit der Welle der anderen Frauen erreichen, steht die Braut in der Ecke und bekommt gerade ein mit

blauem Garn besticktes weißes Tuch über Gesicht und Brust drapiert. Damit sie nicht umfällt, hält auf jeder Seite ein Mädchen ihre Hand. Ein älterer Mann (der darf also auch rein) mit einem weißen Tuch um den Hals gibt den Zeremonienmeister, und als er die Stimme erhebt, verebbt das Geschnatter der Frauen sofort. Er segnet eine Schale mit kleinen Broten, bevor er sie herumreicht. Jeder darf sich so ein Brot nehmen oder etwas davon abbrechen. Die Gebäckstücke sind kartoffelgroß und mit Käse, Pfefferminze und Walnüssen gefüllt. Dann bilden die Frauen einen Kreis und haken sich unter, ich werde eingereiht. Mischa und Michael müssen außerhalb des Kreises stehen. In der Mitte des Kreises: der obligatorische Hochzeitsfilmer (der darf ÜBERALL hin) und eine Omi. Sie beginnt einen fröhlichen Sprechgesang, auf den alle Frauen mit einem ebenso fröhlichen Schlachtruf antworten, der klingt wie »Wollätau!«. Wir tanzen um die alte Frau herum und wechseln ab und zu die Richtung. Ich verstehe gar nichts, mache einfach alles mit und finde es herrlich, so mittendrin zu sein. Ab und zu flüstert Mischa mir etwas in Ohr, was er gerade erklärt bekommen hat. Er war auch noch nie auf einer schapsugischen Hochzeit.

Die Schapsugen sind ein Bergvolk und gehören zur Volksgruppe der Tscherkessen (das habe ich mir brav gemerkt). Sie werden auch Adygen genannt (jetzt wird's kompliziert) und haben hier im Nord-Kaukasus ihren Ursprung. Tragischerweise gibt es nicht mehr viele von ihnen. Ich sage es ja ungern, aber sie wurden vor gut hundertfünfzig Jahren fast komplett ausgerottet, um das Gebiet zu »russifizieren«. Der spärliche Rest lebt nun in ein paar letzten Dörfern wie diesem hier und in der Welt verteilt: die meisten in der Türkei, in Israel, Syrien und Jordanien, nur vereinzelte in Westeuropa und den USA. Cem Özdemirs Vater zum Beispiel war Tscherkesse. Viele Tscherkessen sind sunnitische Muslime. Sie haben ihre eigene Sprache, besondere Instrumente, Gesänge, Tänze und Traditionen, die vom rauen Leben in den Bergen, von Rechtschaffenheit und Blutrache erzählen. Aber hier und heute: alles lebensfroh und friedlich.

Leyla erklärt Mischa und mir, dass nur die Verwandten des Bräutigams mitfeiern dürfen. Nicht einmal die Eltern der Braut sind dabei, außer um kurz zu gratulieren. Auf meine Frage, ob die denn dann nicht traurig sind, ernte ich ein wissendes Lächeln: So ist seit Jahrhunderten die Tradition, also vermissen die auch nichts. Dummerchen.

Nachdem das Brautritual zu Ende ist, schwappt die Welle von Menschen wieder aus dem Haus hinaus und die Treppe hinunter. Sie spült uns auf die Straße, nach rechts zum übernächsten Grundstück, dort an einem großen Zelt vorbei auf den riesigen Hinterhof. Der wurde überdacht und mit endlosen Reihen von gedeckten Tischen bestückt. Die plappernden Gäste setzen sich, aber Obacht: Männer und Frauen getrennt. Im Garten sitzen noch mehr Leute. Es sind Hunderte. Leyla bedeutet uns, an einem Frauen-Tisch Platz zu nehmen, auch Mischa und Michael. Gemischte Reste quasi. Meine gut gelaunte Sitznachbarin schenkt mir sofort ein Glas ein, und ich stelle mich brav auf Russisch vor. »Minja savud Julia« – so ungefähr klingt das. Sie versteht, was ich meine (ha!) und stellt sich als Nurietta vor. Jetzt, wo wir uns so gut kennen, trinken wie einen zusammen. »Nasdarov!«

Die Tische biegen sich vor Speisen und Getränken: kleine und große Schüsseln voller heißer und kalter Köstlichkeiten. Es gibt Rindfleisch, Hühnchen, Kaviar, Lachshäppchen, Kohlrouladen, gefüllte Weinblätter, Kefirquark, Rote-Bete-Salat, Auberginenröllchen mit Knoblauch und Walnüssen. Dazwischen Schüsseln mit Süßigkeiten, Gebäck, in buntem Papier eingewickelte Bonbons – es ist das schiere Schlaraffenland. Ich frage mich, wie viele Leute daran gekocht und gebacken haben. Die Schapsugen wissen vorher nicht, wie viele Gäste kommen werden, zwischen hundert und fünfhundert ist alles möglich. Nebenan im Garten rührt ein Mann an einer offenen Kochstelle in einem riesigen Topf mit Polenta. Kontinuierlich werden neue Speisen aufgetragen und Getränke nachgeschenkt. Das gesamte schapsugische Dorf ist hier! (Ok, das halbe. Alle, die zur

Familie der Braut gehören, sitzen jetzt zu Hause und gucken Russia Today, nehme ich an.)

Pausenlos wird irgendwo das Glas erhoben und auf das Brautpaar getrunken. Wo ist das überhaupt? Ich frage Mischa, der fragt weiter, und ein junger Mann mit prächtigem Bauch in beigem Wollpullover (und möglicherweise bereits ein oder zwei Schnäpschen auf der Habenseite) winkt uns mitzukommen.
Im Zelt sitzen die! Dort sehe ich die Braut zum ersten Mal ohne Tuch auf dem Kopf, sie ist sehr jung und sehr hübsch. Schwarze Haare, Hochsteckfrisur mit Pony, dunkle Augen, viele Wimpern. Sie ist süße zwanzig, ihr Bräutigam immerhin zwei Jahre älter. Marietta und Aslan sind jetzt verheiratet und sitzen umgeben von ihren Freunden an einem großen »U«. Zum Glück müssen die beiden nicht nach Geschlechtern getrennt feiern.
Als am weitesten angereister »Gast« werde ich gebeten, einen Toast auf das Brautpaar auszusprechen, und bekomme dazu ein Glas mit Schnaps und ein weiteres mit grasgrüner Flüssigkeit gereicht. Estragon-Limonade ist überall im Kaukasus schwer angesagt. Man trinkt zu jedem Kurzen einen Schluck Limo, Cola oder Saft zum Neutralisieren. Die Longdrinks entstehen dann halt im Bauch. Ich wünsche den beiden eine lange glückliche Ehe und erhebe mein Glas. Der nette Wollpullover stößt auch mit mir an und dröhnt: »Druschba!«
Freundschaft!
Jawollja!
Schon hakt er mich unter und bedeutet uns: Mitkommen, jetzt wird getanzt.
Unterwegs erklärt mir Leyla, dass nur die Unverheirateten tanzen, und mir fällt ein Stein vom Herzen. Ich wedele mit meinem Ehering und beteure, dass es mir außerordentlich leidtut nicht mittanzen zu können. Darauf winkt sie lächelnd ab und tröstet mich, das gälte natürlich nicht für Gäste. War klar.

Eine traditionelle Hochzeit wie diese hier ist nicht nur zum Vermählen da, sondern auch dafür, um den Grundstein für möglichst viele weitere Eheschließungen zu legen. Es ist daher im Interesse aller Angehörigen dieser ohnehin schon kleinen Volksgruppe, dass sich möglichst viele Paare finden und eifrig fortpflanzen. Zu diesem Zweck werden die ledigen Mädels, ich will mal sagen: »ausgestellt« und stehen für, ich will mal sagen: »kurze Probefahrten« zur Verfügung. Das geht so: Zwei bereits verheiratete junge Frauen stehen rechts und links einer Reihe von ledigen Mädchen am Rand der Tanzfläche. Die ledigen jungen Männer turnen irgendwo in deren Dunstkreis herum. Eine dreiköpfige Kombo mit Holzinstrumenten, die ich noch nie zuvor gesehen habe, bringt die Menge singend und klappernd in Schwung. Der Zeremonienmeister von vorhin ist nun auch wieder im Einsatz, er fuchtelt gut gelaunt mit einem Holzstab herum, an dem Holzperlen und bunte Schaumstoffelemente aus der Abteilung Küchenutensilien & Spülzubehör baumeln. Lachend ruft er Kommandos auf Schapsugisch und wählt dann mit der Spitze des magischen Stabs einen der Junggesellen aus. Keiner darf sich dem Ruf des »Thamaden« widersetzen. (Wie beim georgischen Tamada wird auch hier besser gespurt.) Wer dran ist, beginnt zu tanzen und fordert eins der Mädchen auf, das ihm dann in die Mitte folgt und vom ganzen Dorf bei der Balz beobachtet wird. Die Rollenverteilung und auch die Aktivitätsintensität sind geschlechtsspezifisch unterschiedlich – wie im richtigen Leben. Der Mann hat einen mordsmäßigen Bewegungsradius, er streckt die Arme aus und schlägt mit voller Energie ein gestrecktes Bein nach dem andern auf den Boden, sodass das Knie sich fast nach unten durchdrückt. Er springt mit den Armen fuchtelnd um die Dame herum und reckt dabei das Kinn. Kopf hoch, Brust und Po raus, Rücken durchgedrückt – es sieht eindrucksvoll, aber auch zum Schreien komisch aus. Und jetzt die Frau. Sie macht eher kleine Schritte, dreht sich mit gesenkten Augen, nimmt die Hände auf den Rücken und schaut sittsam zu Boden. So zeigt sie Bescheidenheit und Gehorsam.

Ja, es ist archaisch und erzählt bei genauem Hinsehen, was hier wichtig ist, beziehungsweise historisch wichtig war.
Nach einer Weile geleitet der Jüngling die Maid tanzend wieder zurück in die Reihe der anderen Backfische, und der Thamade bestimmt einen neuen Bewerber.
Was ich in diesem Moment nicht weiß: Saur, der lustige Kerl im beigen Pullover, hat sich zwischenzeitlich von Mischa und Michael das Okay geholt, mit MIR tanzen zu dürfen. Ist ja originell, dass er DIE fragt. Dass die beiden nicht nein sagen, finde ich weniger originell. Aber auch wenig überraschend. So einen Spaß lassen sich meine Verbündeten, meine Kameraden durch dick und dünn, meine Ist-ja-auch-Egals natürlich nicht entgehen! Ich sage nur: »Teamplayer«, Freunde.
Ich werde also mit meinen dicken Wanderschuhen und als dorfweit einzige Frau in Hose vor der versammelten Festgesellschaft in die Mitte bugsiert und betanzt. Jetzt heißt es: Haltung bewahren! Ich habe gut zugesehen und versuche, mich in etwa so zu bewegen wie die Mädels vorhin. Ich tänzele bescheiden und halte den Kopf und die Arme gesenkt. Passenderweise werde ich auch ein bisschen rot, wie so oft in solchen Situationen. Das verleiht mir unheimlich Glaubwürdigkeit (Schwächen zu Stärken machen, sage ich!). Na warte, Michael. Das kriegst du zurück. Irgendwann …

Schließlich ist es Zeit für uns zu gehen. Und als ob wir mit diesen ganzen Erlebnissen und den hunderten von gastfreundlichen Schapsugen nicht schon reich genug beschenkt worden wären, bekomme ich zum Abschied auch noch ein handfestes Geschenk überreicht: einen schapsugischen Wandbehang aus Holzperlen und grünem und weißem Tüll. Der Herr, der es mir feierlich überreicht, hat Humor. Er lässt Mischa übersetzen: »Für die beste Tänzerin«.
Ich liebe die Schapsugen.

- 19 -

Saumäßig lässiger Pferdetreck und a…kaltes Zeltlager in 2000 Metern Höhe mit einem 2 Meter großen Kosaken

»Vasilij!«, bellt es von oben, und »krk« machen weiter unten leise meine Finger. Ein Riese schüttelt mir die Hand. Ich feuere ein russisches Hallo aufwärts und stelle mich ebenfalls wortreich vor: »Sdrasstvujti! Yuliya!« (Hallo! Julia!)

Mischa ergänzt: »Er ist Kosake, Julia, und seine Freunde nennen ihn Vasja.«

Und sofort ist klar: Der Kosake und ich, wir könnten Freunde werden.

Mischa, Michael und ich gönnen dem Lada eine Verschnaufpause und werden uns in den kommenden Tagen unter Vasjas Kommando an unsere Outdoor-Traveller-Grenzen bringen. Raus in die raue Natur, russische Gefühle fühlen! Außerdem müssen wir auch mal wieder frieren. Dieses subtropische Sotschi kann ja jeder. Hartgesotten, wettergegerbt und tough wollen wir wiederkehren!

Mischa ist es bereits. Zwar kommt er optisch gesehen eher zierlich daher, in Wahrheit aber ist er ein zäher Hund, was das Überleben in der Natur angeht. Er hat schon viele Expeditionen in die Wildnis gemacht, einmal hat er oben auf einem Gipfel gezeltet und Zähne klappernd Wisente gezählt, bis nach einem Monat (ich wiederhole:

Monat!) der Helikopter wiederkam. So etwas wird's diesmal nicht, die Nummer mit dem Heli liegt nicht ganz in unserem Budget, aber für eine zweitägige Hochgebirgs-Expedition zu Pferde reicht's.
SCHON WIEDER REITEN? Jawollja! Ich habe ja schließlich einen Ruf zu verlieren. Und nach unserer triumphalen Trekking-Nummer in Georgien will ich es einfach noch mal wissen. Es gibt sogar weibliche Verstärkung für mich: Mischas Ex-Gipfelexpeditions-Kollegin Kristina ist dabei – die beiden sind alte Freunde und haben sich anderthalb Jahre lang nicht gesehen. Sie ist ebenso zart, aber auch genauso zäh wie er. Und da, wo wir hinwollen, auf dem Lago-Naki Hochplateau, ist ihr zweites Wohnzimmer. Da fährt sie im Winter mit dem Hundeschlitten spazieren.

Brav wie die Erstklässler stehen wir um den respekteinflößenden Kosaken herum, der sich um Pferde, Proviant und Zelte für alle gekümmert hat (hoffe ich zumindest). Jeder bekommt sein Tier zugewiesen. Dafür kneift er ein Auge zu, schaut von einem von uns – rauf und runter – zu einem der Pferde und wieder zurück.
Ich bin aufgeregt. Ich glaub', ich muss noch mal, bevor ich da jetzt auf- und erst nach zwei Tagen wieder absteige. ›Da hinten‹, gibt Vasja mir zu verstehen. Das Häuschen. Ich laufe auf einen spitzen Holzverschlag zu, der aussieht wie eine abgebrochene Kirchturmspitze. Ganz hübsch! Die zwei tragenden Seiten sind sehr steile Dreiecke, an die sich die beiden Dachflächen vom Boden bis zur Spitze anlehnen. Inklusive Boden fünf Bauteile. Praktisch. Als ich die Toilette erreicht habe, muss ich jedoch feststellen, dass ich mich verrechnet habe: Es sind nur VIER Bauteile. Das Dreieck auf der Rückseite fehlt! Die ist offen wie eine Theaterkulisse. Meine Bühne! Ich bin ja schon froh, dass die Vorderseite existiert (die, wo die anderen draufgucken). Der Boden besteht aus Holz (immerhin, es gibt einen) und hat in der Mitte ein unregelmäßig ausgesägtes Loch, fertig. Ich ziehe den Kopf ein, um das winzige WC zu betreten. Dann fällt mir

noch etwas ein. Ich trete wieder heraus und brülle vorsichtshalber zu meiner Kosakengruppe rüber: »Ich bin mal auf Klo-ho!«, damit nur ja keiner auf die Idee kommt, mir zu folgen.

Ich bin dankbar für das gute Wetter – sonnig und trocken kann man das hier gut aushalten, ansonsten ist es sicher kein Spaß, mal zu müssen. Und der Kuriositäten noch nicht genug: Auf der Suche nach dem Toilettenpapierhalter stelle ich fest: Es gibt keinen. Und auch kein Klopapier. Aber der gewiefte Reisevogel hat natürlich immer ein paar Blatt »auf Tasche«. Zwar nicht dreilagig-supersoft mit Prägung, sondern eher die russische Variante Marke dunkelgrau, 120er-Körnung. Macht nichts. Ich komme sehr gut zurecht. Ich alter Outdoorprofi. Auf dem Boden liegt ein altes Buch in kyrillischer Schrift. Ich denke noch: Mensch, der Vasja ist ja ein ganz gebildeter, liest Tolstoi auf dem Lokus. Ich will sehen, wie weit er ist, drehe das Buch um – und stelle fest: Da fehlen Seiten! VIELE Seiten! Jemand wischt sich hier regelmäßig mit Krieg und Frieden den Popo ab. Dazu gehört ja schon eine gewisse Chuzpe. Ein Klo mit Niveau!

Nachdem ich ein Foto davon für die Lieben daheim gemacht habe, überlege ich, Michael zu rufen, damit er die wunderbare Außentoilette filmt. Da das aber nur Sinn in Verbindung mit einer HANDLUNG macht – schließlich drehen wir keine Dokumentation, sondern eine Reportage, und da muss immer was passieren –, verwerfe ich das Ganze. Erstens möchte ich nicht beim Pieseln gefilmt werden, und zweitens muss ich ja auch gar nicht mehr.

Vasilij hilft mir mit seinen riesigen Händen aufs Pferd (er hätte mich auch mit Daumen und Zeigefinger draufsetzen können) und schiebt meinen Po noch mal zurecht. Sicher ist sicher. Ich grinse in mich hinein. Da ich aus der Vergangenheit gelernt habe, lasse mir diesmal die Steigbügel lockerer einstellen, damit meine Knie etwas länger durchhalten als in Georgien. Außerdem nehme ich mir fest vor, nicht albern zu sein. Doch als ich Vasja frage, wie mein Pferd denn eigentlich heißt, und Mischa noch nach der richtigen Übersetzung sucht, sehe ich in Michaels Augenwinkeln das obligatorische Oh-ja-wir-reiten-schon-wieder-»Amüsemong« blitzen. Die Antwort gibt mir den Rest: Mein Pferd heißt »Häschen«. Das war's mit der Selbstbeherrschung bei Herrn Kameramann und Frau Ostwärts.

Wir reiten zum Eingang des Naturparks West-Kaukasus und werden dort von Vasja und Mischa mit unseren Reisepässen angemeldet. Jetzt wissen die Wächter, nach wem sie suchen müssen, sollten wir verloren gehen. Das Gebiet ist nämlich 800 Quadratkilometer groß. Das Lago-Naki-Plateau liegt in 2000 Metern Höhe und ist ringsum von Bergen umgeben. Hier gibt es (bis jetzt noch) keine Infrastruktur: keine Berghütten, keine beschilderten Wege. Nichts als unberührte Natur. Deshalb haben wir unsere beiden lebenden GPS-Systeme Vasja und Kristina dabei.

Die ersten paar Stunden vergehen im Schritt und Leichttrab, am Anfang ein wenig bergauf, dann kreuz und quer über alpine Almen. Spätsommer und Herbst haben die Wiesen schon braun werden lassen. In der Ferne sehe ich die ersten Berggipfel und auch die ersten Schneefelder, beziehungsweise solche, die den Sommer überstanden haben. Bei 15 Grad wärmt die Sonne nur noch, wenn kein Lüftchen geht. Ich mag mir gar nicht ausmalen, wie kalt es heute nach Sonnenuntergang werden wird. Aber ich habe eine Wärmflasche in meinen Rucksack geschmuggelt, für alle Fälle.

Michael probiert sich diesmal nicht im Voltigieren, sondern im Reiten mit Handicap, und hat im wahrsten Sinne des Wortes sein Pferd nicht »im Griff«: In der rechten Hand jongliert er nämlich das Einbeinstativ mit der aufgeschraubten Kamera (zusammen knapp zehn Kilo), mit der linken Hand hält er beide Zügel. Sein Pferd merkt schnell: Der Anfänger da oben konzentriert sich nicht auf mich, dafür macht er jetzt zur Strafe, was ich will.

Ich habe also etwas zu lachen, zumal mein Häschen tipptopp spurt (ich bin aber auch eine begnadete Reiterin), und das um mich herum aufgeschnallte Gepäck ist schön weich. Ich bin hier ganz und gar im Frieden mit der Welt.

Als wir eine Pause einlegen, füllen wir Schnee in die Metallschüssel auf dem Gaskocher, um Tee zu machen. Ich will von Vasja wissen, was er denn so im Winter treibt.

»Da gebe ich das Geld aus, das ich im Sommer verdiene«, übersetzt Mischa, und Vasja bleckt dazu die Zähne (ein paar davon sind vergoldet).

Ob er Familie hat?

Denkpause. »Ich bin doch Kosake.«

»Ach, und Kosaken haben keine Frauen?«

Aus dem Riesen kommen kurze Knurrlaute. Konversation machen ist nicht seine Kernkompetenz. Er ändert die Taktik. »Warum fragst du? Hast du Interesse?«

Oh. Das läuft jetzt in die falsche Richtung. »Weil ich neugierig bin!«

Ich lerne: Kosake sein, bedeutet frei sein. Deshalb wird es sich eine Frau gut überlegen, bevor sie einen Kosaken heiratet.

»Kosaken sind viel unterwegs«, sagt Mischa.

Vasja liebt seine Freiheit und die Natur. Er zeigt dabei auf die Landschaft um uns herum. »Ich kann machen, was ich will! Ich gehe, wohin ich will, und ich schlafe auch, wo ich will.«

Verstehe.

Gegen Nachmittag kommt Wind auf, und Vasja informiert uns, das könnte kritisch werden. Hier oben in den Bergen ist das Wetter so unvorhersehbar, es könnte sogar heute Nacht schon schneien. Umdrehen geht aber nicht, dafür sind wir schon zu weit (kommt auch wegen der Ehre nicht infrage). Egal was passiert, wir bleiben heute Nacht im Hochgebirge.

Kristina hat auch so ihre Reitprobleme. Sie fechtet regelrecht Machtkämpfe mit ihrem Pferd aus, und in einem für das Pferd günstigen Moment wirft es sie ab. Aber nicht in einen weichen Wacholderbusch, nein! Das Miststück katapultiert sie in die weit und breit einzige Pfütze auf dem ganzen Treck. Kristina trägt ab jetzt bis zu unserer Rückkehr morgen Abend (oder übermorgen früh) einen patschnassen, kalten Schuh. Falls sie das überhaupt auch nur im Geringsten stressen sollte, so lässt sie sich nichts anmerken. Nur Sissis bekommen wegen so etwas eine Blasenentzündung.

Am späten Nachmittag erreichen wir nach einem langen (und doch wieder reichlich schmerzhaften) Ritt unser Ziel, einen kleinen Bergsee in einer Senke. Der sichelförmige See liegt am Fuß eines Hangs und ist deshalb windgeschützt. Wir schälen uns ächzend aus den Sätteln und vertreten uns die Beine. Die Pferde dürfen zum Ufer, ihren Durst stillen. Die Sonne ist schon fast hinter den benachbarten Gipfeln verschwunden und man merkt, wie die Temperatur kontinuierlich sinkt. Vasja holt ein winziges Einmannzelt aus seiner Satteltasche. Da passt er doch niemals rein, höchstens sein Oberkörper. Er findet, das reicht auch.

Dann lässt Mischa die Bombe platzen: »Julia, wir haben hier noch zwei Zelte, möchtest du eins auswählen?«

ZWEI ZELTE? Bevor ich frage, ob Mischa und Kristina ernsthaft unter freiem Himmel übernachten wollen, realisiere ich: Ach, wir TEILEN uns jeweils zu zweit EIN Zelt. Ich frage zaghaft: »Ähm, also machen wir Mädels und Jungs getrennt, oder eher so Russland gegen Deutschland?«, und kann mir die Antwort schon denken. »Deutschland – Russland«, grinst Mischa verlegen. Das wusste er die ganze Zeit. Und er wusste auch, dass uns das stressen würde. Michael und ich sind mindestens genauso verlegen. Jetzt reisen wir schon so lange zusammen und sind auch echte Kumpels, aber in einem Zweiquadratmeterzelt? So nah sind wir uns noch nicht gekommen. Muss ich erst mal 'ne Nacht drüber schlafen. Ach nee, geht ja nicht.

Zähneknirschend baue ich gemeinsam mit Kristina das »deutsche« Zelt auf. Was sollen denn die Zuschauer denken? Michael ist auch mäßig begeistert, er hat abends gerne seine Ruhe, um die Technik auseinanderzuklabustern, und muss die Sprechperle nicht auch noch nach Feierabend an der Backe haben. Aber: Das kollektive Unwohlsein im Angesicht der Gesamtsituation schweißt uns automatisch zusammen. Wir legen, auf größtmögliche Rücksicht auf den anderen bedacht, die beiden Schlafsäcke in das Zelt. Damit ist es voll. Die Technik muss aber auch noch rein, sonst friert die uns ja weg. Es wird eng.

Mischa hat derweil den Gaskocher angeworfen und lädt uns alle in das »russische« Zelt ein. Es gibt Suppe, Brot und Käse. Vasja kommt nur mit dem Kopf herein, den Körper lässt er draußen liegen. Kristina versucht, ihren Schuh zu trocknen und ihren Fuß aufzuwärmen. Es gibt heißen Tee und aus Vasjas Satteltasche für jeden »dreißig Gramm« armenischen Cognac. Beugt Erkältungen vor und hilft beim Einschlafen, erklärt der Kosake. Wir erzählen Geschichten, Mischa übersetzt, und dann filmen wir den aufgehenden Mond, der im See glitzert. Es ist zwar bitterkalt, aber wahnsinnig schön.

Als wir alles im Kasten haben, zieht sich Michael ins Zelt zurück. Wir wollen zum Sonnenaufgang auf den Grat steigen und müssen deshalb schon in ein paar Stunden wieder raus. Ich glaube, er hat auch Rückenschmerzen von der einseitigen Belastung durch Reiten, Filmen und Balance halten. Aber das würde er nicht zugeben. Ein Kameramann erträgt und schweigt.

Nach einer angemessenen Überbrückungszeit – Vasja liegt auch längst in der Horizontale (halb im Zelt, halb in freier Natur) – verabschiede auch ich mich und ziehe meine Zahnbürste aus der Brusttasche. Die hatte ich mir schlauerweise vorhin schon mitgenommen, als ich die Wärmflasche am Fußende meines Schlafsacks deponiert habe. Die Ohrstöpsel stecken in der anderen Jackentasche.

Michael schläft tief und fest, als ich so leise wie möglich den Reißverschluss aufziehe (es raschelt ohrenbetäubend). Der Kameramann liegt auf dem Bauch, mit dem Kopf zur Zeltmitte. Und bei allem

Bedürfnis nach Privatsphäre – auch nach Veröffentlichung dieses Buches – darf ich das hoffentlich erzählen: Er schnarcht ein bisschen. (Bestimmt nur heute, wegen der Höhe und so.) Wenn ich mich DA jetzt daneben lege, sind das locker 50-60 Dezibel, ich könnte mich also auch gleich neben der Startbahn West aufs Ohr hauen. In Anbetracht der Tatsache, dass ich Michaels Kopf nicht unbemerkt gen Zeltwand drehen kann, beschließe ich, stattdessen meinen Schlafsack um 180 Grad zu drehen. Dann liegen wir Kopf an Fuß, das sollte doch gehen. Gut, ist ein bisschen abschüssig, aber Beine hochlegen kann ja nicht schaden. Zack, Ohrstöpsel rein, Mütze tief ins Gesicht, Schal bis zur Nasenspitze, rrrtsch, Reißverschluss zu und gute Nacht allerseits.

Ich liege.

Und warte.

Und atme.

Und höre.

Ich schlafe. Nicht. Ein.

Also gar nicht.

Im Gegenteil. Mir wird ein bisschen übel.

Oha, jetzt wird mir aber richtig schlecht.

Wie schlecht kann es mir wohl werden, bis ich mich übergeben muss? Wenn ich es allerdings schaffe, vorher noch schnell einzuschlafen, vergeht die Übelkeit vielleicht.

Oh Gott, ich muss sofort raus hier. Rrrtsch, Reißverschluss vom Schlafsack wieder auf. Rrrtsch, Reißverschluss vom Zelt wieder auf. Raschelraschel. Julia wieder raus. Ich bin verzweifelt, krabbele aus dem Zelt …

… und bin überwältigt. Vor mir und über mir hat sich ein Sternenzelt aufgebaut, Millionen von Sternen sind das! Ich sehe die Milchstraße! Es ist wunderschön. Mit heruntergeklappter Kinnlade stehe ich in der Senke am See. Eiskalte Luft zieht mir ums Gesicht. Das tut gut.

Ich beschließe, wenn ich schon nicht schlafen kann, kann ich ja wenigstens ein paar ordentliche Langzeitbelichtungen aufnehmen. Und

bin dann eine Stunde damit beschäftigt, die richtige Belichtungszeit auszuprobieren – mit Selbstauslöser, damit ich beim Drücken nicht wackle.
Bei den fertigen Bildern im Display entdecke ich etwas, das ich nicht erwartet hatte. Schon bei fünfundzwanzig Sekunden Belichtungszeit sieht man auf den Bildern, wie die Erde sich dreht und wie das Sternenzelt nach rechts weiter »wandert«.
Ab und zu renne ich den Hügel hinauf und zurück, um warm zu bleiben. Ich hüpfe durch die Gegend und fühle mich wie ein Kosake: frei! Trotzdem bin ich irgendwann sehr durchgefroren und mittlerweile auch todmüde. Ich versuche es noch mal im Zelt. In der Zwischenzeit hat sich Michael gewendet. Ich drehe meinen Schlafsack wieder so herum, dass der Kopf höher liegt als die Füße (erst viel später erfahre ich, dass ein tiefer als der Körper gelagerter Kopf Höhenkrankheit begünstigen kann) und schlafe ein. Toller Tag. Tolle Nacht.

Gefühlte fünf Minuten später klingelt Michaels Wecker, und ich schreie innerlich: »NEIN!« Es geht mir elend, ich habe Rückenschmerzen und Halsschmerzen und fühle mich wie zerschlagen, als hätte ich Grippe. Ich verdrücke sogar ein Erschöpfungs-Tränchen. Eigentlich müsste Michael das filmen, wir filmen ja schließlich alles, was passiert. Ich hoffe, er kommt nicht drauf. Außerdem wird unsere Akkuzeit knapp, reicht nur noch für etwa zwei Stunden Filmen. Die müssen wir uns gut einteilen. Ja, das ist ein schönes Argument, falls er doch drauf kommt. Ich bitte die anderen, ohne mich zum Grat zu laufen und den Sonnenaufgang zu filmen. Ich verspreche nachzukommen. Aber sie wollen mich nicht alleine lassen. Mischa kocht Tee. Ob er Cognac reinkippt, weiß ich nicht, nur dass der Tee unglaublich gut und süß schmeckt. Und äußerst belebend ist. Ich nehme meine Kräfte zusammen und schaffe es, aufzustehen. Sie entlocken mir sogar ein Lächeln, meine goldigen Russen. Mischa gibt mir eine extradicke wattierte Hose, weil ich so friere. »Komm, alle oder keiner. Wir

nehmen die Pferde und gehen ganz langsam«, sagt er. »Und nachher gibt's ein tolles Frühstück«. Also steigen wir gemächlich mit den Pferden auf den Grat.
Als wir oben ankommen, ist der Sonnenaufgang längst passé, aber es ist ohnehin bewölkt, da brauchen wir uns nicht zu grämen. Wir blicken auf ein tiefes Tal und in der Ferne auf eine Bergkette, hinter der sich die Sonne durch dichte Wolken nach oben kämpft. Hier auf dem Grat geht ein steiler Wind, die Pferde stehen dicht beieinander und neigen sich ins Luv. Die wattierte Hose von Mischa ist ein Traum. Sie ist so warm, als stünde ich in Daunenbettzeug in luftiger Höhe. Wir machen Lehn-dich-mal-in-die-Brise-Fotos, die man sonst eher von der Nordsee kennt, und trotten dann mit den Pferden am Zügel zu Fuß wieder hinunter zum See.
Gegen acht Uhr erreicht die Sonne unser Zeltlager, und wir frühstücken in den ersten Strahlen des Tages. Es gibt Haferbrei mit getrockneten Aprikosen, Brot, Räucherkäse und Kaffee. Mischa kocht den Kaffee »russisch«, das heißt, das Kaffeepulver kommt direkt ins Wasser (heute in den geschmolzenen Schnee) und der Zucker gleich dazu, und so kochen sie zu dritt auf. Sobald sich ein dicker blubbernder Schaum bildet, dreht Mischa den Gaskocher ab und wartet einen Moment, dass der Kaffee sich absenkt. Dann gießt er jedem von uns eine Tasse ein. Schon sieht die Welt wieder ganz anders aus, und wir haben Kraft für den Ritt zurück.

Gegen Mittag startet der Kosake eine Charme-Offensive. Ich glaube, er hat uns ins Herz geschlossen. Eine ganze Weile hat er Michaels Kamera getragen, als wir nicht gefilmt, sondern nur mit den Pferden »Strecke gemacht« haben. Jetzt sind wir an einem atemberaubend schönen Punkt des Trecks angekommen und steigen ab. Vor uns erstreckt sich eine Art Felsenmeer, eine unglaublich ursprüngliche Landschaft mit karstigen Vorsprüngen, und hier wollen wir unser letztes Käffchen trinken und die Reste aufessen.

Zurück zu Vasja. Er ist ja kein Mann der großen Worte, aber der großen Taten. Er verschwindet und kommt mit ein paar frisch gepflückten Blumen wieder, die er mir feierlich überreicht. Ich freue mich ehrlich. Er geht daraufhin wieder ein Stück weg und ruft plötzlich: »Yuliya!«

Dann fällt er aus dem Stand einfach um!

Und das muss man sich jetzt in Zeitlupe vorstellen. So wie wenn ein Baum gefällt wird. Gaaanz langsam neigt er sich nach hinten, und ich denke noch: Ach, du lieber Gott, der Kosake bricht zusammen, dann schlägt er krachend auf. Und wie es auch ein Baum tut, wippt er noch mal nach.

Stille.

Dann hebt er den Kopf, zwinkert mir zu und haut neben sich ins Grüne. Er liegt in einem dichten Busch aus Wachholder.

Das will ich auch!

Vasja zeigt mir, wie dicht und robust diese Büsche sind, und ich lasse mich gleich ein paarmal hineinfallen. Es ist die pure Lebensfreude! Das Rumliegen in der Natur ist überhaupt eins der tollsten Dinge, die ich auf dieser Reise erfahre. Man würde das hier bei uns ja nicht machen, sich beim Waldspaziergang einfach mal ein Stück vom Weg entfernen und ablegen. Aber wenn einem Bäume-Umarmen zu Mainstream geworden ist, lohnt es sich absolut, mal Wachholderbusch-Stagediving rückwärts auszuprobieren. Es hat etwas extrem Kindliches. Ein bisschen was von Bällchenbad.

Am Ende unseres Abenteuers wieder im Tal angekommen (Mensch, ist das warm hier), fliegen wir UNSEREM KOSAKEN dankbar in die Arme und sind glücklich und stolz, dass wir das erleben durften! Und genau so froh sind wir, als unsere geschundenen Hinterteile endlich wieder in die weichen Sitze des Ladas sinken.

Dieser Treck kommt ins Große Video des Lebens.

- 20 -

Julias verhexter Wunschzettel – Murphys Gesetz gilt auch im Kaukasus

Randnotiz: Wir setzen zwar bei *Ostwärts* auf spontane Begegnungen, aber vorbereiten muss und will ich mich auf die Reisen natürlich trotzdem. Ich lese mich sorgfältig ein und schreibe eine Liste, was schön wäre zu entdecken. Da schaue ich immer mal wieder drauf, wenn wir längere Strecken mit dem Auto oder Zug zurücklegen, jeder seinen Gedanken nachhängt und ich über den Film nachdenke. Sehenswürdig, oder vielmehr filmenswürdig, sind dann für mich aber vor allem Ereignisse, die man nicht wirklich planen kann (zumindest nicht mit dem kleinen Budget, das uns zur Verfügung steht). Dass wir zum Beispiel in die schapsugische Hochzeit geraten sind, ist einigen Zufällen zu verdanken. Deswegen stehen auf der Liste außer Orten auch Dreh-Wünsche wie: »ein Familienfest/eine Hochzeit/eine Taufe«, oder auch: »eine Panne«, »Kochen mit Omi« oder »Reiten« (das letzte war ein Scherz).

Als ich vor dieser Reise mit Mischa telefoniert habe, um eine grobe Route zu besprechen, habe ich ihm von diesen Ereignis-Wünschen erzählt, damit auch er unterwegs Augen und Ohren offen hält. Scheint geholfen zu haben – bei dem unverschämten Reporterglück, das wir auf dieser Reise schon hatten.

Wir sind inzwischen in der russischen Teilrepublik Karatschai-Tscherkessien. Nie gehört? Ich auch nicht. An jedem Übergang zu einem anderen russischen Verwaltungsgebiet oder einer autonomen Republik passiert man eine Polizeikontrolle. Jedes Mal muss Mischa seine Papiere zeigen und eine kleinere »Gebühr« bezahlen, weil IRGENDetwas am Auto nicht stimmt. (Angeblich natürlich. Seien wir offen, es ist Schmiergeld.) Nun stellen wir aber fest: Wenn die Kamera sichtbar im Einsatz ist, müssen wir nichts bezahlen! Ab sofort filmt Michael also immer mit, wenn wir an einer Kontrolle vorbeikommen. Und alle winken uns durch.
Auf diese Weise sind wir relativ günstig am entferntesten Punkt unserer Reise angekommen, im Wintersportort Dombai, dem letzten Ort vor der abchasischen Grenze. Luftlinie sind wir nur fünfzig Kilometer vom Schwarzen Meer entfernt, aber von Sotschi bis hierher sind es trotzdem sechshundert Kilometer zu fahren, weil dazwischen eine Gebirgskette liegt.

Gestern ging es mit der Gondel und einem Sessellift (OHNE Sitzheizung! OHNE Haube! Wie früher!!) auf den Gletscher hinauf, und mit Wanderschuhen und Gamaschen durch den Tiefschnee auf 3000 Meter Höhe, wo wir die atemberaubende Bergkulisse bestaunt haben. Bei Kaiserwetter und absoluter Skiurlaubsstimmung! Ich habe ein großartiges Foto von einer russischen Sanatoriumstruppe geschossen, die sich für das Bild im Schnee kollektiv bauchfrei gemacht hat (und hoffentlich trotzdem gesund bleibt).

Wir haben mittlerweile genug Geschichten für diese Staffel zusammen, und ich weiß, dass es locker für die zu füllenden Sendeminuten reichen wird. Wie meist gegen Ende der Drehzeit kann ich mich also entspannen und uns kürzere Arbeitstage gönnen. Heute ist so ein Tag, an dem wir nicht so richtig viel auf dem Programm haben. Aber gar nicht zu drehen, das schaffen wir nicht.

»Lass uns ins Nachbardorf fahren«, schlage ich beim Frühstück vor. »Wir schauen uns dort mal um, und wenn nichts Spannendes passiert, ist es auch gut.«
Doch unser Reporterglück reißt nicht ab.
Auf dem Weg von Dombai durch den Wald nach Teberda fängt der Lada an zu stottern. Mischa entfährt ein dreifaches »Sch…!«, und schon stehen wir am Straßenrand. Mischa klappt die Motorhaube hoch. Sie geht nach vorne auf. Normalerweise kratze ich ja in solchen Situationen gerne mal ein bisschen in der Wunde und stelle offene Fragen à la »Was ist denn das Problem, warum fährt er denn nicht mehr, wie könnte man das wohl wieder hinkriegen?« Aber mir tut Mischa mit seinem goldigen Auto gerade so wahnsinnig leid, dass ich meinen journalistischen Einsatz auf ein Minimum reduziere.
Er stellt schnell fest, dass er nichts feststellen kann – da muss ein Fachmann dran. Kaum ist das ausgesprochen, kommt ein aufgemotztes, aber ziemlich lädiertes Gefährt mit fehlender Frontverkleidung und getönten Scheiben angebrettert und legt hinter uns eine Vollbremsung hin. Ein junger Typ in Tarnhose und geblümtem Sonnenhut steigt aus und fragt, ob er helfen kann. Tief beugt er sich mit der Nase in Mischas Motorhaube. Schnuppert und steckt seinen Zeigefinger hier rein und da rein. Rassul heißt der nette Mensch. Er erzählt, dass er selbst mal einen Lada hatte, dank dem er auch das ein oder andere mal ratlos am Straßenrand stand.
Es gibt also offenbar auch so was wie Pannenglück!
Dann ruft Rassul seinen alten Schrauber in Teberda an. Der diktiert, welche Ersatzteile wir besorgen und wo wir ihm das Auto abstellen sollen, er sei nämlich nicht in der Stadt und käme erst spät am Abend nach Hause. Ich ziehe innerlich die Augenbrauen hoch. Da wir aber keine Alternative haben, schlagen wir ein, und Rassul schleppt uns gut gelaunt nach Teberda ab. In seinem Auto sitzen noch zwei Freunde von ihm. Alle drei sind Karatschai-Tscherkessen, und alle drei sind bestens gelaunt.

Wir deponieren den Lada samt Schlüssel und Reparaturwerkzeug in einer kleinen Seitenstraße von Teberda. Jetzt ist tiefes Vertrauen in die Menschlichkeit angesagt. Aber hey, wir sind in Russland, was soll da passieren?
Nach Dombai zurück müssen wir ein Taxi nehmen, unsere neuen Freunde wollen nämlich weiter in die Hauptstadt Tscherkessk. Sie winken und hupen, und mit quietschenden Reifen fliegen sie davon.
Im Taxi schaut mich Mischa ernst an. »Julia. Ich glaube, du bist eine Hexe.«
Ich reiße die Augen auf und versuche das nicht persönlich zu nehmen. Er sagt das auch überhaupt nicht böse, eher resigniert. Dann frage ich: »Warum?«
»Weil das auf deiner Liste war. Da stand: Autopanne.«
Oh. Das hab ich nicht gewollt.

Am nächsten Morgen kann auch Mischa wieder lachen. In aller Herrgottsfrühe ist er zur »Werkstatt« getrampt und hat sein Schwälbchen abgeholt: heile!
Statistisch gesehen kann jetzt wirklich nichts mehr passieren. Meine Liste ist abgearbeitet.

- 21 -

Absolut begründeter Terrorverdacht – über Muffensausen und Kopfkino hinter Gittern

Eine Sache, die definitiv nicht auf meiner Wunschliste steht, passiert uns auf dem Rückweg Richtung Küste. Drei Wochen liegen hinter uns. Entgegen meiner diversen Sowjet-Vorurteile muss ich mir eingestehen, dass ich hier wirklich nur schöne Begegnungen hatte. Mit herzlichen Menschen, Fröhlichkeit und Hilfsbereitschaft. Es gab angenehm wenig Wodka, dafür viel Kaiserwetter und köstliches Essen. Ich revidiere meine Meinung über Russland und werde das auch zu Hause jedem kundtun.

Mischa hat schlimme Sehnsucht nach seinen Mädels – seiner Frau Yulia und seiner Tochter Sweta –, er zählt die Stunden, bis wir in Sotschi ankommen, heute Abend wollen wir dort sein. Michael und ich müssen noch etwas länger ausharren, bis wir unsere Lieblingsmenschen wieder in die Arme schließen können. Morgen ist noch ein Reserve-Drehtag, an dem wir mit Mischas Familie Wiedersehen und Abschied feiern, die Fotos gegenseitig austauschen und noch mal auf dem Wochenmarkt in Sotschi Gewürze und Mitbringsel kaufen wollen.

Soweit der Plan.

Kurz vor der Küste kommen wir in die letzte der x Polizeikontrollen vor der Einfahrt in die Stadt Tuapse. Same procedure as every

Kontrollstelle: Mischa zeigt seine Papiere, Michael filmt, Schutzmann lässt uns ziehen.
Nicht hier.
Der finstere Offizier fragt auf Russisch: »FILMT ER?«
Mischa ist sich nicht zu schade, zu Michael rüberzuschauen, als ob er ihn zum ersten Mal sieht, und bestätigt die scharfsinnige Wahrnehmung des Polizisten.
»Aussteigen!«
Ok, damit haben wir jetzt nicht gerechnet. Michael macht sofort die große Kamera aus. Das Risiko, dass uns die Speicherkarte abgenommen wird, ist zu groß – da ist schließlich das Material von heute Morgen mit dem Ende der Autopanne drauf. Mischa steigt aus und lässt die Kontrollettis in den Kofferraum und in unsere Reisepässe schauen. Ich nehme ebenso unauffällig wie kaltblütig mein neues Handy zur Hand und filme damit die Aktion außerhalb des Ladas. Drei bewaffnete Uniformierte halten unsere Pässe in der Hand, und ich bekomme nur Wortfetzen mit. »Spione? NEIN!«, höre ich Mischa auf Russisch sagen. Wir erfahren, es habe ein Attentat in Wolgograd gegeben. Dort ist ein Bus in die Luft geflogen, und nun stehen WIR unter Spionageverdacht. Diese Kausalkette will sich mir beim besten Willen nicht erschließen, aber deshalb bin ich ja auch nicht beim russischen Inlandsgeheimdienst, sondern beim MDR. Zu doof für eine Spionin – als Journalistin reicht's.
Sie lassen uns eine geschlagene halbe Stunde im Auto warten, in der ich unbemerkt Filmaufnahmen mache, für Schnittbilder sorge und die Filmdateien sogar im Chaos des Gepäckhaufens auf der Rückbank noch auf mein Laptop rüberziehe – falls sie mir das Handy abnehmen.
Schon wieder Reporterglück!
Das Ende der Diskussion da draußen: Wir sind festgenommen. Wir drei und das Auto gleich mit, wir sollen den Polizisten im Wagen auf die Wache folgen. In Anbetracht der Tatsache, dass der vollbeladene

Mein Drehteam und ich! Kameramann Michael und Packesel Tom

Mein treuer Begleiter, die »Kraxe«

Čachtice in der
Slowakei – hier
hat se gewohnt,
die Blutgräfin

600 Mädels sind hier
abgemurkst worden

Wir sind unversehrt

Vorsicht ist
die Mutter der
Porzellankiste

Echte ungarische Kerle
reiten auf FÜNF Pferden
gleichzeitig!

Lieber an die
Kleinen halten

Mittlerweile in Siebenbürgen – und wir vertragen uns immer noch

Schlingel in Rumänien: das Schild, auf das so viele reinfallen … (Vlad Dracul ist »nur« Draculas Vater)

Der leibhaftige Peter Maffay – das glaubt mir doch kein Mensch!

Hallo Bulgarien – eins a getrampt mit Klarian!

Drehschluss am Schwarzen Meer

Der Georgier George hat uns ab jetzt an der Backe (Freunde nennen ihn Gia)

Gerade ist Almauftrieb

Chatschapuri – köstliches Hüftgold

Wir lieben Tiere

Magisches Swanetien (Wehrturm-Suchbild)

Der Ort Lagodechi am Fuß des gleichnamigen Nationalparks

Schura, der fröhliche Hobby-Weinbauer: »Wollt IHR mal in meinen Keller kommen?«

Kurz nach dem Sturz, den Michael n-i-c-h-t gefilmt hat

Unter Gogis mobilem Unterstand

Unwettergefahr! Der Treck wird abgebrochen

Der Kameramann gibt alles für gute Bilder

Team Russland! Mikhail (genannt Mischa), Michael und ich

Mit dem Kosaken Vasya in die Wildnis

Der Schnee wird gleich zu Kaffee verwandelt

Michael muss mal wieder einhändig reiten

»Häschen« beneidet mich um mein Wachholderbett!

Zelten im Mondschein ist ganz schön schattig

Das schönste
Auto der Welt!

Die Straße durch
Karatschai-
Tscherkessien

Passt doch alles rein!

So wurde früher bei den Schapsugen eine Braut klargemacht

Der »Thamade« schwingt das Zepter, und ich mein Tanzbein

Geht doch!

Märchenhaftes
Skaska-Tal

YEAH – wir haben
einen Tonmann!
»Der Neue«
namens Ste!

Nach drei Versuchen hier das Panorama von Team Kirgistan! Tonmann Ste, Kameramann Michael, unsere Kirgisin Guldana und ich.

In den »Himmlischen Bergen« des Tien Shan (so heißen die)

Meine
tiefenentspannte
Guldana

Kirgisische
Liebesgefühle
(hier: erwidert)

Shirdak – das schönste,
das Filz werden kann

Meine kirgisischen »Nichten und Neffen«

In Zentralasien ist Brot heilig – und wird mit ganz viel Liebe gebacken

Gäste-Jurten
am Song-Köl-See

Spitzenmäßiges
Tageslichtbad!

Kirgisische Liebesgefühle (hier: nicht so richtig erwidert)

Heute gibt es (ausnahmsweise) Plov!

Vorne Kirgistan, hinten Tadschikistan

Teepause mit unserer Tadschikin Suhro

Zauberhaftes Berg-Badachschan

So hoch war ich noch nie – dünne Luft am Ak-Baital-Pass

Im Wachan-Korridor: links Afghanistan, rechts Tadschikistan

Suhro in tadschikischer Tracht – heute: Pink

Hochzeit in Kulob! Hauptaufgabe der Braut: nicht lächeln

Alles so schön bunt hier!

In Tadschikistan wird auf dem Boden geschlafen – heute sind wir zu viert

Alte Seidenstraßenstadt Chudschand

Kleines tadschikisches Frühstück

Donnerstagsbasar in Chudschand

Team Usbekistan: Ste, Oybek, Julia, Michael

Augenreiben
am Registan
in Samarkand

Auf unserm
Hoteldach
in Buchara

Aprikose frisst
Walnuss

Sonnenaufgang filmen
in Buchara

Miniaturmalerei – geht nur mit guten Augen oder Lupe

Des Miniaturmalers wichtigstes Instrument

Beim Seidenknüpfen besser nichts verschwenden …

Wie eine Filmkulisse für 1001 Nacht

Oh, wundervolles Chiwa!

Kunsthandwerk in allen Gassen von Chiwa

160 Kilometer über den ehemaligen Seeboden

Gastfreundschaft in Karakalpakistan

Schiffsfriedhof in Muynak

Aus dem Aralsee wurde die Aralwüste

Sonnenaufgang am einsamsten Ort der Welt

Der Aralsee wird kleiner, mein Horizont größer …

Team Mongolei: Michael, ich, Köchin Tuyaa, Temuulen und Zörigoo

Bei den Onkels in der Steppe

Schlafen auf Mongolisch: Kopf nach Norden, Füße nach Süden!

Einem von den dreien geht's jetzt an den Kragen …

Vertrauen ist wichtig

Händewaschen auf Mongolisch …

Kleine Nomadin
in einem Ger-Camp

Frauen halten
zusammen – und
machen heute Buuz

Das schönste
Abschiedsgeschenk:
mein eigenes Deel!

Lada in seinem biblischen Alter und mit 60 PS nicht wirklich als Fluchtfahrzeug ernst zu nehmen ist, machen wir das brav.
Auf der kurzen Fahrt zur Polizeistation von Tuapse ruft Mischa seine Frau an. Sie ist ebenfalls Landschaftsökologin und arbeitet wie er in der Russischen Geografischen Gesellschaft. Vor allem aber als Umweltaktivistin kennt sie sich mit Festnahmen und Rechtsangelegenheiten sehr gut aus. Yulia beschwört Mischa, auf keinen Fall aufzulegen und alles laut zu wiederholen, was sie sagt.
Vor der Polizeistation werden wir von zwei Bewaffneten in Empfang genommen. Bis hierhin finde ich das alles noch unglaublich spannend und etwas surreal. Was soll uns passieren? Wir sind Deutsche. Und haben uns nichts zu Schulden kommen lassen.

Auf der Wache werden wir durch einen unbeleuchteten schmalen Gang geführt, der rechts und links mit Gitterstäben begrenzt ist. Aus einem der Gitter kommt eine Hand hervor, und plötzlich haut mir mit voller Wucht die Realität auf den Kopf: DAS SIND ZELLEN! Mit Gefangenen drin! Nicht wie im Film – nein, ganz in echt! Jetzt rutscht mir das Herz in die Hose. Aber nur ein Stückchen.
Wir werden nicht sofort eingebuchtet, sondern in einen Verhörraum am Ende des Ganges gebracht. So viel Zeit muss sein. Blaugrau gestrichene Wände, ein kleiner Tisch, zwei Stühle. Für die Wachtmeister wohlgemerkt. Die beiden setzen sich, wir müssen stehen. Michael hat den Technikrucksack auf dem Rücken, die Kamera baumelt kopfüber am Einbeinstativ in seiner Hand. Mischa und ich haben auch jeweils einen Tagesrucksack dabei. Mischas Frau betet ihm immer noch Gesetzestexte am Telefon vor. Er wiederholt alles laut (kleines Repetitorium für die Herren Wachtmeister), und zwischendurch übersetzt er für uns, damit auch wir nicht dumm sterben, ohne etwas über die russische Legislative gelernt zu haben. Yulia rät uns, die Taschen auf keinen Fall aus dem Blick zu lassen und unbedingt mitzunehmen, sollten wir den Raum wechseln. Warum das denn?,

denke ich. Die Vorstellung, dass uns auf einer Polizeistation jemand etwas in die Tasche schmuggeln könnte, was uns später nicht nur wortwörtlich auf die Füße fällt, existiert in meinem Vorstellungsvermögen einfach nicht.
Mischa macht so lange Druck, bis die beiden Wachleute uns ins Dienstbuch eintragen. Ich lerne: Wenn nach drei Stunden nichts gegen uns vorliegt (ich wüsste nicht, was DA kommen sollte), dann müssen sie uns gehen lassen. Der Ton wird lauter. Sie sind sauer, dass wir fernmündliche Rechtsberatung in Anspruch nehmen, und irgendwann schlägt einer der Wachleute Mischa das Handy aus der Hand. Mischa wird laut, der Wachmann auch, und kurzerhand wird unser Lieblingsrusse abgeführt!
Jetzt sind Michael und ich auf uns alleine gestellt – mit unserem astreinen Russisch. Maximal könnte ich zwei Bier, ein Wasser, eine Soljanka und zweimal Borschtsch bestellen. Yulia simst mir die Notfallnummer der Deutschen Botschaft in Moskau. (Die ich zwar habe, aber auf einem Zettel irgendwo im Gepäck.) Ich wähle und werfe dem Wärter einen trotzigen Du-kannst-mir-gar-nix-Blick zu. Es dauert ewig, bis jemand dran geht. Ich werde ein paarmal weiter verbunden und hoffe, auch nach wie vor noch mit der Botschaft verbunden zu sein und nicht über eine Fangschaltung mit dem FSB. Endlich kommt eine deutschsprachige Dame an den Apparat. Ich schildere, wo und seit wann wir festgehalten werden. Sie verspricht zurückzurufen und verabschiedet sich. Klick.
Mein Best-Case-Szenario sieht so aus: Die Polizisten kriegen gleich von der Botschaft ordentlich den Hintern voll, und in allerkürzester Zeit entschuldigen sie sich und geleiten uns nach draußen. Hallo, wir sind unbescholtene Deutsche.
Es passiert lange nichts. Ich muss mal. Wie unpassend. Michael flüstert: »Ich auch.« Wir machen ein Pokerface. Uns kriegt ihr nicht klein. Mittlerweile ist nur noch ein Wärter da. Tragischerweise ist vorhin der gegangen, bei dem ich das Gefühl hatte, er findet die Sache auch

ein bisschen überzogen. Dem, der jetzt auf uns aufpasst, gefällt es augenscheinlich gar nicht, dass wir uns nicht vor Angst total ins Hemd machen. Er wirft uns böse Blicke zu und gibt sich gefährlich. Nach zehn Minuten, die sich wie eine Ewigkeit anfühlen, ruft die Dame von der Botschaft zurück. Sie ist etwas umständlich. Lässt sich NOCH MAL alles erzählen und fragt dann: »Sind Sie sicher, dass Sie auf der Polizeistation in Tuapse sind?« »JA!?«
Schweigen. Dann: »Das kann aber nicht sein.«
»Ich bin aber sicher.«
Sie zögert, und schließlich offenbart sie: »Ich habe auf der Polizeistation angerufen, aber dort wurde mir mitgeteilt, da sind keine Deutschen.«
DA SIND KEINE DEUTSCHEN?
Klong.
Jetzt ist der Moment gekommen, in dem auch mir (als Letzter von allen) klar wird, dass in Russland nicht alles so läuft wie bei uns. Rechtsstaat? Njet. Hier gelten andere Gepflogenheiten als auf einer deutschen Polizeiwache (zumindest als auf der, die ich kenne – so oft bin ich ja noch nicht straffällig geworden. Gut, einmal mit Handy in Zone 30 geblitzt und behauptet, das auf dem Foto sei nicht ich. Da musste ich antanzen. Aber das lief dann eher in der Art: »Schätzchen. WIR beide wissen, dass du das bist, also gib's zu, unterschreib da unten und bring es hinter dich.« Fand ich einleuchtend, habe ich unterschrieben. Mein Freund und Helfer eben.)
Aber das hier, das ist eine ganz andere Nummer. Plötzlich fällt mir ein Bild ein, das ich vor Kurzem in der Zeitung gesehen habe: eine der Greenpeace-Aktivistinnen, die mit der »Rainbow Warrior« in russischen Gewässern geschippert waren und festgenommen wurden, nach Wochen noch hinter Gittern. Sie hält ein Schild hoch: »I love Russia but let me go home«. Ich rechne. Wenn die UNS jetzt auch wochenlang einbuchten, was würde das bedeuten?
Die Weihnachtsmärkte! Heiligabend! Silvester!

Ich rufe meinen Mann an und schildere ihm im Stakkato, was uns gerade passiert, beteuere mehrfach, er brauche sich ü-ber-haupt keine Sorgen zu machen, aber ich dächte trotzdem, es sei jetzt ein guter Moment, ihm für die schönen Jahre zu danken. Grundsätzlich, FÜR ALLE FÄLLE. Und FALLS er heute nichts mehr von mir hört, dann ist EVENTUELL doch nicht alles gut ausgegangen und dann könnte er vielleicht … Ja, weiß ich jetzt auch nicht, was er dann könnte, aber er soll sich bitte KEINE Sorgen machen. Nur ein prophylaktischer Abschied. Unkraut vergeht nicht. (Ich glaube, er denkt, mir ist die russische Bergluft zu Kopf gestiegen.)
Dann rufe ich wieder die Dame von der Botschaft an. Sie fragt, ob ein Polizist im Raum sei, mit dem ich sie verbinden könnte. Ich halte dem unsympathischen Wachmann mein Handy hin und sage »Paschalsta« – Russisch für »bitte«. Er lehnt ab und schaut weg. Sie rät: »Warten Sie ab, und versuchen Sie es wieder, wenn ein anderer Wachmann da ist.« Der *Bad Cop* wird tatsächlich irgendwann von seinem netteren Kollegen abgelöst. Dafür sieht der neue wirklich ganz lieb aus. Ich rufe also wieder meine Freundin in Moskau an und halte ihm das Handy hin. Er zögert, ringt mit sich. Das Gute wird siegen, ich weiß es. Ich fuchtele damit vor seiner Nase herum, und die Dame im Telefon trötet schon auf Russisch los, sodass er letztlich gar nicht anders kann und das Telefon nimmt. Sie redet und redet, dann steht er auf und verlässt den Raum. Mit meinem neuen Handy! Dem renne ich, ohne zu überlegen, hinterher. Durch den Gang mit den Gefangenen wieder nach vorne ins Wachtmeisterfoyer. Er will das Handy an den Oberwachtmeister weiterreichen und kassiert einen mördermäßigen Rüffel. Deshalb legt er schnell auf, und ich halte meine offene Hand hin. Handy her, oder ich mach hier 'ne Riesenszene. Er wird noch mal zusammengefaltet und tut mir fast leid. Ich werde mit Handy zu Michael zurück in den Verhörraum gebracht.
Das Gute an der Aktion realisieren wir erst in der Nachbetrachtung: Jetzt wissen die von der Wache, dass die deutsche Botschaft a) weiß,

dass hier sehr wohl Deutsche festgehalten werden, und b) dass die Polizisten beim ersten Anruf ein bisschen geschwindelt haben. Das beschleunigt die folgenden Vorgänge immens.
Mischa wird zurückgebracht, blutet nicht und erklärt uns, dass wir jetzt einzeln verhört werden und er übersetzen soll (was ich originell finde). Und dass es von Vorteil wäre, wenn wir das Gleiche erzählen wie er: die Wahrheit. (Wir hatten uns vor ein paar Stunden auf dem Weg zur Wache die hirnrissige Geschichte zurechtgelegt, dass Michael und ich ein filmverrücktes Ehepaar auf Hochzeitsreise sind und Mischa der unschuldige russische Fahrer. Aber bisher hat uns keiner gefragt. Zum Glück.)
Wir werden über den Hinterhof der Wache (mittlerweile ist es dunkel geworden) zu einem Gebäude mit einem runden Turm gebracht. Eine steile Treppe führt in das Geheimdienstzimmer hinauf (Eins-a-Setting!), dort werden wir nacheinander von einem gefährlich dreinblickenden Spezialagenten mit Pokerface verhört. Ich vermute, der ist vom FSB. Ich erzähle ihm wahrheitsgetreu, was ich mir eigentlich für meine Abmoderation überlegt hatte: dass wir total begeistert von Russland sind und nur Schönes erlebt und gesehen haben. Ich mache Werbung für meine Sendung, teile ihm mit, wann sie läuft, und erkläre ihm das Prinzip Mediathek. Ich strahle und schwärme, und irgendwann muss selbst der harte Hund grinsen. Hat mich als harmloses Bildschirm-Äffchen eingestuft. Na bitte. Michael erzählt in etwa das Gleiche, und schon sind wir wieder zu dritt in dem Verhörraum im Vorderhaus. Sie kassieren Mischas und mein Telefon vorübergehend ein und schreiben sich die Gerätenummern ab. Ab jetzt bin auch ich eins von Trillionen Pünktchen auf dem Radar des Russischen Geheimdiensts. Cool, oder?
Nach genau zwei Stunden und achtundfünfzig Minuten trägt der *Good Cop* etwas ins Wachbuch, macht es zu und die Tür auf. Er geleitet uns hinaus. Okay – das mit der Entschuldigung müssen wir noch üben, aber ich will nicht nachtragend sein. »Doswidanje«, rufe

ich fröhlich in die Wachtmeisterrunde, doch Mischa korrigiert mich: »Julia. Das heißt ›Auf Wiedersehen‹! Ich will die aber nicht wiedersehen!« Ach so, nee. Ich auch nicht. Wir fallen uns auf dem Polizeiparkplatz in die Arme, und die Anspannung fällt ab.

Da wir es heute nicht mehr nach Sotschi schaffen, buchen wir uns in einem billigen Hotel in Tuapse ein. Wir essen unseren letzten Proviant und lassen die Geschehnisse Revue passieren. Alle rufen zu Hause an und geben Entwarnung.

Ich denke laut: »Schade, dass wir das nicht gefilmt haben. Das kann ich ohne die entsprechenden Bilder ja gar nicht erzählen.«

Breites Grinsen beim Kameramann. Er schaltet die Kamera an und lässt mich aufs Display schauen. Ich sehe (zwar auf dem Kopf, aber das kann man im Schnitt umdrehen) den Wachmann beim Eintragen ins Wachbuch und unseren Gang nach draußen. Ich höre mein »Doswidanje«. Dieser Teufelskerl! Hatte doch tatsächlich die Chuzpe, in einem unbeobachteten Moment die Kamera am Stativ hängend wieder anzuschalten.

Ich rufe auch die Retterin von der Botschaft an, um ihr zu berichten und zu danken. Sie warnt uns, dass es noch nicht ausgestanden sei und wir bis zur Ausreise hundertprozentig unter Beobachtung stünden. Ich soll die Notfallnummer bis zur Passkontrolle immer parat haben.

Meine Erinnerungen an unseren russisch-kaukasischen Roadtrip mit dem Lada sind (glücklicherweise) durch dieses Erlebnis nicht getrübt, sondern eher so etwas wie gewürzt worden. Und ich liebe bis heute den Moment, wenn eine Gesprächsrunde unter Reportern in den Angebermodus abdriftet und mit der krassesten Auslandserfahrung oder der kritischsten Polizeibegegnung aufgetrumpft wird. Da spiele ich mit meinem »Oh, das erinnert mich daran, wie wir mal in Russland festgenommen worden sind …« ganz vorne mit.

Kirgistan

GUT ZU WISSEN:

Ein bisschen wie in der Schweiz – nur mit Jurten.

Und mit Plov (orientalisches Reisgericht mit Möhren, Zwiebeln und Fleisch). Die Kirgisen lieben ihr Nationalgericht so sehr, dass sie es am liebsten einmal pro Woche essen würden. Oder zweimal. Oder jeden Tag …

- 22 -

Mit einer kirgisischen Schönheit, Aprikosenduft und hundertmal Plov unterwegs auf der Seidenstraße

»Seid ihr so weit? Dann stillgestanden, Achtung, geht los! Warte, warte, warte. JETZT! LAUUUF! Komm, komm, komm, schneller, so hier, nimm, und jetzt lass dir Zeeeeeiiit!«

Die Panorama-Funktion meines Handys ist der absolute Hit.

Auf nur einem einzigen Bild stehen wir zu viert mit ganz viel Abstand zueinander in einer surreal geformten Landschaft aus rotem Lehm, zwischen bizarren Hügeln und riesigen, von der Natur geformten Skulpturen. Von links nach rechts: Stefan genannt Ste (»Der Neue! Der Tonmann!«), Michael (wie gehabt) und Guldana (»die Kirgisin«). Zu unseren Füßen und im Bildhintergrund hält das märchenhafte Skaska-Tal still.

Ich versuche mich an einer weiteren Panorama-Aufnahme. Der Knips-Plan ist folgender: Ich stehe den dreien gegenüber, drücke den Auslöser. Ganz links steht Ste, der, sobald ich mit dem Handy an ihm vorbeigeschwenkt habe, zu mir gerannt kommt. Dann Handyübergabe, idealerweise ohne zu wackeln. Sofort flitze ich auf die Position ganz rechts, während Ste das Handy an Michael und Guldana in der Mitte vorbeischwenkt. Ich muss vor der Handy-Linse an meinem Platz angekommen sein und reglos dastehen, sonst bin ich nicht mit drauf. Es ist ein Heidenspaß, und beim dritten Anlauf klappt's, das Bild ist super. Die Landschaft, wir vier: Team Kirgistan!

Wir haben einen Auftrag von ARTE! Ein Fünfteiler à la *Ostwärts* wurde bestellt, weil ihnen unsere Reihe so gut gefällt. Ich bin stolz wie Bolle. Zwei Bedingungen haben sie allerdings gestellt. Erstens: eine kinematografisch hochwertigere Kamera und zweitens: einen kinematografisch hochwertigen Tonmann. Weil »Stefan« entschieden zu lang ist, heißt der Neue »Ste«. Er kommt wie Kameramann Michael aus Berlin. Spricht ein bisschen Russisch und ist, wenn er mal keine Töne aufnimmt, Musiker. Lässiger Typ.
Drei Länder an der Seidenstraße werden wir bereisen und vierzig Drehtage am Stück arbeiten. Monate der Vorbereitung sind dafür ins Land gegangen, denn diesmal begeben wir uns in Gefilde, in denen wir ohne Drehgenehmigung definitiv nicht weit kommen: Kirgistan, Tadschikistan und Usbekistan. Nach der Gefängnis-Story in Russland habe selbst ich meine diesbezügliche Naivität verloren und bin froh über die offiziellen Schreiben in meinem Rucksack, die belegen, wie überaus willkommen wir sind.

Unser guter Stern in Kirgistan ist Guldana. Sie arbeitet als Reiseleiterin und hat ihre Kinder bei den Großeltern geparkt, um uns ihr Land zu zeigen. Sie hat eine grobe Route geplant und einen Minibus mit Fahrer organisiert. Guldana und ich haben schon ein paar gemeinsame Videokonferenzen hinter uns, aber die Männer haben sie vor ein paar Tagen zum ersten Mal gesehen (und sind ziemlich angetan). Guldana ist Mitte dreißig und wunderschön. Sie ist nicht besonders groß, strahlt aber Kraft und Stärke aus. Sie hat die Physiognomie einer Raubkatze – schlank und zäh –, mit schräg stehenden Augen und langen, schwarzen Haaren. Vor allem aber ist sie cool. Kein Tussi-Gen, keine übertriebene Eitelkeit, nichts Umständliches ist an ihr. Sie ist einfach souverän.

Dass sie so toll ist, hat natürlich Konsequenzen. Ab sofort sind »meine Jungs« nicht mehr meine Jungs, sondern Guldanas Jungs. Sie liegen ihr zu Füßen und beten sie heimlich an (glaube ich). Sie würden das natürlich nicht zugeben, aber Guldana wird mit jener schonungsvollen Rücksicht bedacht, die man Schauspielerinnen angedeihen lässt, damit sie sich am Set nur ja wohlfühlen. Und einen lieben. Ich hingegen brauche meinem Kameramann nach all den Jahren nicht mehr mit Welpenschutz zu kommen, ich bin »Team«. Und werde niemals zugeben, dass mir das etwas ausmacht. (So der Plan.)

Auch Kirgistan versetzt uns in Verzückung. 90 Prozent des Landes liegen über 1500 Metern, und es ist von einer unglaublichen landschaftlichen Vielfalt: Weiche Hügel und Täler sehen aus, als ob jemand eine riesige grüne Samtdecke über das Land geworfen, aber nicht glatt gestrichen hätte. Sie wechseln sich ab mit kargen sandbraunen Steppenlandschaften, alpinweißen Gipfeln und tiefblauen Bergseen.
Die Seidenstraße führt uns ins Tien-Shan-Gebirge, chinesisch für »Himmlische Berge«. Wir verbringen zwei Tage am gigantischen Yssykköl, dem (nach dem Titicacasee) zweitgrößten Gebirgssee der Erde. Wir wandern durch das Barskoon-Tal, dessen Fluss am Südufer in den Yssykköl mündet. Wir steigen durch einen Nadelwald hinauf zu einem Wasserfall und bestaunen den rauschenden Gebirgsfluss. Wenn man sich die Jurten wegdenkt, sieht es hier aus wie in der Schweiz.

In der Stadt Tamga übernachten wir im Gasthaus eines älteren Alpinistenpaares, das sich auf Wandersleut spezialisiert hat. Die Besitzerin Ljuba war in jungen Jahren als Bergsteigerin bekannt. Sie empfiehlt uns eine nicht allzu anstrengende Wanderung (leider kann sie heute nicht mit), während ihr Mann Sasha schon im badewannengroßen Topf das Essen für den Hunger danach rührt. Ljuba ist Russisch und bedeutet Liebe. Nomen est omen für dieses Haus und den riesigen angrenzenden Garten, so schön ist alles angelegt. Einfach, ohne Klimbim, aber eben mit Liebe.

Nach der Wanderung strolche ich durch dieses kleine Paradies und bin ganz neidisch. Ein zentralasiatischer Garten hat nichts mit einem deutschen Standard-Garten zu tun. Kein akribisch geschnittenes Gras, kein Unkrautvernichter, kein vereinzelter Buchsbaum im Kiesmeer. Wer hier einen Garten anlegt, meint es ernst und pflanzt ganze Haine aus Obstbäumen, mit Sträuchern und Blumen dazwischen. Manchmal plätschert sogar ein kanalisiertes Bewässerungsbächlein hindurch.

Und wer in Kirgistan einen Garten hat, der hat auch Aprikosen. Ich stehe mitten in Ljubas Aprikosenhain, halte ihre Leiter und lasse meine Nase durch den Garten wandern, während sie in der Krone steht und erntet. Meine Augen kullern wie die Aprikosen, die Ljuba behutsam in eine große Schale rollen lässt. Hunderte von Aprikosen sind reif! Es duftet so betörend, dass ich gar nicht anders kann, als direkt in eine hineinzubeißen. Hamm. Oh, diese cremige Süße! Eine orangefarbene Explosion von blumig und fruchtig, leicht und schwer und ein bisschen tropisch legt mein Gehirn lahm. Für einen Moment ist mein ganzes Leben Aprikose.

Ljuba freut sich über meine überschwänglichen Köstlichkeitsbekundungen und schenkt uns einen ganzen Eimer voll, zum Hieressen oder Mitnehmen. Wie wir mögen. Auch bei Sasha sind heute Aprikosen dran, gemeinsam mit der Küchenhilfe macht er literweise Marmelade im Riesenkochtopf. Ich muss mich beherrschen, dass ich nicht das Gesicht in die blubbernde Masse hineintauche. Freunde, lasst mich einfach hier zurück! Ich habe genug gesehen (und außerdem habt IHR ja jetzt Guldana).

Die Früchte, die von den Aprikosenbauern nicht weiterverarbeitet (oder von mir gegessen) werden können, werden in einer Art LPG

gesammelt und exportiert. Die meisten von ihnen fahren mit dem LKW nach Russland und Kasachstan. Später sehen wir in einem Hof ein altes Bettgestell, ohne Matratze, aber mit Laken auf dem Lattenrost, auf dem Hunderte von Aprikosen liegen und sich sonnen. Daran muss ich fortan immer denken, wenn ich in Deutschland getrocknete Aprikosen esse.
Wir sollen aber Platz fürs Abendessen lassen, bittet Ljuba. Es gibt das kirgisische Nationalessen Plov, ein stundenlang aufwändig gekochtes würziges Reisgericht mit Gemüse, Zwiebeln und weichen Fleischstückchen. Es ist kein alltägliches Essen, sondern besonderen Gästen vorbehalten. Was wir noch nicht wissen: Da wir ein Kamerateam sind und ergo als besondere Gäste eingestuft sind, wird es im Laufe dieser Reise jeden zweiten Tag heißen: »Heute gibt es etwas Besonderes für euch: unser Nationalgericht!« Woraufhin wir ein Grinsen unterdrücken und ein total gespanntes Gesicht machen werden, bis das Wort »Plov« fällt. Zum Glück ist es (meistens) köstlich!

Der Abschied von Ljuba und dem Ort, den sie und Sasha geschaffen haben, fällt mir schwer, aber es ist nur die erste Station von vielen, wir müssen weiter. Ich genieße die Stunden auf der Minibus-Rückbank am Fenster. Die Landschaft rollt an uns vorbei, und Guldana erzählt von ihrem Land. Ich lerne, dass es nicht *die eine* Seidenstraße gibt, sondern ein Netz von Straßen, die alle zur historischen Seidenstraße gehören. Je nach Gefahren- oder Großwetterlage musste man auch mal ausweichen können. Die Baustellen, an denen wir vorbeikommen, gehören den Chinesen, die gerade die moderne Version der Seidenstraße für ihren Fernverkehr ausbauen. Ich finde das reichlich unromantisch von ihnen, es raubt der Seidenstraße das Zauberhafte.
Obwohl Guldana ein modernes Stadtkind ist (wie sie sagt), erfahre ich von ihr auch viel über die kirgisischen Traditionen. Schon auf dem Basar in der Hauptstadt Bischkek waren mir die vielen Frauen

mit ihren bunten Kopftüchern und ihren bunten Kleidern aufgefallen. Ich habe noch nie so farbenfrohe Muslime gesehen wie hier (die Kirgisen sind zum Großteil Sunniten). Zu Hause sehe ich neben den vielen schwarzen oder grauen maximal dunkelrote oder dunkelblaue Kopftücher. Die kirgisischen Kopftücher aber leuchten in allen Farben, mit Blumen oder eingewebten Glitzerfäden und sind dazu noch echt schick gebunden. Nicht brav unter dem Kinn – nein! Hier werden sie locker an den Ohren vorbei nach hinten geschwungen und im Nacken geknotet, darunter ein dickes Knäuel, das auf viele lange Haare schließen lässt. So was will ich auch.

Guldana allerdings trägt nur ab und zu eine Schirmmütze.

Ich frage keck: »Ist dein Mann da nicht so streng?«

Sie schmunzelt. »Das bestimmt hier nicht der Mann, Julia«.

Nicht?

»Das bestimmt die Schwiegermutter.«

In Kirgistan heißt es: Doppelt aufgepasst bei der Partnerwahl, nach der Eheschließung wird hier nämlich die Schwiegermutter die Bestimmerin. Über Rock oder Hose, Job oder Hausarbeit, Kopftuch oder Käppi und vieles mehr. Guldanas Schwiegermutter ist scheinbar ganz entspannt. Gleichzeitig kommt, wie Guldana erklärt, der Schwiegertochter eine besondere Rolle zu, und bevor ich ihr noch mehr Löcher in den Bauch frage, organisiert unsere Reiseleiterin einen Selbstversuch. Für mich.

- 23 -

Schuften in der Sommerjurte – ein Tag als kirgisische Schwiegertochter

Dunkelblau schimmert der magische Song-Köl-See. Er liegt 3000 Meter über dem Meeresspiegel und ist nur im Sommer zugänglich. Wer hier im Jurtencamp übernachten will, muss sich anmelden, solange die Betreiber noch im Tal sind und Handyempfang haben – also bis Mai. Ab Juni, nach der Schneeschmelze, sind die Pisten zum See befahrbar. Dann ziehen die kirgisischen Familien mit Sack und Pack, mit Pferden und Herden für fünf Monate auf die Sommeralm, bauen ihre Jurten auf und beginnen »die andere Hälfte« des Lebens. Wer als Tourist ohne Anmeldung kommt, riskiert, im Freien schlafen zu müssen, und dann wird es schattig. Nachmittags ist es hier oben zwar warm, und im T-Shirt mit Windschutzweste kann man es draußen gut aushalten. Nachts aber sinken die Temperaturen auf knapp über null. Es gibt keinen Strom und kein fließendes Wasser. Nur wilde, fast unberührte Natur. Es gefällt mir sofort. Das Reduzierte, das Wesentliche rühren an etwas in mir.

Guldana hat uns im Jurtencamp von Nurgul eingebucht, und wir haben bereits eine Nacht zu viert in einer Gästejurte kampiert. Als in den frühen Morgenstunden der Dung im Ofen aufgebraucht war, wurde es lausig kalt.

Nach dem Frühstück bringt sie mich zur Jurte einer kirgisischen Familie, die abseits der Touri-Ecke am See lebt und normalerweise keine Berührungspunkte mit Ausländern hat. Guldana wird die ganze Zeit zum Übersetzen dabei bleiben, aber sie bietet mich als Schwiegertochter-to-go an. Wir haben eine Wassermelone als Gastgeschenk dabei und werden vom Familienoberhaupt Mahmudbek – der einen eindrucksvollen Filzhut auf dem Kopf hat – in die Jurte gebeten. Stühle gibt es nicht. Nur einen kniehohen Tisch, an dem man auf dem Boden hockend »sitzt« (die Knie!). Anscheinend habe ich in eine große Familie »eingeheiratet«: Ich zähle Opa und Oma (in Kirgistan Ata und Apa), zwei Frauen (meine Neben-Schwiegertöchter?), keine weiteren Männer, aber zahlreiche Kinder zwischen wenigen Monaten und fast erwachsen.

Ein vielleicht zwölfjähriger Junge steht am Rand der Jurte und macht in einem großen Ledersack mit einem langen Holzschlegel einen Höllenlärm: Er schlägt Stutenmilch. Viermal am Tag werden hier nämlich die Stuten gemolken. Ihre Milch wird in diesen Sack gegossen und dann geschlagen, um den Gärungsprozess in Gang zu setzen. Je nachdem, wie viel bereits vergorene Milch noch drin ist und wie viel frische Milch dazu kommt, ändert sich der Geschmack (oder mit anderen Worten: der Grad der Erträglichkeit). Alle bekommen einen großen Becher Stutenmilch zur Begrüßung, und wir Westeuropäer wissen: Da müssen wir jetzt durch.
Guldana warnt: »Nicht zu viel, Julia. Wenn du es nicht gewohnt bist, kann das ganz schnell eine durchschlagende Wirkung haben.«

Sie braucht sich keine Sorgen zu machen, den ganzen Becher schaffe ich im Leben nicht. Durch das Vergären entsteht Alkohol, und die Milch schmeckt wie ein Bier-Shake. Dazu gibt es selbst gebackenes Weißbrot und die mitgebrachte Melone. Die Kinder sitzen kurz dabei, trinken eine Milch auf ex (die kriegen doch ’nen Schwips!?), und dann fragen sie Guldana, ob ich mit ihnen zum Wasserholen komme. Au ja!

Zwei der Jungs sind für ihr zartes Alter von elf oder zwölf schon sehr charmant. Sie buhlen um meine Aufmerksamkeit und wollen, dass ich auf ihren Muli steige. Das Tier ist gesattelt und hat zwei leere Metallkanister umgeschnallt. Ich steige auf und entschuldige mich im Geiste bei dem armen Wesen. Einer der Jungs zerrt am Zügel, der andere schiebt von hinten, es ist ein Bild für die Götter. So schleifen sie ihren deutschen Gast, der eindeutig zu groß und zu schwer für das arme Lasttier ist, Richtung Ufer. Ilgiz füllt die beiden Eimer und meinen Schuh gleich mit, dann schieben er und Baidschoroo uns zurück zur Jurte. Drei Mädchen zwischen sieben und neun schwirren auch um uns herum, halten aber noch ein bisschen Abstand. Die Kinder sind zuckersüß.

Meine Schwiegertochter-Kollegin Nargiza wird mir vorgestellt. Sie ist die Mutter von dem Neugeborenen und vierundzwanzig Jahre alt. Ihr Mann Akhilbek ist draußen bei der Herde.

Nargiza hat schon auf mich gewartet – die deutsche »Schwiegertochter« soll kochen helfen. Schürze um, Kopftuch auf (hurra!) und los. Wir schnippeln Kohl, Kartoffeln und Zwiebeln und machen einen Teig aus Wasser, Mehl und Salz für »Oromoo« – große gefüllte Gemüserollen. Man lernt hier, mit wenigen Zutaten tolle Sachen zu kochen – eben aus dem, was eine lange Lagerung aushält oder auf der Bergalm gewonnen werden kann. Zu jedem Essen gibt es einen Becher Stutenmilch, die bekommt übrigens auch das Baby verabreicht. Ich kann mir nicht verkneifen, Guldana darauf anzusprechen, schließlich liegt der Alkoholgehalt bei 4 Prozent. Doch Guldana sagt: »Das wirst du hier nicht ändern, das ist halt so.« Immerhin schläft das Kindchen dann prima.

Ich verbringe den ganzen Tag mit Nargiza: Mittagessen kochen, Abwaschen, Abendessen kochen, Kühe melken – unsere To-Do-Liste wird überhaupt nicht kleiner. Damit die Schwiegertochter trotz Säugling ihr Pensum schaffen kann, gibt es eine abgefahrene Erfindung. Mütter, aufgemerkt! Das »Pucken« haben die »Alternativen« unter euch ja bereits von den Nomaden übernommen. Für unwissende Eltern und Nicht-Eltern sei hier kurz erklärt: Beim Pucken wird der Säugling mit angezogenen Beinen und eingeklappten Ärmchen ultrafest in ein Tuch einkokoniert (Kopf bitte draußen lassen). Damit sieht er aus wie ein Schmetterling-to-be und fühlt sich wie im Mutterbauch (so die Vermutung). Hier wird das schon seit Jahrhunderten gemacht. Und damit die kirgisische Schwiegertochter nicht durch pausenloses Windelnwechseln vom Kochen/Waschen/Melken abgehalten wird (Windeln gibt es nicht auf der Alm) und um Müll zu sparen, bekommt das Baby vorher noch ein kleines Papp- oder Holzröhrchen zwischen die Beine gelegt. Das mündet in einen Schlauch, der durch kleine Löcher sowohl in der Matratze als auch im Boden des Babybetts hindurch zu einer Plastikflasche führt – durchsichtig, damit man sieht, wann geleert werden muss. Fertig ist der Baby-Katheter. Ich sehe das zum ersten Mal und finde es wirklich durchdacht. Und offen gesagt auch nachhaltig. Mal sehen, wann sich das bei deutschen Babybettchen durchsetzt.

Ich will von Nargiza wissen, ob sie ir-gend-wann am Tag mal Zeit für sich hat, vielleicht zehn Minuten die Beine hochlegt und die kirgisische Bunte liest oder so etwas Verrücktes wie Sport macht. Sie lächelt. Nein, das gibt es hier nicht. Die Schwiegertochter rockt den Haushalt, so will es die Tradition, so ist die Kultur.

Ich frage sie noch ein bisschen weiter aus. Sie hat in Bischkek Bauingenieurwesen studiert und in einer Volleyball-Mannschaft gespielt. Vor ein paar Jahren kam sie mit ihren Eltern im Sommer hierher, um

Akhilbeks Eltern vorgestellt zu werden und um die Heirat zu arrangieren. Auf die Frage, ob er ihr denn überhaupt gefallen hat, strahlt sie. Und ob! Da wurde nicht erst groß Nacht für Nacht telefoniert, monatelang vorsichtig das Glück beäugt, irgendwann probeweise zusammen gezogen und nach Jahren end-lich geheiratet. Da wurde sich vorgestellt, ein paarmal unterhalten, gemocht und füreinander entschieden. Zack, fertig, Ehe.
Ich nehme Nargizas Mann im Laufe des Tages unauffällig ein wenig unter die Lupe. Ich sehe einen wirklich gutaussehenden muskulösen Mann, der einen gesunden Appetit und offenbar ein gutes Händchen für Tiere hat. Er reitet ohne Sattel und holt abends die Herde nach Hause. Genau wie Nargiza hat er ein offenes, freundliches Gesicht mit blitzweißen Zähnen und vom Wind geröteten Bäckchen. Beide strahlen ganz viel Natürlichkeit aus – keine Schminke, kein Parfüm, kein Haargel oder Aftershave, alles Mensch pur. Was für ein tolles Paar. Trotzdem bohre ich weiter und reiße Nargiza zu folgender Aussage hin (sie schaut dabei lächelnd zu ihrer Schwiegermutter): Wenn die Kinder mal größer sind und ihre Schwiegereltern es erlauben, dann würde sie vielleicht gerne stundenweise als Bauingenieurin arbeiten.

Ich schlage vor, dass wir den Abwasch draußen machen, damit wir heute wenigstens ein Mal die Sonne sehen. Als Ausländerin mit Filmteam darf ich mir so einen Quatsch leisten, aber ich vermute, das wird jetzt nicht zur Gewohnheit. Wir schleppen den Tisch mit den Bergen von schmutzigem Geschirr hinaus, machen einen Topf voll Seewasser auf dem Herd warm und bilden eine Kette. Vorspülen, spülen, auf der Wiese abtropfen lassen, abtrocknen, stapeln, wegräumen.
Mein kleiner Freund Ilgiz fragt, ob wir Musik dabei hören wollen, und organisiert von seiner Mutter (der anderen Schwiegertochter) das Smartphone. Er spielt den Sommerhit des Jahres »Kara Jorgo«,

und drei der unglaublich süßen Mädels tanzen zackig zu dem Lied über den »Schwarzen Hengst«. So wird das Abspülen zum Event. Und um die Sache rund zu machen schleife ich Nargiza später auch noch zum Ballspielen aus der Jurte. Alle Kinder sind da, ihr Mann ist da, wir spielen »Kartoschka«. Das heißt Kartoffel und geht so: Die Spieler stehen im Kreis und werfen oder pritschen sich den Ball zu. Wer den Ball verliert, muss in die Mitte und ist dann eine Kartoffel. Die Kartoffeln – die natürlich immer mehr werden – müssen versuchen, den Spielern im Kreis den Ball abzuluchsen. Wenn sie das schaffen, sind alle Kartoffeln frei und tauschen die Plätze mit denen im Kreis, und dann sind die die Kartoffeln. Danach spielen wir Völkerball, Kirgistan gegen Germania. Wir lärmen und jubeln, und auch Nargiza strahlt (und spielt wirklich gut), aber nach zehn Minuten ruft sie etwas in der Art von: »Ich muss weiter arbeiten«, und rennt wieder zur Jurte. Auch Akhilbek verabschiedet sich.
Kurze Zeit später sehe ich das junge Ehepaar zum ersten und heute auch einzigen Mal zu zweit. Weit weg von den Jurten hält Akhilbek die Stuten in Schach, damit Nargiza sie nacheinander melken kann. Stuten zu melken ist sehr gefährlich, und wir dürfen nicht näher kommen, weil die Pferde sofort nervös werden. Nach einer halben Stunde laufen die beiden jungen Leute mit den vollen Milcheimern zur Jurte zurück. Es scheint die einzige Zeit am Tag zu sein, in der sie wirklich unter sich sind.

Nach dem Abendessen wird die Jurte geräumt, und die Kinder verschwinden zum Zähneputzen in die Jurte nebenan. Alle elf schlafen dort nebeneinander. Als Guldana und ich ihnen »Gute Nacht« sagen gehen, winken uns liegende Orgelpfeifen entgegen. Guldana verspricht, dass »die neue Schwiegertochter« über Nacht hier bleibt, und sie selbst mit dem Drehteam gleich morgen früh wieder kommt. Das muss nämlich nach Drehschluss zurück zum Jurtencamp, Akkus mit Generatorstrom laden.

Dann bringt sie mich nach nebenan in die Jurte, in der wir den Tag verbracht haben. Bald bin ich alleine mit »meiner Familie«, dann können wir nur noch mit Händen und Füßen kommunizieren. Ich gehe schon mal »ins Bad«: Die Zahnputzstation draußen vor der Jurte besteht aus einem Holzpfosten, an dessen oberem Ende ein aufgeschnittener Wasserkanister mit einem kleinen Hahn angebracht ist. Daneben beherbergt die untere Hälfte einer Duschgel-Flasche einen bunten Strauß Zahnbürsten. Praktisch: Wenn der Sommer zu Ende ist, ist das Bad ruckzuck abgebaut. Ob sie dann auch das grün gestrichene hölzerne Plumpsklo abbauen (oder verbrennen), muss ich noch herausfinden.

Unsere beiden Esstische stehen nun draußen vor der Jurte, drinnen fegt Nargiza mit einem Reisigzweig den Teppich. Dann verteilt sie einen Berg von Matten, die den ganzen Tag schrankhoch in einer Ecke gestapelt waren, darauf. Für Atas und Apas Liegekomfort gibt es gleich mehrere der dünnen Unterlagen und besonders dicke Kissen. Sie schlafen links in der Jurte. Für ihren Mann, sich selbst und das Baby legt Nargiza die rechte Seite aus. Für den Bruchteil einer Sekunde frage ich mich, wie bei dem Trubel hier für Nachwuchs gesorgt wird. Ich persönlich hätte ja Angst, dass die Schwiegereltern auf der anderen Seite der Jurte hinterher Schilder mit Haltungsnoten hochhalten. Aber das geht mich eigentlich auch nichts an. Ich behalte meine Gedanken für mich und grinse. Nargiza grinst ebenfalls und richtet mir in der Mitte der Jurte, zwischen Generation eins, zwei und drei mein Lager ein. Über meinen Matten breitet sie eine Motiv-Wolldecke aus. Mit einer Prinzessin obendrauf. Ob sie mir auch eine Erbse untergeschoben hat?
Da liege ich nun – mit fünf Kirgisen in einem Raum von vielleicht zwanzig Quadratmetern. Auf dem Boden, in einer Jurte auf 3000 Metern Höhe, in Kirgistan. Und bin selig. Ich bin die Prinzessin der ganzen Welt.

Der nächste Morgen hält eine kulinarische Überraschung für mich und mein Drehteam bereit. Guldana und die Männer sind schon früh vom Jurtencamp weiter östlich am See hierher gekommen. Die Armen haben bei vier Grad plus die ganze Nacht gefroren, weil kein Kuhdung für den Ofen mehr da war und sie gar nicht heizen konnten. Bei mir hingegen war es schön warm, und dank meiner Ohrstöpsel habe ich das hungrige Baby, den hustenden Opa, den vor dem Morgengrauen aufstehenden Vater, vor allem aber den Handy-Wecker, den die kleinen Schlingel aus der Nachbarjurte freundlicherweise auf zwei Uhr gestellt und in unserer Jurte versteckt hatten, kaum gehört. Ich bin topfit!

Und ich bin heute keine Anlern-Schwiegertochter mehr, sondern einfach nur Gast. Das Familienoberhaupt bittet Guldana und mich, rechts neben ihm Platz zu nehmen. Es gibt Brot, Konfitüre, heißen Milchtee und Stutenmilch. Dann reicht er uns feierlich etwas Glitschiges an, das er von einem größeren Stück abgeschnitten hat und das unfassbar nach Schaf riecht (bestimmt auch bis zu dem armen Ste, der mit dem filmenden Michael am Eingang zur Jurte steht. Unser Tonmann hatte mir vor der Reise verraten, dass er alles isst – nur beim Geruch von Schaf oder Hammel wird ihm sofort schlecht. Ungünstige Voraussetzungen für diesen Landstrich …).

Es ist ein Stück Fettschwanz vom gleichnamigen Schaf. Weiß und glatt wie Schwarte und bestimmt auch genauso unverdaulich. Aber ablehnen ist zwecklos.
Guldana raunt mir zu: »Ich kann das nicht essen«.
Ich erinnere sie daran, dass SIE die Kirgisin von uns beiden ist. »Das wird jetzt probiert, sonst ist es unhöflich.«
»Ja«, seufzt sie leise.
»Man muss immer alles probieren – hast du gesagt!«, weiß ich.
Und sie fügt hinzu: »Das ist so, sonst beleidigen wir ihn.«

Wir legen unsere Stücke auf Brot, streuen reichlich Salz drauf, und runter damit. Das Kauen fällt mir schwer, ich will das am liebsten so kurz wie möglich im Mund behalten. Für die Kirgisen ist es ein sehr wertvolles Stück vom Schaf, und es ist eine große Ehre, wenn man das angeboten bekommt. Es gibt nur einen Geschmack, der das noch toppen kann, aber dazu später mehr.
Das Frühstück wird wie alle Mahlzeiten mit einem kurzen Dankgebet und einer Art waschenden Geste beendet. Man hält sich die geöffneten Hände vor das Gesicht und streicht dann daran herunter. Ich mag diese Geste wahnsinnig gerne. Und ich mag meine Kirgisenfamilie, von der ich nun Abschied nehmen muss. Wir stehen vor der Jurte. Alle laufen noch einmal zusammen: die Großeltern, die Kinder, Nargiza und ihr Mann, die andere Schwiegertochter. Guldana macht ein Gruppenfoto, und dann liegen wir uns alle in den Armen. Es waren nur vierundzwanzig Stunden, aber für mich hat es sich angefühlt wie ein ganzer Sommer.

- 24 -

Der schlimmste Drehtag – das On/Off-Problem mit dem Auslöser

Reporterglück! Guldana hat herausgefunden, dass heute ein Ritual aus der Rubrik »Julias heimliche Wunschliste« stattfindet. Das »Fest der ersten Schritte« wird um den ersten Geburtstag eines Kindes herum veranstaltet und ist in Kirgistan eine Riesensache.
Wir sind noch immer am Song-Köl-See, aber zurück bei der Familie von Nurgul, die das Gästecamp betreibt. Nur noch zwei der anderen Jurten sind heute mit ausländischen Touristen belegt, den restlichen Platz braucht Nurguls Familie selbst. Von überall strömen Kirgisen in traditioneller Kleidung herbei. Die Frauen tragen lange bestickte Mantelkleider über ihren Hosen und bunte Kopftücher, die Männer laufen mit Jackett und hellen Filzhüten auf. Alle Füße stecken in schwarzen Gummistiefeln, in denen auch Platz für warme Innenschuhe bleibt. Das ist ungemein praktisch, weil ja die Jurte schuhlose Zone ist. Bei dem ständigen Rein und Raus muss es schnell gehen – da würden Schnürsenkel dieses Land lahmlegen.

In der Küchenjurte riecht es nach Schaf – da darf der Tonmann nicht zu nahe dran kommen, dann wird's ihm wieder schlecht. Und ich auch nicht, denn ich kann meins noch immer schmecken. Auf einer improvisierten Feuerstelle blubbert ein riesiger Topf mit

graumelierten Innereien. Es sieht aus, als ob jemand ein Schaf auf links gedreht und alles, was nicht niet- und nagelfest war, in diesen Topf hat purzeln lassen. Beim Rühren könnte man eine veterinärmedizinische Anatomievorlesung halten.
Weit appetitlichere Schüsseln mit Salaten, Früchten, Brot, Hefegebäck und Süßigkeiten stehen bereits in der Gästejurte. Aus einem Samowar zapft eine Schwiegertochter unablässig Tee in Schalen und gießt einen Schuss frisch gemolkene Kuhmilch dazu.

Vor dem Eingang der Gästejurte steht eine junge Frau mit einer goldenen Kanne. Bevor die Gäste eintreten, bekommen sie Wasser über die Hände gegossen und ein Handtuch gereicht.

Mehr und mehr Besuch trudelt ein, und schau her: Meine Schwiegereltern von gestern, denen ich nun ja wieder ausgebüchst bin, sind auch da! Wir winken uns fröhlich zu (und ich bin nicht unstolz, dass solche Celebrities uns begrüßen). Die Mutter der Kleinen, um die das ganze Bohei gemacht wird, läuft mit dem rosa bemützten Kind auf dem Arm zwischen den Gästen hin und her und wird beglückwünscht.

Nach dem Essen ziehen die Gäste in eine Jurte ohne Tische um, in der alle Erwachsenen auf Decken auf dem Boden sitzen (die Knie!). Jetzt beten sie für das Kind, singen und trinken auf sein Wohl (viel Wohl). Michael filmt vom Eingang aus, wir haben uns nämlich entschieden, draußen zu bleiben. Das hier, das spüren wir, ist nur für Einheimische.
Das Kindchen sitzt derweil in der Jurte nebenan zwischen Bergen von Geschenken. Gerade werden ihm von seiner Mutter mit einem geflochtenen zweifarbigen Wollband die Füße zusammen gebunden: Weiß und Schwarz stehen für das Helle und das Dunkle im Leben, denen das Kind fortan standhalten muss.

Dann kommt der Hauptteil der Zeremonie. Auf ein Kommando hin stellen sich alle Gäste hundert Meter entfernt auf der riesigen Weidefläche am See zusammen. Die Großelterngeneration, so um die sechzig, die Elterngeneration, Jugendliche, Kinder. Vor der Jurte wird das Kind mit den zusammen gebundenen Beinchen auf eine umgedrehte Wanne gestellt und von seiner Mutter festgehalten (es ist im Moment nicht übermäßig begeistert). Guldana hat uns schon erklärt, was passieren wird, und wir haben genau besprochen, wie wir das filmen wollen, denn die ganze Aktion wird nur einmal stattfinden. Die Gäste werden nach einem Startsignal auf das Kind zurasen (aus Kindesperspektive der Horror, vermute ich. Auf der anderen Seite: Wenn das Kleine schon ein paar Stutenmilch intus hat, dann ist es bestimmt ganz locker). Derjenige, der das Kind zuerst erreicht, darf ihm die Fesseln lösen und symbolisch die ersten Schritte im Leben mit ihm gehen. Das ist dann quasi der Pate.
Wir sind bereit, Michael und Ste halten sich jetzt ganz in der Nähe des Kindes parat. Es ist ein außerordentlich stressiger Moment, weil alles so unberechenbar ist, wir eben kein Team mit mehreren Kameras haben und das auf jeden Fall gut einfangen wollen. Ich weiß, dass ich mich auf Michael hundertprozentig verlassen kann, er ist mitten im Gewusel und wird alles aufnehmen. Da muss ich nicht noch in der Menge zwischen Kamera und Ton rumspringen und affige Kommandos geben. Was ich nicht weiß: Michael hat sich – eben weil er so sorgfältig ist – einen doppelten Boden geschaffen, der ihm ganz schlimm auf die Füße fallen wird. Und Murphys Gesetz schlägt gerade dann zu, wenn es wirklich richtig wehtut.

Da! Ein Schrei, die Menge rennt los, sie kommt näher, die Zuschauer rasten aus, es zeichnen sich schnell ein paar Favoriten ab, sie rennen, jetzt nur noch ein paar Schritte, die Menge grölt, ich knipse und jubiliere innerlich vor Freude, und HURRA! Jemand muss beim Kind angekommen sein (ich kann es nur ahnen, ich stehe zu weit

außerhalb, um es auch zu sehen). Es fliegen Bonbons durch die Luft, und das kleine (schockierte?) Mäuschen geht seine ersten Schritte an der Hand des Gewinners. Die Menge jubelt. Dann läuft – und das wusste auch Guldana nicht vorher – eine zweite Horde los und auf das Kind zu. Aha. Sie haben Frauen und Männer getrennt, wie beim Leichtathletikwettkampf. Als Drittes die Jugendlichen.
Ich brülle Michael zu: »Da kommen noch mehr«, und sehe, dass er gerade richtig Stress hat. Er filmt und filmt und bleibt ganz eng am Geschehen, auch als ein altes Auto mit laufender Musik heranfährt, Türen und die Heckklappe aufgerissen werden, und riesige Boxen zum Vorschein kommen. Der halbe See wird beschallt, die Erwachsenen beginnen, ausgelassen zu tanzen. Es ist wieder der kirgisische Hit »Kara Jorgo«, den wir schon gestern beim Abwasch von den Kindern vorgespielt bekommen haben. Nun tanzen alle den schwarzen Hengst.

Als sich die Menge schließlich wieder in die Essjurte zurückzieht, um Besch-Barmak zu essen (die Sternstunde des Schafs), beschließen wir, eine Pause zu machen und zu überlegen, ob wir alles haben und welche Bilder noch fehlen könnten. Michael ist grummelig und sagt, er braucht mal einen Moment, er hätte eventuell ein technisches Problem. Er zieht sich mit Ste in unsere Jurte zurück. Guldana und ich setzen uns auf eine Bank davor und genießen die Augustsonne, die vorsichtig zwischen den Wolken hervorlugt. Sie wärmt unsere Gesichter, denn es ist ganz schön kalt hier oben. Wir lassen die Geschehnisse Revue passieren, ich bin euphorisch, und Guldana beantwortet mir noch alle möglichen Fragen.

Nach einer Weile kommt Michael auf leisen Füßen und fragt, ob er mich mal sprechen könne. Ich sehe in seinem Gesicht, dass etwas Schlimmes passiert sein muss. Und noch etwas anderes, das aussieht wie ein schlechtes Gewissen.

Dann platzt es aus ihm heraus: »Die Kamera hat es nicht aufgenommen.« Ich schlucke. »Das Durchschneiden von den Fesseln, den ganzen Lauf. Also ICH hab's einfach nicht aufgenommen.«
Ich kann gar nichts sagen, weil das so ungefähr das Schlimmste ist, das uns passieren konnte. Michael erklärt geknickt, er habe – um sicherzugehen, dass er auch wirklich filmt, wenn es losgeht – den Auslöser schon viel früher gedrückt. Beim Warten auf den Startschuss. Und ALS es dann losging, hat er instinktiv NOCH MAL auf den Auslöser gedrückt – und damit das Filmen unterbrochen. Bemerkt hat er das erst, als der ganze Spuk vorbei und das Kind längst wieder auf dem Arm der Mutter war.
Ich gehe ein paar Schritte weg und beiße mir in den Arm. Und schlucke alles runter, was da hoch kommt. Frust, Ärger und das Gefühl: Es war alles umsonst und kann nicht wieder gut gemacht werden. Nie wieder! Mein Körper schaltet auf Notprogramm, so kann ich für eine ganze Weile ruhig bleiben und kühlen Kopf bewahren.

Wir schauen uns das gedrehte Material auf der Kamera an – nur kurz, um den Akku zu schonen, denn wir bekommen heute nicht noch mal Strom. Was mich rührt, ist, dass Michael das schon vor zwei Stunden bemerkt und trotzdem tapfer weitergefilmt hat, um den Drehtag in Würde zu Ende zu bringen. Was mich aber noch mehr rührt, ist, dass es ihm so leidtut. Sonst wäre ich jetzt wahrscheinlich stinksauer.
Da steht dieser große Kerl, ein Häufchen Elend auf Beinen, feuchte Augen und hängender Kopf. Meister im Self-Bashing. »Meine einzige Aufgabe ist es, gute Bilder zu machen. Wenn ich das nicht mache, was kann ich denn dann?«
Ich schlucke meinen eigenen Frust herunter und drücke ihn. »Hier passieren noch so viele tolle Sachen, die Filme werden auch ohne dieses Fest hier gut.« Ich hoffe, ich kaufe mir das auch irgendwann selbst ab. Denn eins ist klar: Ohne das Durchschneiden der Fesseln

und die ersten Schritte brauche ich das ganze Event nicht im Film zu erwähnen, denn das war ja der Höhepunkt, auf den sich alles zugespitzt hat.

(Seit diesem Tag führe ich verdeckte Ermittlungen zur Dunkelziffer der Betroffenen des von Kameraleuten so gefürchteten On-Off-Problems durch. Und ich erfahre, natürlich immer unter dem Siegel der Verschwiegenheit: Michael ist bei Weitem nicht der Erste, dem das passiert ist, und er wird auch nicht der Letzte bleiben. Es ist so eine Art Berufsrisiko.)

Guldana hat in ihrem Rucksack eine Flasche Wodka, für kalte Nächte und für Notfälle. Die hatte sie bereits in unserer ersten Nacht hier oben am See gezückt, als wir zu viert frierend unsere Bettchen in der Jurte aufgeschlagen haben und das ein bisschen befremdlich für uns Einzelzimmerdeutsche war. Nun holen wir die Flasche und stibitzen vier Tassen aus dem Küchenzelt. Und genehmigen uns einen. Drehschluss für heute. Auf die ersten Schritte des Kindes. Auf Auslöser-Gate. Gesundheit und Weltfrieden. Liebe und Trost für den Besten Kameramann Von Allen.
Und für uns.

- 25 -

Glauben ist alles!

Mittlerweile sind wir in Osch, der zweitgrößten Stadt in Kirgistan. Sie liegt in einer Senke, hinter der gen Süden die Berge steil ins Pamirgebirge ansteigen. Guldana erklimmt mit uns das Wahrzeichen der Stadt, den Heiligen Berg. Der hat lauter Stellen, an denen man zur Heilung oder zu ähnlichen Zwecken bestimmte Rituale vollführt: Das Wasser in der Höhle berühren, um schwanger zu werden, über diese Steine dort rutschen und Geldscheine an jene Stelle legen. Bringt alles Glück und Gesundheit. Es ist brüllend heiß und kein Wölkchen am Himmel zu sehen. Ich hab Kreislauf und Guldana holt sich einen Sonnenbrand. Hm.

Wir begegnen einer Schamanin bei der Arbeit. Ihre Klientin ist vom bösen Auge befallen und befreit sich davon in einem lautstarken Ritual in einer Höhle. Wir waren ebenfalls gerade auf dem Weg in die Höhle, aber die beiden Frauen haben uns am Eingang gnadenlos links überholt. Nun krabbeln sie nicht wieder heraus, und Guldana und ich sitzen am Eingang wie die Kaninchen vor der Schlange. Innen beginnt ein sonores Brummen, das in lautes Schreien übergeht. Die Frau ist offensichtlich mittlerweile in Trance, sie liegt auf dem Rücken und lässt animalische Laute aus ihrer Kehle in die Höhle hallen. Wir sind fasziniert und bleiben noch eine Weile wie gelähmt vor der Höhle hocken, aber irgendwann fragen wir uns, ob wir vielleicht den Energie-Fluss stören und ziehen zu einer anderen Heilstelle am Heiligen Berg weiter: eine natürliche Rutsche aus Stein, von der Natur geschliffen und durch unzählige rutschende Gläubige glatt poliert. Wir reihen uns ein und rutschen mit älteren Damen und blutjungen Eltern mit Baby auf dem Bauch, jeder kommt mal dran. Es ist wie im Schwimmbad bei den großen Wasserrutschen: Man steht eine ganze Weile an, ist endlich dran, rutscht wenige Sekunden und ruft innerlich: »Noch mal!« Am Ende der Rutsche ist eine Vertiefung im Stein. Da legt man Geld hinein, denn auch das soll Glück bringen (wem genau, bleibt offen).

Nach einigen Rutschpartien für das ganze Team (außer Kreislauf hab ich Rücken, und die anderen auch), sehen wir die Schamanin wieder, und Guldana fragt sie, was sie mit der Frau gemacht hat. Wir erfahren: Sie kann sehen, wenn jemand vom bösen Auge befallen ist. Die beiden Frauen reden eine ganze Weile nur kirgisisch, dann dreht sich Guldana zu mir und teilt mir mit: »Jetzt bist du dran!«
Wie, ich?
»Untersuchung!«, ruft Guldana.
»Ich will aber nicht mit ihr in die Höhle krabbeln!«
»Nein, nein, musst du auch nicht. Aber wir bekommen beide eine Untersuchung.«
»Und das hast du gerade für uns ausgemacht?«, frage ich zögernd.
»Ja«, antwortet Guldana vergnügt und stapft der Schamanin hinterher.

Wir hocken uns oberhalb der Heiligen Rutsche zwischen die Heiligen Felsen. Ich schätze die Schamanin auf Mitte fünfzig. Sie trägt ein hellblau geblümtes Kleid, darunter Leggings und flache Schuhe und hat ein weißes Kopftuch um Gesicht, Ohren und Hals gewickelt. Keine Federn, keine Bärenzähne, kein Tierfell. Die blufft

doch. Zwischen uns auf der Erde liegen allerdings ein paar kleinere Knochen.
Die Schamanin schaut in meine Hände und redet dann ganz ernst mit Guldana. Sofort rutscht mir das Herz in die Hose.
»Also körperlich bist du sehr gesund«, erleichtert mich Guldana nach einer Weile. »Nur im Herzen, da hört sie irgendein Geräusch.«
Na, das will ich doch hoffen, denke ich.
Guldana fährt fort: »Du hast vor irgendetwas Angst, immer.«
»Dug-dug-dug«, sagt die Schamanin zur Untermalung.
»Dug-dug-dug«, macht mein Herz dazu.

Die Schamanin bewegt die Perlen einer Holzkette in den Fingern und schaut mich an. Doch ich komme nicht dazu, sie (oder mich) zu fragen, wovor ich denn solche Angst habe, denn sie redet schon weiter (ich glaube, wir haben den Basistarif gebucht).
»Du hast keine schwarze Energie drin«, berichtet Guldana zufrieden.
Ach, schön. Das wiederum höre ich gern.
Die Heilige Frau bescheinigt uns beiden noch, gute Menschen zu sein. Darüber freuen wir uns so sehr, dass wir das umgehend mit einem kleinen Obolus in die Schamanenkasse bestätigen. Dann packt die Schamanin ihre Sachen in eine Plastiktüte und verabschiedet sich.
Mein Herz macht immer noch dug-dug-dug.

Für die Höhle haben wir jetzt keine Zeit mehr, denn wir sind eingeladen! Guldanas Onkel wohnt mit seiner vierköpfigen Familie in Osch, dem hat sie versprochen, vorbeizukommen, er möchte uns bekochen. In der Nähe von Osch in der Stadt Ösgön wächst Reis, der durch die Tonerde auf den Reisfeldern rot gefärbt ist und besonders gut schmecken soll. Onkel Akim hat ein eigenes Reisfeld, und ich darf ihm heute beim Verwandeln des berühmten roten Reises zu einem besonderen Gericht über die Schulter schauen, und mithelfen. Es gibt (oh Wunder): Plov. Und nun lüftet sich ein Geheimnis, über das wir nicht zu spekulieren gewagt hätten.

Der Onkel führt uns vom Haus durch den aprikosenbebaumten Garten zu einem hellblau gestrichenen Gebäude, an dem die Wand zum Garten fehlt. Es ist eine große überdachte Terrasse mit einer weiß gekachelten Außenküche. Unter Onkel Akims verschmitzten Augen schnippele ich in der Open-Air-Sommerküche seines Paradiesgartens Zwiebeln in kleine und Rindfleisch in große Stücke. Dazu schneide ich dicke gelbe Karotten in Streifen und ziehe einer Knolle Knoblauch das Fell über die Ohren (die bleibt am Stück). Dann legt mir Onkel Akims Frau Azima ein Stück glattes weißes Fleisch auf mein Brettchen, das verdächtig nach Streichelzoo riecht. Es ist Fettschwanz vom Fettschwanzschaf! Oh, du armer Tonmann. DAS ist die Basis zum Anbraten und die Erklärung, warum alles, ich betone ALLES IMMER nach Schaf schmeckt – selbst wenn es eigentlich Rind oder Huhn gibt.

Außer diesem Geheimnis erfahre ich aber vor allem, wie man Plov macht: Die Fettschwanzbröckchen werden in einem großen Wok ausgelassen und abgeschöpft (davon knuspert Onkel Akim das ein oder andere, und ich lehne dankend ab), im flüssigen Fett wird alles angebraten, danach werden Fleisch und Knoblauch außerhalb des Topfes zwischengeparkt. Der gewaschene rote Reis kommt in die Fettschwanz-Gemüse-Fleischbrühe und gart erst zwanzig Minuten ohne das Fleisch. Das wird später neben dem Knoblauch fein säuberlich auf dem Reisberg im Topf angeordnet. Hermetisch durch einen direkt auf dem Berg aufliegenden Deckel abgedeckt, gart der Plov dann eine gefühlte Ewigkeit auf dem Feuer.

In der Zeit machen wir einen frischen Salat aus Tomaten, Petersilie, Zwiebeln und Kräutern, und ich quatsche mit Onkel Akim und

Tante Azima. Nach dem Essen muss ich nach Abzug aller Bescheidenheit sagen: Mein erster Plov ist ein Traum.

Wunschzettel für zu Hause: entweder eine Außenküche mit Feuerstelle, wie sie hier alle haben (unrealistisch), oder einen Kasan – das ist ein Außen-Kochtopf mit mobiler Feuerstelle (weniger unrealistisch, aber wegen Brandschutz-Sorgen und Respekt vor den nachbarschaftlichen Geruchsorganen bisher noch nicht in die Tat umgesetzt).

Wunschzettel für diese Reise: dass die nächsten zwei Wochen in Tadschikistan genauso aufregend und schön werden wie die mit Guldana. Der Minibus bringt uns von Osch noch ins Pamirgebirge in den 2000-Seelen-Ort Sarytasch, dort nehmen wir schweren Herzens Abschied von Guldana und von Kirgistan.

Tadschikistan

GUT ZU WISSEN:

Magische (W)Orte, die kollektives Seufzen auslösen: Berg-Badachschan! Wachan-Korridor! Pamir-Highway!

Nationalgericht:
Oshi Palau. »Hmh, bo masa!« – »Hmh, lecker!«

- 26 -

Umleitung! Legendärer Roadtrip über den legendären Pamir-Highway, durch den legendären Wachan-Korridor mit einer (legendären) Tadschikin

Wir können Tadschikistan schon sehen, aber noch nicht hinein. Für zwei Tage sind wir im – für seine hohe Kriminalitätsrate berüchtigten – Sarytasch auf uns gestellt. Auf über 3000 Metern am Knotenpunkt zwischen dem Pamir-Highway nach Tadschikistan und der Seidenstraße nach China. Leuchtend grüne Ebenen und Hänge, dahinter die schneeweißen Bergketten – die Landschaft hier oben ist berückend schön.

Guldana hat uns eingeschärft, das Gästehaus nicht zu verlassen und vor allem nicht in den örtlichen Supermarkt zu gehen. Schon gar nicht mit Kamera! Angeblich sind hier schon Reisende bis aufs Hemd ausgeraubt worden, inklusive Campingkocher und Tourenrad. Die Bewohner von Sarytasch sind bettelarm. Der Ort liegt an der Drogenroute zwischen Afghanistan und dem Rest der Welt. Auch ein Grund, warum man hier besser nicht mit Kameraequipment hausieren geht und neugierige Fragen stellt.

Guldana musste nach Hause, weil ihr kleiner Sohn in Bischkek ein Jahr alt wird und das Fest seiner ersten Schritte natürlich nicht ohne die Mama stattfinden soll. Unsere tadschikische Reisebegleitung

Suhro wiederum ist zwar bereits mit einem Minibus samt Fahrer aus der Hauptstadt Duschanbe auf dem Weg, musste aber wegen einer Überschwemmung auf dem Pamir-Highway eine andere Strecke wählen. Deshalb verspätet sie sich um einen ganzen Tag. Wir haben kurz und mit schlechter Verbindung telefoniert. Sie warnte mich vor, außerhalb von Sarytasch gäbe es keinen Empfang mehr. Übermorgen um elf Uhr sind wir am Grenzposten verabredet. Ohne Handy. So wie früher.

Weil es zeitlich gut passt und weil ich den Temperaturabfall um zwanzig Grad zwischen Osch und dem Hochgebirge nicht gut weggesteckt habe, werde ich krank. Mit dicker Jacke, Schal, Mütze und drei dicken Decken rolle ich mich auf der Bodenmatte in meinem Zimmer zusammen (Betten gibt es nicht) und dämmere vor mich hin, während die Jungs ihre Technik sortieren und leise *Depeche Mode* hören. Unsere warmherzige Herbergsmutter Nazgul versorgt uns alle paar Stunden mit heißem Essen, Gebäck und Tee.

Wir wohnen auf dem Hof einer kirgisischen Familie, die auf Durchgangstouristen (die ohne Drogen) aus Tadschikistan und China ausgerichtet ist. In den 6 großen Zimmern unseres Gästehauses könnte man locker 14 bis 20 Mann unterbringen. Die Familie wohnt im Haus gegenüber. Dazwischen, in der Mitte des Hofes, steht ein kleiner gemauerter Bau mit zwei nebeneinander liegenden Kabinen und zwei Löchern im Boden: die Toiletten. Neben der Treppe zu unserem Hauseingang steht eine Art mobiles Gästebad: eine blecherne Kommode mit einem Waschbecken vorne dran. In eine Klappe oben wird (meistens heißes) Wasser gegossen, das unten aus dem Hahn wieder heraus kommt. Eins a für Katzenwäsche, aber früh morgens eine echte Überwindung, weil man bei zwei Grad plus ungern mehr als zwanzig Quadratzentimeter Gesicht freilegt.

Wer duschen möchte, muss dafür ins Dorf. Da gibt es eine öffentliche »Banya«, die jeder Einwohner einmal die Woche nach einem Benutzungsplan besuchen darf. In der mit Holz beheizten, baufälligen

Dampfsauna übergießt man sich zusammen mit anderen mit Kellen aus einem Eimer mit heißem Wasser und schrubbt, dass es für eine Woche hält. Mal sind die Frauen und Kinder dran, mal die Männer. Da ich krank bin, falle ich für solche Abenteuer aus, aber Michael und Ste versuchen ihr Glück – und kommen sauber und vergnügt zurück. Sie werden auch nicht ausgeraubt.

Am übernächsten Morgen bin ich einigermaßen wiederhergestellt, und ein noch von Guldana organisierter Fahrer bringt uns in einem Kombi zur Grenze. Wir kalkulieren zwei Stunden für die letzten 45 Kilometer ins Gebirge. Die Straße führt 1200 Höhenmeter stetig bergauf, das viel zu volle Auto knattert und stöhnt. Wir kommen an einer Yakherde vorbei und passieren die kirgisische Grenze. Nun sind wir im Niemandsland, durch grüne Bergsteppe führt die Piste auf eine strahlend weiße Gebirgskette zu. Dann ändert sich die Landschaft. Kein Baum, kein Strauch mehr, rundherum nur noch Gletschergeröll und Schotter. Kurz vor dem tadschikischen Grenzposten liegt auf 4282 Metern der höchste Punkt des Passes. Hier begrüßen uns auf einer Säule ein stolzer Steinbock und eine Skulptur mit kyrillischen Buchstaben: »Tadschikistan«. Wow.
Die Luft ist so dünn, dass wir kurzatmig werden. Alles ist plötzlich extrem anstrengend. Der Fahrer spuckt uns und unser Gepäck vor dem Schlagbaum aus, steckt freudig sein Honorar in die Hosentasche, wünscht uns alles Gute und braust wieder bergab Richtung Norden. Wir schleppen unsere Siebensachen zu Fuß am Schlagbaum vorbei und werden von zwei jungen Tadschiken in Tarn-Uniform, Springerstiefeln und handgestrickten Wollmützen in Empfang genommen.

Nachdem die Einreise abgestempelt ist, sitze ich auf dem Gepäckberg und wundere mich. Denn wer nicht da ist, ist Suhro. Für den Bruchteil einer Sekunde frage ich mich, was wohl passiert, wenn sie

uns aus irgendeinem Grund überhaupt nicht abholen kommt. Es ist jetzt halb zwölf. Mein Handy hat tatsächlich keinen Empfang. Kein einziges Strichlein. Tief im Rucksack ist ein Satellitentelefon für Notfälle. Ist das schon einer? Wir warten noch.
Ein Minibus kommt, und wir springen auf. Es sind jedoch nur ein paar Backpacker, die da herkommen, wo wir hinwollen. Eine ziemlich gebeutelt aussehende junge Frau hängt schlapp auf ihrem Sitz und sagt: »Passt auf, was ihr esst! Besteht darauf, kein Baumwollöl serviert zu bekommen! Und deckt euch, sobald ihr könnt, mit Wasserflaschen ein. Wegen der Überschwemmung gibt es im Wachan-Korridor nur noch Cola und Bier (gut – das werden meine Kollegen jetzt als weniger dramatisch einstufen), wir waren alle magenkrank!«
Okay – jetzt habe ich Respekt bekommen.

Es wird zwölf. Keine Suhro. Ich überlege mir schon, ob wir in der Mini-Kaserne der Wachposten übernachten könnten. Dann koche ich für alle Plov, und wir spielen zusammen Karten.
Um viertel nach zwölf brettert ein schwarzer Bus heran, und schon von Weitem sehen wir, dass der ganze Beifahrersitz winkt. Das ist sie: Suhro aus Duschanbe, der wir die nächsten zwei Wochen an den Fersen hängen werden. Sie springt aus dem Auto und fällt mir um den Hals – wir haben schon geskypt und sind uns nicht mehr ganz fremd. Wir reden beide gleichzeitig los – in den nächsten Tagen werde ich lernen, dass die wunderbar aufgekratzte Suhro immer gleichzeitig mit einem redet …
Suhro hat eine Schirmmütze auf und darunter einen schwarzen Pferdeschwanz. Enge Jeans und Kapuzenjacke. Ganz lange angeklebte Wimpern (da waren uns die Tadschikinnen mal ordentlich voraus, Ladies!) und silbernen Lidschatten, richtig *disco* sieht sie aus. Der von ihr organisierte Fahrer heißt Komil, ist vierundzwanzig Jahre alt und steigt gerade in das Fahrdienst-Geschäft seines Vaters ein

(hoffentlich kann der was am Lenkrad!). Er trägt einen dunkelblauen Trainingsanzug und spricht nur tadschikisch. Suhro hat ein Jahr in Deutschland studiert und arbeitet als Deutschlehrerin. Wir packen unsere Sachen zu dem – ziemlich umfangreichen – schon vorhandenen Gepäck in den Kofferraum: Im Gegensatz zu Guldanas Minirucksack hat unsere Tadschikin einen Maxikoffer dabei. Ich bin außerordentlich gespannt, was aus dem alles zum Vorschein kommt.

Wir fahren durch die autonome Provinz Berg-Badachschan, und außer uns ist hier weit und breit keine Menschenseele. Eine einzige, baufällige Straße führt durch die Hochgebirgswüste bis zum Horizont, der von roten Bergen mit weißen Gipfeln gesäumt ist. Statt in Tadschikistan könnte die zweithöchste Bergstraße der Welt auch auf dem Mond liegen. Der Pamir-Highway verbindet die kirgisische Stadt Osch mit der tadschikischen Hauptstadt Duschanbe und gilt als Traum aller Biker, aber auch als Opium- und Heroinroute von und nach Afghanistan. Parallel zur Straße verläuft links von uns ein langer Zaun – die Grenze zu China. Teilweise ist das Land vermint, doch das hält Michael nicht davon ab, Komil kurz zu bitten, anzuhalten, und mit der Kamera querfeldein zu springen.

»Ich hab da was gesehen, geht ganz schnell, brauch keinen Ton«, ruft er noch, und als er später wieder im Auto sitzt, grinst er spitzbübisch. »Ich war in China und DU nicht!«, freut er sich – wieder ein Vorsprung in unserem seit Jahren andauernden kleinen Wettbewerb, wer mehr Länder betreten hat. Na warte.
Auf dem Ak-Baital-Pass dokumentieren wir unser aller persönlichen Höhenrekord: 4655 Meter! Hier ist jetzt wirklich ganz dünne Luft und man hat einen Mordspuls. Es ist ein Wunder, dass das Auto noch nicht stehen geblieben ist, und als ich das denke, bleibt es auch schon stehen. (Hatte Mischa in Russland recht? Bin ich doch eine Hexe?) Komil glänzt bei seinem ersten Einsatz unter der

Motorhaube, derweil wir am Straßenrand eine von Suhro mitgebrachte Wassermelone anschneiden und hoffen, dass er nicht zu lange braucht.

Ich habe mit Suhro eine grobe Route ausgemacht, aber durch die Überschwemmung ist ein Teil des Pamir-Highway unpassierbar. Wir müssen einen tagelangen Umweg in Kauf nehmen und hoffen, die verlorene Reisezeit irgendwie wieder aufzuholen. Wir fahren weit Richtung Süden bis zum Ufer des Pandsch. Auf der anderen Seite des Flusses liegt Afghanistan. Die dortige afghanische Provinz Badachschan bildete früher mit dem tadschikischen Berg-Badachschan ein zusammenhängendes Gebiet (mit dem Fluss in der Mitte), dessen Bewohner zu einer ethnischen Gruppe mit mehreren Clans gehörten. Sie wurden auseinander gerissen, nachdem sich die Russen von Norden und die Kolonial-Briten von Süden her im »Great Game« im 19. Jahrhundert gegenseitig auf die Pelle gerückt waren und – ohne Sieger – um die Vorherrschaft in diesem Gebiet gekämpft hatten. Der anschließende Kompromiss bestand in einer Pufferzone, die keiner der beiden Weltmächte gehören sollte: ein schmaler (afghanischer) Streifen Land zwischen dem (von Russland einkassierten) Tadschikistan und dem (von den Briten einkassierten) Pakistan, genannt Wachan-Korridor.
Und in dem stehen wir jetzt ungeplantermaßen. Uns gegenüber: der Hindukusch. Eben noch in den Nachrichten, jetzt direkt vor meiner Nase. Surreal.

Wir sind aus dem Häuschen und filmen, aber Suhro wird nervös: Die Straße, auf der wir unterwegs sind, ist einspurig, und man muss zwingend bis zum frühen Abend durch sein, wenn man in unsere Richtung fährt. Mit dem Einbruch der Dunkelheit kommen nämlich die Dulans angedonnert – riesige LKW auf der alten Seidenstraße Richtung Osten. Da die a) stärker und b) mehr sind, ist in unsere

Richtung dann kein Durchkommen mehr – man übernachtet im Auto am Straßenrand.

Aber Julia hört nicht, trödelt zu lange, und an einer steilen Doppelkurve bekommt sie die Quittung. Eine unendlich lange Kette von dicken Lastern wälzt sich uns entgegen. Mist. Wir steigen aus und verschaffen uns einen Überblick. Unser Fahrer ist viel zu schüchtern und möchte die Brummifahrer, die hier bergauf im Stau stehen (nicht alle bewältigen die steilen Kurven mit ihren Anhängern beim ersten Anlauf), nicht so recht darum bitten, ein bisschen zu rangieren, um uns mal eben durchzulassen. Die Jugend von heute. Kein Biss.
Ich sehe schon, da müssen die Frauen ran.
Suhro trägt heute eine traditionelle tadschikische Kluft. (Bis jetzt hat sie jeden Tag etwas anderes angehabt, obwohl ich sie inständig gebeten habe, das nicht zu tun, weil ich dann so schlecht schneiden und verschiedene Filmteile zusammenbasteln kann. Sie hingegen besteht darauf, den deutschen Zuschauern möglichst viel der tadschikischen Kultur zu zeigen, und nimmt dieses Vorhaben sehr ernst.) Heute also sehen wir sie in einem schmal geschnittenen, knielangen Oberteil aus schwarz-pink-weiß gemustertem Glanzstoff, darunter – aus dem gleichen Stoff – eine schmale lange Hose und Ballerinas. Und jetzt kommt's: AUS DEM GLEICHEN STOFF auch noch die passende Handtasche (what a fashionista)! Ich dagegen: Outdoorhose – schon vier Tage an –, Baumwollhemd und Fleecejacke. (Reden wir einfach nicht drüber.) Suhro schlenkert mit der Handtasche auf den Lasterfahrer zu, den wir becircen müssen. Ziel: Er soll seinen Brummi wieder ein Stück abwärts rollen und uns durch lassen. Nur so können wir noch eine Unterkunft erreichen. Suhro macht das supercharmant, redet und schlägt die Augen mit diesen unglaublichen Wimpern auf, und schon rollt der Laster rückwärts. Nacht gerettet. Klamottentechnisch will ich NICHTS gesagt haben.

- 27 -

»Ziehzeit« – oder wie man in Tadschikistan anständig Tee macht

Wir übernachten im Dorf Yamg im Gasthaus der Familie von Aydar Malikmamadov, dessen Vorfahren schon vor sechshundert Jahren am Pandsch lebten. Die Familienmitglieder lächeln uns an, und auch wenn sie nicht mit uns sprechen können, sind sie extrem gastfreundlich.
Viele Berg-Badachschaner haben schmale Gesichter, gleichmäßige Wangenknochen und Kinnbogen, wunderschön geschwungene Augenbrauen mit tiefgründig-warmen hellbraunen oder grünblauen Augen. Anders als in Kirgistan sieht man hier kaum noch asiatische Gesichter. Die Bergbewohner sind schlank und haben die Ausstrahlung von jemandem, der gerade von einer langen, schönen Wanderung kommt: vollgepumpt mit Sauerstoff, gelöst und zufrieden (obwohl sie definitiv keine Zeit zum Wandern haben, sondern hart arbeiten müssen). Ich finde die Menschen im Pamir naturbelassen und wunderschön.

Aydars Haus ist um einen Garten mit Aprikosenbäumen, bunten Blumen und einer kleinen Wasserstelle herum gebaut. Die Wände sind wasserblau gegipst, alles ist bewachsen. Es gibt einen gesonderten Gästeflügel mit einem Fensterflur zum Garten, vier Zim-

mern mit je zwei Betten (!), einer Dusche mit heißem Wasser (!!) und einem westlichen Klo (!!!). So viel Luxus sind wir gar nicht mehr gewohnt. Vom Garten aus sieht man über die hellblaue Mauer rüber auf den Hindukusch. Es treibt mir die Tränen in die Augen, und ich fühle mich sofort pudelwohl in diesem Haus.
Das Familienoberhaupt bittet uns zum Abendessen, und wir kommen extra schick. Fürs Protokoll: Suhro trägt ein weißes tadschikisches Kleid mit pinkfarbenen, gelben und grünen Ornamenten und dazu eine flaschengrüne Hose. Ich mal wieder Outdoorhose und (frisches) Baumwollhemd. Aber: Haare gewaschen (dank der heißen Dusche).

Das Erste, was ich heute lerne, ist, dass hier immer, also wirklich permanent den ganzen Tag über, Tee getrunken wird. Aber nix Kräutertee, nein. Man darf zwischen grünem und schwarzem Tee wählen. Das Geheimnis, warum hier überhaupt jemals einer schläft, liegt in der Art der Zubereitung: Der Tee wird einmal aufgebrüht und später immer wieder mit neuem kochenden Wasser verdünnt (nennen wir es das tadschikisch-homöopathische Prinzip).
Ich wähle Schwarz, und Aydar brüht eine Kanne am Tisch auf. Er schenkt Tee in meine Tasse, aber dann gibt er sie mir nicht, sondern gießt sie wieder zurück in die Kanne.
War was?
Er schenkt wieder ein, schwenkt die Tasse.
Jetzt aber.
Nee, wieder nicht. Der Tee wandert zurück.
Und ja, er schenkt wieder neu ein.
Ich lehne mich zurück – das kann ja noch ein Weilchen so gehen, aber nein: JETZT reicht er mir die Tasse!

Ich frage Suhro, was es mit dem Tee-wieder-zurück-Gießen auf sich hat. »Das ist Ziehzeit«, ist ihre wörtliche und in meinen Augen unzureichende Antwort, sie lässt mich nämlich völlig ratlos zurück. Geht es a) um die Zeit, die verstreicht, wenn man dreimal hin und her schüttet? Oder b) um die Teeblätter, die noch mal ordentlich durchgemischt werden? Oder c) darum, den Tee abzukühlen, damit sich das Kindchen nicht verbrennt (wie es meine Mutter früher gemacht hat)? Leider werde ich diese Tradition nicht ergründen, denn auch beim Nachfragen in den kommenden Tagen und Wochen erhalte ich immer wieder dieselbe lapidare Antwort: »Ziehzeit«. Was ich aber verraten kann: Es machen alle so. Immer.

Es gibt etwas Besonderes zu essen, lässt Aydar Suhro übersetzen. Oshi Palau heißt es – das tadschikische Nationalgericht. Als es serviert wird, habe ich sofort einen Verdacht, was das sein könnte, und beim Probieren bestätigt es sich. Ja, ganz eindeutig. Es ist Plov! Heute ist der Reis mit Erbsen, Möhren und Rosinen versetzt. Pilaf, Palau, Plov – merke: Wann immer ein Essen nach »pliff«, »plaff« oder »ploff« klingt, könnte dahinter ein zentralasiatisches Nationalgericht auf Reisbasis stecken – und verdammt lecker schmecken. Also immer »Hier!« schreien!

Leider speist Aydar alleine mit uns – ich hatte ja gehofft, die gesamte Familie zu sehen. Aber die Frauen kochen und essen in der Küche auf dem Boden, und die Kinder wuseln auch dort herum, wo ihre Mütter sind, und nicht bei den Fremden. Der Hausherr wartet allerdings mit zwei außerordentlich gut aussehenden jungen Männern Mitte zwanzig auf, die hereinschleichen und sich fast unbemerkt am Rand des Raumes auf ein Podest hocken: seine jüngsten Söhne. Aydar hat zwei Töchter, vier Söhne und zwei Schwiegertöchter. Die beiden Augenpralinchen im Hintergrund sollen auch bald heiraten. Der Vater hat allerdings darauf bestanden, dass sie zuerst fertig studieren müssen, bevor sie sich dem Thema Familie widmen. Meine Frage, ob Aydar die Bräute für seine Söhne aussucht, verneint er vehement … um zehn Sekunden später einzuräumen, dass er natürlich Tipps und väterliche Hilfestellung bei der Auswahl der geeigneten Ehefrau gibt. Verstehe.

Über Suhros Stille-Post-Übersetzungs-Funktion verhöre ich die Söhne, ob ihr Vater denn streng ist, und sie nicken beide und lächeln wissend. Komischerweise regt sich in mir kein Fünkchen von Auflehnung. Es mag altmodisch klingen, aber irgendwie kommt es mir vor, als sei hier in dieser Familie alles in einer funktionierenden, archaischen Grundordnung, in der jeder einen guten Platz hat. Mögen seine Söhne ihm wundervolle Schwiegertöchter ins Haus bringen und gesunde Enkel on top. Und möge mir die Frauenbewegung diesen einen reaktionären Joker zugestehen.

Nach dem Essen gibt es Musik. Einer der Brüder schnappt sich seine Rubab (eine Laute), der andere schlägt mit den Fingern und Handflächen einen Rhythmus auf einer mit Fell bespannten Rahmentrommel. Nacheinander tippeln lauter Kinder in weißer Tracht in den Raum, der Kleinste zwei Jahre alt, die Älteste neunzehn. Die Mädchen tragen knielange Gewänder mit besticktem Brustbesatz über einer schmalen Hose und haben ihre langen Haare zu Zöpfen geflochten. Die Jungen tragen bestickte Samtwesten. Alle haben eine runde Kopfbedeckung und handgestrickte, stiefelhohe Strümpfe. Sie setzen sich perfekt nach Größe sortiert nebeneinander auf die Stufe gegenüber, und wir bekommen eine exklusive Folklore-Vorstellung. Nacheinander singen und tanzen sie, mal alleine, mal gemeinsam. Und erzählen dabei Geschichten. Zwei Achtjährige spielen ein Ehepaar: Der Junge hat ein Schafsfell umgelegt und kommt nach Hause, das Mädchen gießt ihm Tee ein, er trinkt und übergibt ihr so etwas wie einen Hirtenstab. Abwechselnd singen sie ihre Strophen über das Leben in Badachschan, in den Bergen. Die Kinder tanzen mit einer solchen Hingabe, dass es herzzerreißend schön ist und kein bisschen touridoof. Am Ende tanzen alle, und eins der älteren Mädchen lädt Suhro und mich ein mitzumachen.

Im Eingang haben sich Aydars Frau – die Großmutter der Familie –, ein Sohn, zwei Schwiegertöchter mit Babys auf der Hüfte und weitere, nicht zuzuordnende Kleinkinder versammelt. Sie sehen uns zu, wippen mit und lächeln. Drei Kleinkinder halten ihre Arme würdevoll zur Seite, drehen anmutig ihre kleinen Hände, und verlagern im Rhythmus das Gewicht von einem Bein auf die Fußspitze des anderen und wieder zurück. Es ist ein absolut berückendes Erlebnis für mich. Auch heute schwöre ich mal wieder: Eines Tages möchte ich zurückkommen, in den hintersten Zipfel der Welt – abgelegen, ursprünglich und frei von allem digitalen Quatsch. Und einfach 'ne Weile bleiben (wenn sie mich lassen).
Aber erst mal: tanze ich noch ein bisschen.

- 28 -

Fünfhundert Kilometer Herzklopfen

Den Umweg aufgrund der Überschwemmung auf dem Pamir-Highway hat uns der Himmel geschickt. Tagelang fahren wir am Pandsch entlang und zeichnen dabei mit dem Auto die tadschikische Außengrenze nach. Links von uns am anderen Ufer liegt Afghanistan. Meine Nase am Fenster ist plattgedrückt und immer wieder halten wir an, weil wir glauben, schöner und aufregender kann es nicht werden. Ich könnte einen *Director's Cut* nur über diese Fahrt machen: Landschaft gucken und selig über die alte Seidenstraße holpern.
Im Wachan-Korridor ist der Fluss noch breit und franst am Ufer großzügig aus. Grüne und gelbe Felder sehen nach heiler Welt aus, das Getreide wartet auf seine Ernte. Auf einer Insel im Fluss entdecken wir zwei grasende Kühe und fragen uns: Wie kommen die dahin? Und wie wieder weg? Sind das afghanische oder tadschikische Kühe?

Die Straße verläuft auf gleichem Niveau wie das Wasser, doch am westlichen Ende des Wachan-Korridors biegt der Fluss nach Norden ab und wir mit ihm. Die Straße steigt an, und ab sofort fahren wir eine Etage über dem rauschenden Wasser die Schlucht entlang. Nichts für schwache Nerven. Wir sehen Mahnmale am Straßenrand – mit Plastikblumen und gerahmten Fotos der Fahrer, die auf

dieser Straße verunglückt sind. Platz für Gegenverkehr gibt es hier nicht. Für Langeweile auch nicht.
Auf der anderen Flussseite sehe ich afghanische Frauen und Männer einem in den Felsen gehauenen Weg folgen. Eine trägt eine Burka, eine andere balanciert ein rundes Paket auf dem Kopf. Wahrscheinlich Weizen oder Mehl, denn gerade ist Erntezeit. Ein Mofa braust an ihr vorbei, für ein Auto wäre dort kein Platz.
Wir wurden gewarnt, dass Filmen in der Grenzregion nicht gut ankomme, vor allem nicht auf afghanischer Seite. Wir sollen die Kamera unbedingt verschwinden lassen, wenn wir Uniformierte sehen (nach der Festnahme in Russland lasse ich mir das auch bestimmt nicht zweimal sagen). Dennoch halten wir wieder und wieder an und nehmen auf, was wir sehen. Es ist zu schön, zu besonders. Ich fühle mich beschenkt von meinem Job und diesen Eindrücken.

Plötzlich gibt es gegenüber eine Explosion. Dann stürzen Felsbrocken in den Fluss. Michael bedeutet dem Fahrer mit einer Hand anzuhalten und sagt leise: »Stop.« Dann nochmal lauter: »STOP!« Der Fahrer bremst widerwillig, beschwert sich bei Suhro, und sie beschwört uns, nicht auszusteigen. Nachdem wir aber entdeckt haben, wo die Explosion herkommt, steigen wir NATÜRLICH aus: Drüben wird ein Weg in den kargen Felsen gesprengt. Alles im grünen Bereich.

Weiter flussabwärts entdecken wir – auch auf der afghanischen Seite – eine Ansammlung von terrassenartig angeordneten Lehmhäusern am Hang. Auf den flachen Dächern breiten die Bewohner Haufen von Getreide zum Trocknen aus, und lange, bunt behängte Wäscheleinen baumeln wie Lichterketten zwischen den Häusern. Frauen schrubben große Teppiche auf den Felsen am Flussufer. Unter einem Olivenbaum mit ausladender Krone machen Arbeiter in hellen Gewändern Pause. Ich glaube, es sind die Männer vom

Straßenbautrupp, die mit der Explosion. Im Schatten des Baumes haben sie eine Decke ausgebreitet, von hier aus erkennt man darauf gelbe Wasserkanister und Pakete, wahrscheinlich mit Essen. Michael zoomt ran, und ich hüpfe hinter ihm von einem Bein auf das andere, weil ich auch mal durch den Sucher schauen will. Suhro bittet uns, nicht lange zu bleiben. Der Fahrer redet auf Tadschikisch auf sie ein. Er ist nervös und will weiter, hier sei es viel zu gefährlich, nörgelt er.
Da entdeckt uns einer der Männer von gegenüber. Er zeigt auf uns, sagt etwas zu den anderen, und dann schauen alle zu uns rüber.
Ich winke.
Und dann: winken sie zurück! Sie winken und lachen, und wir rudern fröhlich und wild mit den Armen. Sie zeigen auf ihr Picknick und gestikulieren »essen« und so etwas wie »rüberkommen«. (Und erschießen uns nicht. Ha!) Es ist ein Moment, in dem es weder Grenzen, Ideologien noch politische Machtspiele gibt. Nur normale Menschen. Den Gedanken an ein gemeinsames Picknick. Und Frieden.
Auch auf unserer Seite ist heute Teppichwaschtag. Mitten auf der Straße hat eine Frau einen großen handgeknüpften Teppich ausgebreitet, den sie mit Eimern voller Seifenlauge übergießt und dann mit einer Handbürste schrubbt. Ein kleineres Mädchen überwacht das Ganze von einem umgedrehten Putzeimer aus. Ein Auto fährt durch die Pfütze, die sich neben dem Teppich gebildet hat, das schmutzige Wasser spritzt wieder auf den Teppich. Die Frau schrubbt unbeeindruckt weiter.

Wir kommen an einem Feld vorbei, auf dem eine ganze Familie mit einem kleinen Traktor und einer uralten Dreschmaschine Weizen erntet und gleich verarbeitet. Drei Generationen sind auf dem Acker zugange und lassen sich von Michael und Ste filmen, dann bieten sie ihnen etwas von ihrem Essen an.

Etwas weiter nördlich sitzen vier Kinder am Straßenrand und behüten einen Blecheimer voll mit Birnen. Suhro ist mit dem Fahrer in eine Diskussion verwickelt, und ich beschließe: Birnen kaufen kann ich alleine. Ich frage in astreinem Tadschikisch, was sie kosten, und bekomme eine Antwort, die ich nicht verstehe: »Bisd.« Ich kann nur bis drei zählen, das ist jetzt blöd. Sie zeigen den Preis mit den Händen, den verstehe ich auch nicht und male ein Angebot in den Sand. Der Junge schimpft fröhlich los wie ein Händler auf dem Basar. Okay, okay – hab nicht nachgedacht, bitte nicht schimpfen. Ich erhöhe von »5« auf »12«, doch die Kids lachen und schütteln den Kopf. Haben aber genauso viel Spaß an der Nummer wie ich. Jetzt reiche ich meinen Mal-Stein an den Jungen, und er schreibt: »20«.
WAS! ZWANZIG?
Das ist mein erster Reflex. Weil wir hier handeln.
Doch dann rechne ich. Zwanzig Somoni sind umgerechnet knapp drei Euro - ein echt akzeptabler Preis und für die Kinder viel Geld. Ich schlage ein und gebe ihnen einen Schein. Sie füllen die Birnen in eine Plastiktüte um, und wir bedanken uns alle ordentlich. Dann winken sie noch mal und rennen jubelnd durch das hellblaue Tor, aus dem wie aus einem Bienenstock zwischendurch noch mehr Kinder herausgeströmt sind. Durch die geöffneten Holzflügel in der hohen Mauer sehe ich Bäume und eine Frau, die von den stolzen Kindern das Geld präsentiert bekommt.
Als ich wieder am Auto bin, reiten zwei Jungen auf einem mit Säcken beladenen Esel an uns vorbei, der hintere Junge sitzt rückwärts im Sattel (das hat Michael in Georgien nicht so gut hingekriegt). Sie geben ein urkomisches Bild ab, der vordere winkt fröhlich, doch der hintere hält sich die Hände vor das Gesicht und brüllt: »Oh nein, nicht filmen! Ich sitze doch auf einem ESEL, das ist peinlich!«

Es sind diese kleinen und vermeintlich unbedeutenden Begegnungen – an der Straße, im Laden, auf dem Feld, von mir aus auf der anderen Flussseite –, die mir permanent das Herz aufgehen lassen. Hier ist das Leben unverfälscht und wesentlich, es ist noch rein von Schischi und Äußerlichkeiten.

Tadschikistan macht etwas mit mir, das bis heute nicht zu verblassen vermag. Es verschiebt ganz tief drinnen meinen Wahrnehmungs-Werkzeugkasten, schichtet um, schafft Platz, verändert Wichtigkeiten. Es lacht mich aus – aber auf eine gute und liebevolle Weise. Mich macht es demütig, Menschen zu sehen, die mit so wenig Besitz so viel Reichtum schaffen. Inneren Reichtum. Vierzig Tadschiken, so geht ein Sprichwort, teilen sich eine Rosine.
Es ist vor allem dieses bitterarme Land, das meine Motivation, Reisegeschichten zu erzählen, auf eine neue Stufe hebt. Ich WILL davon erzählen. Das Lustige und das Berührende, die Anekdote und die reine Beobachtung – beide Seiten sind mir wichtig, und beide möchte ich in eine Form gießen. Wenn sich nur ein Fünkchen Seligkeit und Demut davon überträgt, dann bin ich nicht nur froh – dann habe ich auch einen guten Job gemacht.

- 29 -

Eine Hochzeit, und der Gast bekommt die Geschenke

Nach tagelanger Fahrt verlassen wir Berg-Badachschan und erreichen die Region Kulob. Suhro will hier einen ehemaligen Deutsch-Schüler, Fathullo, auf dem Hof seiner Eltern besuchen und erfährt, dass in seinem Dorf heute (Achtung, Wunschliste!) eine Hochzeit stattfindet. Die Feierlichkeiten haben schon angefangen, und wenn wir uns beeilen, erleben wir noch etwas davon.
Fathullos Mutter Hakima führt uns eine Außentreppe hinauf ins Haus und zeigt uns, wo wir unsere Rucksäcke lassen können. Es gibt je einen Schlafraum für die Frauen und einen für die Männer. Das Mädchenzimmer ist mit Teppichen ausgelegt, das einzige Möbelstück ist eine Schrankwand. Der gegenüber lehnen die Betten – Berge von zusammengeklappten Matten, die abends ausgerollt werden. Auch in Tadschikistan schläft man auf dem Boden.

Aus den Tiefen meines Rucksacks habe ich ein Kleid und Sandalen hervorgeholt, aber das erlaube ich mir nur dann anzuziehen, wenn ich dessen auch würdig bin. Hakima ist meine Frage nach der Dusche sichtlich unangenehm, und sie beteuert, dass sie in ihrer Stadtwohnung ein richtiges Bad habe. Sie führt mich in eine rosa verputzte Nasszelle. In der Ecke auf dem Fußboden sind ein paar Steine angehäuft, darauf liegt eine Heizspirale. Im Hof wird ein Metalleimer mit Wasser befüllt und anhand dieser abgefahrenen Raketentechnologie erhitzt. Hakima reicht mir eine kleine Plastikkelle und gestikuliert, dass ich damit schöpfen und mich übergießen kann. Willkommen in der tadschikischen Land-Dusche.

Duftend und im Kleid bin ich ein neuer Mensch. Suhro – die die x-te Variante eines tadschikischen Gewands anhat (eben noch in türkis, jetzt schon ganz in grün) – flüstert mir zu, dass wir nicht ohne Geschenk kommen dürfen, und Hakima und Fathullo führen uns in einer kleinen Prozession zum Dorfladen. Dort kaufen wir Süßigkeiten, einen schönen Stoff zum Nähen und Wodka. Und dann rocken wir die Party.

Der Vater des Bräutigams heißt uns willkommen. »Chusch Omaded«, sagt er.
»Herzlich willkommen!«, übersetzt Suhro.
In Tadschikistan, muss man wissen, sagen die Leute das aber auch als Antwort, wenn man sich für etwas bedankt. Das führt bei mir bis zur Aufklärung erst mal zu Verwirrung. Ich bedanke mich nämlich später am Abend bei Hakima, dass sie sich so lieb um uns gekümmert hat. Hakimas Antwort darauf übersetzt Suhro wieder (und auch wörtlich korrekt) mit: »Herzlich willkommen«.
Hä? »Aber ich bin doch schon den ganzen Abend hier!«
Es dauert eine Weile, bis ich verstehe, was gemeint ist: »Gern geschehen«, so wie im Englischen: »You're welcome«.
Ab sofort führt das, wann immer wir uns irgendwo bedanken und als Antwort »Herzlich willkommen« hören, bei mindestens einem von uns zu großer Heiterkeit.

Als Hochzeitsgäste begrüßen wir – wie es sich hier gehört – als Erstes diejenigen, die nicht mehr so aktiv mitfeiern können, namentlich die Alten und die Kranken. Die Urgroßmutter des Bräutigams kann nicht mehr laufen und sitzt mit ein paar Frauen auf einem Sofa. Sie spricht einen kurzen Segen für uns, dafür halten wir wie schon in Kirgistan und überhaupt in der ganzen muslimischen Welt die geöffneten Hände nach oben und streichen die Hände am Gesicht herunter. Dann bekommt Uromi noch zwei dicke Küsschen von mir, und wir drücken uns die Hände. Wieder eine schöne Tradition, von der wir uns mal 'ne Scheibe abschneiden könnten.

Als wir zurück auf den Hof kommen, laufen ein paar Kühe an uns vorbei – auch sie haben sich gewissermaßen selbst eingeladen. Ein besonders vorwitziges Rind muss sogar aus dem Haus gescheucht werden – von keinem Geringeren als dem Bräutigam, einem Zweiundzwanzigjährigen in schwarzem Anzug und roter Krawatte. Er lächelt verwirrt in die Kamera und begrüßt uns mit Handschlag. Man merkt sofort, dass er bei dieser Veranstaltung eher Nebendarsteller ist als Regisseur.

Die Braut verbringt die meiste Zeit im Haus hinter einem goldbestickten Vorhang, der die Ecke eines Raumes schmückt. Sie ist ganz in weiß »verpackt«, das Gesicht lugt zwischen feinen Stoffen mit aufgestickten Glitzersteinen und Spitze hervor. Ihre blauen Augen sind stark geschminkt und mit zentimeterlangen Wimpern beklebt. Sie hebt den Blick nur kurz, denn ihre Hauptaufgabe für heute ist es, »ganz bescheiden daherzukommen«. Sie ist auch die Einzige, die später nicht mittanzt.
Es wird ein Foto mit der Braut, dem Bräutigam, Suhro und »dem fremden Gast« (das bin ich) gemacht, und erst später auf dem Bild fällt mir auf, dass ich mein lilafarbenes Schultertuch den ganzen Abend ordentlich zusammen gefaltet in der Handtasche mit mir herumgetragen habe. Wie unangemessen. Julia zeigt Schulter, und das AUSGERECHNET hier.

Sie sehen es mir zum Glück großzügig nach, denn ich bin »Mehmon« (der Gast). In tadschikischen Familien benutzt man als Anrede nicht etwa die Vornamen, sondern den Verwandtschaftsgrad oder die Funktion: die Oma, die Schwester, der Onkel, der GAST. Und der darf alles. Schön. Deshalb werden mir auch meine anderen Fettnäpfchen an diesem Abend großmütig verziehen.

Hakima bittet Suhro und mich in die Frauenecke. Es ist ein drei mal vier Meter großes Podest. Um ein reich gedecktes Tischtuch sind Matten ausgelegt. In der Mitte türmen sich Schüsseln mit Speisen, Flachbrote, Obstschalen und Getränke. Und das sind alles »nur« Vorspeisen! Man muss sich sehr disziplinieren, sonst kommt man nicht einmal bis zum ersten Gang. Dem folgen aber noch der zweite Gang und die Nachspeisen. Muss schließlich alles probiert werden. Wir knien nebeneinander, und ich bestaune die anderen Frauen »am Tisch«. Schon wieder so hübsche Gesichter. Viele haben sehr festliche, mit Pailletten und Perlen besetzte Kopftücher auf, glänzend und glitzernd und durchsichtig. Manche sind aber auch ohne Kopftuch hier, mit tollen Hochsteckfrisuren.

Als ersten Gang gibt es Hochzeitssuppe, eine semiklare braune Suppe mit Fleisch und Gemüse, die in einer großen handgeschnitzten Holzschale in die Mitte gestellt wird. Suppenteller? Löffel? Fehlanzeige.
»Wie soll das denn gehen?«, frage ich Suhro.
Sie sagt: »Julia-jon« (das heißt ›liebe Julia‹) »schau mal!«, und macht es vor. Als Löffelersatz dient das flache runde Brot mit dem dicken Rand, in dessen Mitte ein Muster gestempelt wurde. Das tunkt man stückweise in die Suppe und versucht den Weg von der Schüssel bis zum Mund möglichst zügig zu bewältigen. Ich glaube, es ist ein Trick, damit die Gäste möglichst viel Brot essen und die Suppe lange reicht, schließlich werden hier VIELE Menschen verköstigt.

Alternativ reißt man das Brot klein und wirft es in die Suppe, sodass es sich schon mal vollsaugen kann. Das hat dann aber erstens zur Folge, dass alle mit ihren Fingern in der GLEICHEN Suppe herumfischen (Hygiene vier minus), und zweitens ist das Brot dann ganz schlabberig.
Ich versuche beide Varianten und tue mich mit beiden schwer. Die Suppe läuft zwischen meinen Fingern hindurch. Dabei ist sie sehr »schmackhaft« (Suhros Lieblingswort), und ich hätte gern mehr davon. Ich möchte esslöffelweise davon essen, nicht homöopathische Dosen in Brot. Aber mir einen Löffel geben lassen? Auf keinen Fall.
Dafür tappe ich noch in ein anderes Fettnäpfchen. Die Ladies auf unserem Podest verlieren allmählich die Scheu und richten über Suhro ihre Fragen an mich. Ich kenne die Fragen schon, es sind auf dieser Reise in jeder Jurte und in jeder Familie die gleichen.
»Ist sie verheiratet?«
»Ja.«
Gut.
»Hat sie Kinder?«
»Nein.«
NEIN??

Diese Antwort löst jedes Mal Reaktionen zwischen fassungslosem Entsetzen und allergrößtem Mitleid aus. Suhro bekommt die zweite Frage meistens gar nicht erst gestellt, denn sie ist nicht verheiratet. Sie war vierzehn, als in Tadschikistan der Bürgerkrieg ausbrach, der sechs Jahre gedauert und hunderttausende junge Männer das Leben gekostet hat. Wer nicht schon vorher »versprochen« oder gar verheiratet war, blieb nach dem Krieg allein. Es gibt hier einen riesigen Frauenüberschuss. Für Suhro und ihre Zwillingsschwester war aber in *dem* zarten Alter Heiraten noch überhaupt kein Thema, außerdem wussten beide, dass sie studieren wollen. Sie haben sich für Bildung entschieden, und Suhro lehnt auch heute alle Angebote

als »Nebenfrau« ab. Polygamie ist zwar offiziell verboten, dank Angebot und Nachfrage jedoch trotzdem gang und gäbe. Aber nicht für Suhro.
»Wie alt seid ihr?«, wollen die Frauen wissen und bohren und bohren. Okay: Ende dreißig und Anfang-Mitte vierzig, und jetzt kommt mal wieder runter, Mädels. Aber schon fangen sie an zu beten, damit wir Kinder bekommen.

Heute hat sich Suhro allerdings irgendwie geschickt aus dem Rampenlicht der privaten Fragen herausgewunden (ich weiß ja nicht, was sie ihnen erzählt hat), also beten sie nur für mich: Allah ist gütig, er wird dir bestimmt Kinder bescheren, inshallah.
Oh, lieber Gott. Dann bin ich sechzig, wenn es Abi macht, und es muss sich immerzu für seine peinliche schrumpelige Mutter schämen. Ich lasse mich also zu dieser Unterhaltung, die ich eigentlich nicht führen möchte, hinreißen und erzähle ihnen, dass es in Deutschland nicht so eine Mordstragödie ist, wenn Paare keine Kinder haben. Ich erzähle ihnen, dass es bei uns SOGAR Paare gibt, die sich einen Hund kaufen. Manche zum Üben, und andere eben statt Kindern.
Stille auf dem Podest.
Totenstille.
Ich glaube, man nennt das Fremdschämen.

Später nimmt mir Suhro das Versprechen ab, nie wieder etwas von einem HUND als Haustier zu erzählen. Es ist hier absolut undenkbar, einen Hund zu haben. Hunde sind ein no-go. Ich lerne auch, dass es in Tadschikistan überhaupt keine Paare ohne Kinder gibt. Zur Not werden eben welche adoptiert. Zack, fertig, Familie. Auch zusätzlich zu den leiblichen Kindern werden hier oft Adoptivkinder angenommen, es ist Teil einer kinderreichen Kultur.
Also gut, kein Hund mehr (wir haben ohnehin keinen).

Schlagartig ist es dunkel geworden, und der Festplatz füllt sich. Der tadschikische Präsident hat 2007 ein Gesetz erlassen, laut dem zu einer Hochzeit nicht mehr als hundertfünfzig Gäste eingeladen werden dürfen. Zu viele Familien sind durch eine allzu großzügige Hochzeit komplett verarmt, weil jeder schließlich immer mehr Leute einladen »musste« als der Nachbar. Seitdem hat jede Feier ihren offiziellen Aufpasser! (Ich schätze die Gästeanzahl heute trotzdem auf jenseits der zulässigen Gesamtmenge.)
Bunte Lichterketten und Bänke markieren das Festgelände. An der Stirnseite steht ein mit pinkfarbenem Tüll und Neonröhren geschmückter Baldachin über einem erhöhten Sitzplatz mit Torte und Essen für das Brautpaar. Davor sitzt der Bräutigam auf einem Sessel und gibt ein äußerst amüsantes Bild ab: Ohne Unterlass schieben ihm Gäste Geldscheine in die Taschen – so wünscht man ihm Reichtum. Tanten und Großtanten küssen ihn ab, und ein älterer Mann hinter dem Sessel kämmt ihm fast ununterbrochen die Haare.
Er kämmt ihm die Haare?!
Dabei ist er ganz gut frisiert. Wünscht man ihm so volles Haar bis ins hohe Alter? Die Frage bleibt offen.
Der junge Mann sitzt da wie ein Vögelchen, das vom Baum gefallen ist und sich von diesem Schreck erst mal erholen muss – ohne jede Regung, den Blick ins Leere gerichtet. Nur wenn ein Küsschen kommt, schaut er kurz auf.

Und jetzt ein kleines Quiz: Woran erkennt man, dass ein tadschikisches Mädchen noch zu haben ist?
a) Kein Kopftuch auf?
b) Augenbrauen nicht gezupft?
c) Keine Schürze um?

Ich löse auf: Es ist b). Kein Witz! Augenbrauen zupfen vor der Ehe ist VERBOTEN! Tatsächlich erkennt man die unverheirateten Mädchen an ihren (übrigens sehr schönen) naturbelassenen Augenbrauen. Das Stutzen muss der spätere Ehemann überhaupt erst erlauben. Wie entsteht so eine Tradition? Es ist ein weiteres fröhliches Fragezeichen auf meiner Liste der kulturellen Skurrilitäten.

Irgendwann geht ein Raunen durch die Menge: Das Brautpaar kommt! Faridun und Schachnoza schreiten in einer großen Runde über den Festplatz, sodass jeder sie sehen kann. Die Gäste tanzen vor und hinter dem Brautpaar her, ein offensichtlicher Formel-Eins-Fan schüttelt eine Flasche Sekt und lässt sie knallen, Konfetti fliegt, alle jubeln und lassen dem Brautpaar kaum Platz, bis es unter dem Baldachin die Ehrenplätze eingenommen hat. Hier werden noch einmal Ringe getauscht, und in dem Moment wird mir ein weiteres Hochzeitsritual bewusst, das so vollkommen anders ist als bei uns. Die Einzige, die heute nämlich wirklich überhaupt nichts zu lachen hat, ist die Braut. Und zwar nicht, weil sie nicht mag, nein: Sie DARF heute nicht lächeln! Eine gute Braut schaut ihrem Ehemann an der Hochzeit nicht einmal direkt in die Augen, deshalb ist sie so bierernst und hält den Blick gesenkt. Sie tanzt auch nicht, falls da gerade Hoffnung aufgekommen sein sollte.
Ich beschließe, für sie mitzutanzen, und tanze auch tatsächlich für zwei, mindestens: Den ganzen Abend kommen Frauen, große, kleine und ganz kleine Mädchen und tanzen mit mir. Vielleicht denken sie, ich sei berühmt, weil ich ein Kamerateam dabei habe. Ich fühle mich jedenfalls sehr dazugehörig und hopse mir die vielen reglosen Stunden auf der Auto-Rückbank aus den Knochen. Die Männer tanzen auf der anderen Hälfte des Festplatzes.

Der herrlich ausgelassene Sommerabend wird irgendwann durch einen Platzregen unterbrochen. Er scheucht alle Gäste ins Haus, und ich frage, ob das nicht schade ist. Aber nein! Das bringt natürlich Glück, erklärt Suhro. Als der Regen aufhört, kehrt die Menge zurück

nach draußen und feiert weiter, nur eine Person ist jetzt nicht mehr dabei: die Braut. Sie muss früh ins Bett. So will es die Tradition. Mein Fazit: Braut zu sein ist ein mittelmäßiger Spaß in Tadschikistan. Wie viel toller ist es da, Gast zu sein. Als wir uns nämlich verabschieden, bekomme ich vom Bräutigamsvater, unserer Gastgeberin Hakima und einer Delegation freundlicher Tadschiken noch eine ganze Kiste mit Geschenken überreicht. »Für unseren Gast!«, übersetzt Suhro. Ich lege mir gerührt die Hand aufs Herz.
Es ist ein Uhr, als wir wieder bei Hakima auf dem Hof ankommen, und wir sind stehend k.o., weil wir heute schon um vier Uhr aufgestanden sind. Drehtage sind lang. Ich freue mich auf meine Matte im Mädchenzimmer, doch dort wartet eine weitere Überraschung: der »Tisch« (also der gesamte Zimmerboden) ist gedeckt! Hakima möchte vermeiden, dass die Männer mit Hunger ins Bett gehen, die hätten doch schließlich den ganzen Abend gefilmt. Gastfreundschaft kennt hier wirklich kein Ende.

Als wir am Sonntagmorgen aufbrechen und ich alle Familienmitglieder im Hof herzlich gedrückt und die Frauen und Kinder abgeknutscht habe, klappt Ste, der schon am Auto steht, mir den Sitz um, damit ich einsteigen kann. Ich bedanke mich auf Tadschikisch. »Rachmat!«
Feierlich legt er die Hand auf seine Brust und strahlt. »Herzlich willkommen«.

Usbekistan

GUT ZU WISSEN:

Machen:
Beim Begrüßen oder Vorgestellt-Werden oder Bedanken rechte Hand aufs Herz.

Nicht machen:
Niemals (wirklich unter g-a-r keinen Umständen) in der Öffentlichkeit die Nase putzen.

- 30 -

Von Märchen, Medresen und Modern Talking

Unsere letzte Bleibe in Chudschand kurz vor der usbekischen Grenze ist so heruntergekommen, dass ich die Nerven verliere. Das Hotel »Leninabad« war vielleicht einmal eine top Adresse, aber heute ist es bloß noch ein baufälliger Sowjetbau, von dem nur die unteren vier von zehn Stockwerken bewohnbar sind. Wer eine UdSSR-Zeitreise machen will, ist hier richtig.

Michael und ich gehen mit der Kamera die oberen vier Etagen ab. Je höher wir kommen, umso schlimmer wird das Grauen. Einschusslöcher in den Wänden, zerschlagene Scheiben, bröckelnder Putz, ganze Gebäudeteile sind eingefallen. Für einen Sowjetthriller super, für Julias Nervenkostüm heute: njet. Lieber schlafe ich noch zwölfmal bei Familien auf dem Fußboden (auch mit lauter anderen Frauen, die sich bis morgens um zwei die Haare flechten und bei greller Discobeleuchtung Geschichten erzählen), als in diesem nach kaltem Zigarettenrauch müffelnden Hotelzimmer. Hier würde es mich nicht wundern, wenn nachts die Kakerlaken vor meinem Bett einen Kosakentanz aufführen und »Kalinka, Kalinka« grölen würden und parallel dazu auf dem Flur eine Verfolgungsjagd ihren blutigen Ausgang fände.

Suhro ist es unangenehm, dass es uns nicht so richtig gefällt. Das hier ist ihr Land, und es ist eben ein armes. Ste fantasiert, sich ausbezahlen zu lassen und nach Hause zu fliegen. Der Spaßvogel. Aber jeder von uns hat das gleiche Recht auf einen Lagerkoller. Ich habe seit drei Tagen Magenschmerzen, Michael brummelt auch vor sich hin. Wir hatten seit vier Wochen keinen freien Tag. Ich frage die Producerin in Deutschland, ob wir das Budget für die letzte Nacht in Tadschikistan überziehen und ein RICHTIGES Hotel buchen dürfen. Wir dürfen!

Der Abschied von Suhro ist herzlich und tränenreich. Der Trip war für alle fünf von uns körperlich irrsinnig anstrengend und fühlt sich wesentlich länger an als zwei Wochen. Es fühlt sich eher an, als hätten wir die ganze Welt umrundet. Suhro geht nun in ihr Alltagsleben zurück, und wir ziehen weiter nach Usbekistan. Wir winken ihr noch hinterher und trotten dann zu Fuß mit unseren Siebensachen über die usbekische Grenze. Es muss ein lustiges Bild für »unseren Usbeken« sein: drei Leute, die zum Drehen kommen, aber bei der Einreise schon völlig fertig sind. Er lässt es sich nicht anmerken. Oybek Ostanov ist Profi.
Und Oybek ist ein Luxustierchen. Zwei Dinge, die uns außerordentlich gelegen kommen. Der Trip durch Usbekistan ist nicht ganz so spontan angelegt wie die durch die anderen beiden »Stans«. Hier überhaupt eine Drehgenehmigung zu bekommen, war ein schwieriger Prozess, der diverser Telefonate und handgeschriebener Briefe bedurfte. Die Usbeken sehen es nicht gerne, wenn kritisch über ihr Land berichtet wird. Sie lassen Journalisten nur hinein, wenn sie den Film vorher abnehmen dürfen. Das lehnen wir natürlich strikt ab. Denn wir sehen es nicht gerne, wenn wir in unserer Erzählweise beschnitten werden (wir nennen das Pressefreiheit).
Da ich aber a) keine politische Sendung mache und b) auf die Kombo von Charme und Hartnäckigkeit setze, schicke ich den großen Unbekannten von der Botschaft meine Filme der vergangenen Jahre. Und schreibe mit Füller (!) einen Brief (!). Um zu zeigen, worum es mir geht.

Tatsächlich bekommen wir im Wortsinn einen Freibrief, den angeblich nur alle zehn Jahre ein Journalist erhält. Ab sofort genießen wir das Vertrauen der usbekischen Botschaft, und sobald wir mit diesem Blatt Papier wedeln, gewährt uns jeder Einlass und Dreherlaubnis. Ein Sesam-öffne-dich in DIN-A4. Auch die von mir gewünschte Route wird abgesegnet. Dem »usbekischen Radar« werden wir auf diese Weise zwar nicht entwischen, aber so absurd das klingt, so sicher fühlt es sich auch an. Ja, wir stehen unter Beobachtung, aber in gleichem Maße stehen wir auch unter Schutz. Das eine gibt es nur mit dem anderen.
An jedem Ort, den wir filmen wollen, sind wir bereits angekündigt, alle Unterkünfte wurden bereits gebucht. Und da Oybek selbst ein kleines Reisebüro betreibt, weiß er, was seine Kultur-Touris mögen (und was er selber mag). So genießen wir ab sofort fast in jeder Nacht Einzelzimmer mit frisch gewaschenen Laken, eigenen Duschen und Sitztoiletten mit Wasserspülung. Ich könnte heulen vor Luxus. Bin halt doch nur bedingt ein harter Hund.
Mit der Einfahrt nach Samarkand beginnt unsere Reise in *Tausendundeine Nacht*. Die Sonne ist eben über der großen Wüste untergegangen, der Himmel noch rosa, da geht schon der Mond auf. Vollmond! Magischer Gruß über mythischem Land, das fängt gut an. Überhaupt, Samarkand – wie märchenhaft das schon klingt …
Wir übernachten in einer Frühstückspension in der Altstadt, einem Rundbau um einen verwunschenen Garten mit umrankten Sitzplätzen und Hibiskusbäumen. Die Zimmer werden über kleine Treppen vom Garten aus erreicht, Holzdecken und Wände sind farbenfroh bemalt.

Die Schönheit und Üppigkeit der Ornamente, das weiche Bett, eine durchschlafene Nacht, alles streichelt meine Seele, und beim Frühstück im Grünen merke ich: Da ist jetzt wieder Kraft. Die Besitzerin flitzt mit ihren Nichten und Neffen hin und her, brüht frischen Tee auf, brät Pfannkuchen, gießt Kaffee nach und serviert ohne Unterlass eingelegte Tomaten und Paprika, weißen Käse, selbst gemachte Konfitüren, helles Brot, Obst, ausgebackene Hefestückchen. Mmmmmhhhhh.

Wer eine Farbtherapie machen möchte, kann in Samarkand mit Blau und Gold anfangen. Oybek zeigt uns als Erstes den Stolz des Landes, den Registan. Es ist ein gigantischer und gigantisch schöner Platz, gesäumt von dreihundert Jahre alten Medresen – alten Islamschulen. Man könnte auch sagen ein Monument gewordener Traum aus Schnörkeln und Kuppeln und Blau und Gold. Allein die Tilya-Kori-Moschee ist mit schlappen achtundzwanzig Kilo Blattgold verziert. Welch ein Augenschmaus!
Um auch den Magen zu bedienen, schleppt uns Oybek zu einem späten Mittagessen in sein Lieblingslokal. Es ist drei Uhr nachmittags, normalerweise dürfte hier jetzt nicht viel los sein. Aber wir sind kaum da, als ohrenbetäubende Discomusik durch das Lokal wallt. »Im Restaurant?«, will ich schreien, aber ich bin ja noch neu hier. Vielleicht hat der Usbeke gerne laute Musik zum Essen? Hinter Oybek – ich kann quasi gar nicht daran vorbei sehen – fangen ein paar ältere Damen an zu tanzen. Eben saßen sie noch unauffällig an unserem Nebentisch (ein reiner Frauentisch, alle Altersgruppen zwischen 35 und 75 vertreten), jetzt gehen sie ab wie Schmidts Katze. Zu ABBA! Ich muss grinsen und halte ihnen ein »Daumenhoch« entgegen – eine verhängnisvolle Geste. Die Hauptlady, eine vergnügte und wohlgenährte Madam, nimmt mich ins Visier. Sie tänzelt auf unseren Tisch zu, ich denke: »Oh nein, bitte nicht, ich hab doch meine Suppe noch nicht mal probiert«, Oybek raunt mir schadenfroh zu: »Ich glaub, sie will zu dir«, und schon bin ich gefangen. Von Michaels Kamera völlig unbeeindruckt (oder vielleicht gerade von der inspiriert?) kurbelt sie ihre Hände orientalisch vor meiner Nase und hypnotisiert mich. Sie lockt mich von meinem Stuhl wie

eine Schlange aus dem Bastkorb. Mein Körper erhebt sich wehrlos und folgt ihr auf die Tanzfläche. Zack, bin ich eine von ihnen. Naja, nicht ganz. Die Damen haben das mit den Händen und Armen schon verdammt gut drauf, aber ich gebe mein Bestes und tanze mit roten Bäckchen – eins rot vor Freude, eins dann doch vor Scham … Sie nehmen mich in ihre Reihen auf, lächeln verschmitzt und haben einen Heidenspaß. Nachmittags um drei in Usbekistan.

Dann wechselt die Musik, und damit bekommt das Fass der Skurrilität den Boden ausgeschlagen: Jetzt läuft allen Ernstes MODERN TALKING! »You're my heart, you're my soul«, plärren Thomas Anders und Dieter Bohlen in voller Lautstärke, und die Tanzmariechen drehen komplett durch, sie kennen den Text auswendig! Und ja, auch Julia opfert ihre Selbstachtung auf dem Altar der Zusammengehörigkeit und SINGT MIT. Sieht ja keiner. (Oder doch.)

Ich tanz-hole Oybek dazu. Am Tag zwei in Usbekistan, denke ich, kennen wir uns lange genug. Erstens darf er mir ruhig ein bisschen beistehen, und zweitens soll er übersetzen. Ich erfahre: Die Jubilarin Mavluda feiert heute ihren Sechzigsten. In vielen usbekischen Restaurants ist es Usus, dass außer gegessen auch getanzt wird. Ergo läuft schon bei der Vorspeise ohrenbetäubende Musik. Der DJ an seinem monströsen DJ-Pult neben der Küche kennt keine Gnade mit dem Parasympathikus. Essen in Ruhe ist was für Schweigeklöster …

- 31 -

Die Karawane zieht weiter nach Buchara – und was man mit Eichhörnchenöhrchenhärchen alles machen kann

Kommen wir jetzt zur Kategorie Wüstenwissen: Wie viele Kilometer Laufleistung hat ein handelsübliches Kamel? Und Frage Numero zwei: Warum muss ich das wissen?
Ich stehe mit Oybek zwischen Samarkand und Buchara in der Wüste Kizilkum an einer Karawanserei aus dem ELFTEN Jahrhundert und staune. Über sein Wissen, sein unglaubliches Sprachvermögen (obwohl er nur anderthalb Jahre in Deutschland gelebt hat) und über die Antworten. Ein Karawanenkamel schafft nämlich maximal vierzig Kilometer am Tag, dann macht es Feierabend. Das ist der Grund, warum spätestens alle vierzig Kilometer eine Karawanserei an der Seidenstraße war – quasi die Tank-und-Rast von Marco Polo und Konsorten. Eine Karawanserei war dazu da, Tiere und Waren über Nacht in der Sicherheit der Mauern zu wissen, während man gemeinsam aß und Informationen über die Strecke austauschte. Sieben Jahre dauerte der Fußweg von China nach Europa, das weiß ich von Guldana. Da waren ziemlich viele Pausen nötig.

Zusatzfrage: Wie fand man für die Errichtung einer Karawanserei eigentlich heraus, wo Wasser für einen Brunnen in Bohrnähe war?

Achtung: Mit einem Kamel! Das Kamel-an-sich kann nämlich auf kilometerweite Distanzen Wasser riechen! Genauer gesagt, einen Duftstoff in einem Bakterium, das sich immer dort bildet, wo Wasser ist. Ein muffiger Geruch Marke Kartoffelkeller (ich glaube, ich könnte das auch). Sobald Kamele, die den ganzen Tag durch die Sonne gelatscht sind, auch nur EIN Partikel von diesem Geosmin riechen, drehen sie komplett durch und flitzen dahin.
Genug gefragt, wir flitzen weiter nach Buchara. Die Anmut von Samarkand hat meine Sinne geöffnet für das, was noch kommt. Ich bin warmgelaufen. Und doch gehen mir in Buchara ein ums andere Mal die Augen über. Die Wüstenoase empfängt uns mit trockener Wärme. Hier ist es weder zu heiß noch zu feucht, einfach nur genau richtig. Wir purzeln im Herzen der Altstadt aus unserem Teamfahrzeug. Drei Nächte bleiben wir hier – fühlt sich an wie Große Ferien.

Wir schlendern durch die Gassen, und wenn es (ab und zu) mal leise ist, höre ich ein zwitscherndes Klackern beziehungsweise ein klackerndes Zwitschern. Wie das Signal, wenn man die Zentralverriegelung vom Auto zweimal drückt. Das Geräusch kommt aus den Käfigen, die in den Maulbeerbäumen hängen und mit Tüchern bedeckt sind. Darunter »singen« Wachtelmännchen. Das machen sie, um Weibchen anzulocken – aber nur, wenn es eine Wahrscheinlichkeit für Weibchen in der Nähe gibt. Ohne Tuch überm Käfig würden sie sehen, dass keine Wachtel-Chicks am Start sind, und den Schnabel halten. Also werden sie abgedeckt. (Orient ist eine feine Sache!) Es ist bestimmt ein ganz altes Seidenstraßen-Geräusch.
Die Gassen der sandfarbenen Altstadt sind gesäumt von Tischen mit ausgelegten Handarbeiten. Sie führen in überdachte Passagen, die Kuppelbasare. Sobald sich zwei solcher Tunnel kreuzen, bildet sich ein Kreuzungsbasar, und jeder von diesen ist benannt nach der jeweiligen Spezialität, die in ihm feilgeboten wird (oder wurde). So gibt es einen Stoffbasar, einen Gewürzbasar, einen Geldwäschebasar …

Ich reiße die Augen auf. »Krass, das gibt es hier so ganz offiziell?« Oybek klärt auf. »Julia-jon. Früher waren hier die Geldscheine aus Seide. Und die wurden durchs viele Handeln so dreckig, dass sie ab und zu gewaschen werden mussten.« Er beteuert, dass heute natürlich kein Geld mehr »gewaschen« wird.

Um die Ecke vom Geldwäschebasar hat ein Freund von Oybek einen Laden mit Miniaturmalereien und Kalligrafien. Diese traditionelle bucharische Kunst ist wunderschön anzusehen – sofern man eine dicke Lesebrille oder eine amtliche Lupe zur Hand hat. Der Ladenbesitzer Davlat Toshev ist auch gleichzeitig der Maler. Ein großer gewitzter Typ mit breitem Lächeln und noch breiterem Schnorres. Mir will die Vorstellung nicht in den Kopf, dass dieser Koloss so fein malen kann, aber er lädt uns nach Feierabend in seine Werkstatt ein.

Dort zeigt mir Meister Davlat, der das in siebter Generation macht, wie er die winzigen (wirklich fliegenschisskleinen!) Farbfelder anlegt – mit der Lupe in der einen und einem hauchdünnen Pinsel in der anderen Hand. Mit Gesten will er mir vermitteln, woraus die Pinselhaare sind, und zupft sich mit beiden Händen an der oberen Rundung seiner Ohren. Ich denke noch, der malt jetzt aber bitte nicht mit OHRHAAREN? Doch Oybek beweist beim Übersetzen erneut seine überragenden Deutschkenntnisse: Die Pinsel sind nämlich aus Eichhörnchenöhrchenhärchen (ja, genau dieses Wort hat Oybek gesagt). Ich kann mir das übrigens super als meditative Freizeitbeschäftigung vorstellen, passt auch prima in die Hosentasche, so ein Miniaturmalset. Aber Davlat lebt davon. Und zwar gut. Er reist um die halbe Welt mit seinen platzsparenden Bildern, hat Lehrlinge und Meisterschüler.

Unten im Hof brutzelt es schon in einem Kasan, dem riesigen zentralasiatischen Wok auf offenem Feuer. Davlat kann nämlich außer klein-artig malen auch noch großartig kochen. Er bringt Oybek und mir bei, Navruz zu wickeln – Rollen, die so heißen wie das

Neujahrsfest, zu dem sie untrennbar dazugehören: Auf einem quadratischen Stück Alufolie werden nacheinander Scheiben von Kartoffeln, Zwiebeln, Paprika, Rindfleisch und Tomaten so aneinander gelegt, dass sich eine Art umgefallene Dominoreihe bildet. Die wird mit Salz und orientalischen Gewürzen bestreut, mit Butterstückchen belegt, dann die Alufolie oben geschlossen. Durch eins der Enden wird noch ein Schuss gekochtes Wasser hineingegossen, und ab damit in den Backofen.

»Die andere Spezialität heute Abend«, sagt Davlat, »kennt ihr bestimmt auch noch nicht: das usbekische Nationalgericht!« Ein Blick auf den Kasan, und ich denke: Doch, kennen wir. Nach unzähligen Vorspeisen, einer Suppe, den gelungenen Navruz-Rollen (erster Gang) und dem einen oder anderen Glas des samarkandischen Lebenselixirs »Balsam« serviert uns der Miniaturmaler den zweiten Gang: Tadaa, Plov! Diese Variante nennt er »Meister-Plov« – mit Rindfleisch und Scheiben von gekochten Eiern garniert.

Und obwohl ich dachte, ich wüsste jetzt alles über Plov, hat Oybek noch eine Lektion für mich. »Julia. In einer usbekischen Familie essen wir das Plov direkt aus der Schüssel.«

Okay, denke ich, damit kann ich leben. (Ganz, ganz manchmal spare ich mir nämlich auch zu Hause den Teller, wenn ich alleine bin, aber das bleibt bitte unter uns.) Jetzt kommt aber noch ein zweites Handicap dazu. Oybek schämt sich allerdings ein bisschen, als er es erklären will (ich glaube, der hat sonst nur Oberstudienräte in seinen Reisegruppen), also übernimmt der Meister persönlich und demonstriert anschaulich, wie man als anständiger Usbeke Plov nicht nur a) direkt aus der Schüssel in der »Tisch«-Mitte ohne Teller-Umweg, sondern dazu noch b) ohne Besteck isst!

Wir reden von Reis!

Davlat legt die vier Finger seiner rechten Hand nebeneinander und klappt die Hand in der Mitte ein, der Daumen liegt in der Mulde. Dann greift er beherzt – Handrücken nach oben! – in den Rand des Plov-Bergs, dreht die Hand zügig um, führt sie zum Mund (die andere wird darunter gehalten) und schiebt mit dem Daumen das Plovpäckchen über die Fingerspitzen in den Mund, ohne dass auch nur ein Reiskorn unterwegs die Fliege macht. Ich bin begeistert. Und hole mir fast einen Krampf, als ich es selbst versuche.

Am nächsten Tag besuchen wir Davlats großen Bruder. Abdurahman Toshev bestickt in seiner Suzana-Werkstatt seidene Wandbehänge und Taschen und noch einiges mehr mit schimmernden Seidengarnen.
Auch der Suzana-Meister hat diese warmherzige Witzigkeit an sich. Er erzählt mir, wie glücklich er ist, nur das machen zu müssen, was ihm im Leben am meisten Spaß macht: Sticken. Von solch einer Berufszufriedenheit kann man nur träumen. Abdurahman hat wie sein Bruder auch Lehrlinge aus aller Welt und nimmt sogar noch hoffnungslose Fälle an. Mich nämlich. Er zeigt mir, wie es geht, leiht mir dafür seine dicke Lesebrille und gibt mir eine Hausaufgabe mit auf die Weiterreise. Ich bekomme ein topflappengroßes Baumwollstück mit einem vorgezeichneten Blumenornament und die meisterliche Anweisung, was ich mit welcher Farbe besticken soll. Die Garne packt er mir auch gleich ein. Sie sind mit Naturprodukten wie Granatapfelsaft, Rote Bete oder Kurkuma gefärbt. Ich stelle mir vor, wie ich auf den langen S-Bahnfahrten zum Schnittplatz und zurück emsig sticke, und verspreche Abdurahman ein Foto vom vollendeten Werk zu schicken. (Da wartet er heute noch drauf, aber ICH MACH'S!)
Zum Essen gibt es: Plov. Heute ist er mit Wachteleiern garniert, das macht auf jeden Fall noch einen Ticken mehr her als schnöde Hühnereier. Deshalb heißt der heute auch nicht Meister-Plov, sondern ebenfalls einen Ticken toller: Emir-Plov.
Wird übrigens mit den Händen gegessen. Hey. Meine leichteste Übung.

- 32 -

Der Realität entrückt in Chiwa – von politisch völlig unkorrekten, aber durchaus unterhaltsamen Kopfbedeckungen und einem Thema, über das niemand gerne spricht

Mal unter uns Pfarrerstöchtern: Andauernd verschwindet einer von uns. Erst noch diskret. »Wo ist denn unser Ton?« – »Der hat was auf dem Zimmer vergessen.« »Ist Julia schon gegangen, wir haben doch noch gar nicht bezahlt?« Irgendwann gestehen wir uns gegenseitig, dass wir alle Durchfall haben. Seit Tagen. Streng genommen seit Wochen. Immer mal wieder eben. Die Gesichter werden schmaler und die Ringe unter den Augen dunkler. Dazu große Müdigkeitsbekundungen. Da wird doch wohl nix in einem der Plovs gewesen sein? Wahrscheinlich sind wir auch so viel Öl nicht gewohnt.
Na ja, jetzt ist es jedenfalls raus …

Ich habe einen Hasen auf dem Kopf. Bei 30 Grad im Schatten. Geht eigentlich. Der ist so weich und im Winter bestimmt richtig warm. Aber mit einer Mütze aus HASE zu Hause rumlaufen? Geht gar nicht. Erstens sieht sie mit den vielen kleinen zusammengerollten Hasenfell-Elementen ein bisschen aus wie diese Blumenbademützen älterer Bahnenschwimmerinnen, und zweitens bin ich noch immer traumatisiert von der Anti-Pelz-Kampagne der Super-

models aus den Neunzehnhundertneunzigern. Pelz ist bäh. (Aber wirklich sehr weich.)
Unsere fünfköpfige Filmkarawane bestehend aus Michael, Ste, Oybek, dem Fahrer und mir hat die Wüste Kizilkum (aka die »Rote Sandwüste«) hinter sich gelassen und mit dem Überqueren des Amudarja die Wüste Karakum (aka die »Schwarze Sandwüste«) erreicht. Wir sind noch tiefer in *tausendundeiner Nacht* gelandet, in der märchenhaften Zitadelle von Chiwa, die aussieht wie eine Filmkulisse für *Aladin und die Wunderlampe*. An einem der Stadttore sind an einem Verkaufsstand unzählige Pelzmützen an einem Gerüst aufgehängt. Oybek und ich sind uns nicht zu schade, eine repräsentative Auswahl anzuprobieren und damit alberne Selfies zu machen. Ergebnis: Wir werden in die winzige Ladenwerkstatt des Hutmachers gebeten. Und weder überrascht mich, dass er das in achter Generation macht (anscheinend machen hier alle alles in x-ter Generation), noch dass er ein Freund von Oybek ist. Pardon, ein Bruder. Hier sind alle Brüder. »Bruder Shorkir« näht vor unseren Augen in Windeseile mit einer robusten Nadel und festem Zwirn eine schwarze Lammfellmütze. Zwei lange Rechtecke, an den schmalen Seiten zu einem flachen »Rohr« aneinandergenäht, ein kreisrundes Stück für die Mitte oben, zack, fertig: Jimmy-Hendrix-Gedächtnismütze. Ich erfahre, dass manche Lämmer noch vor dem Geburtstermin geholt werden und das Fell über die Ohren gezogen bekommen, bevor sie überhaupt einmal »Mäh« gesagt haben. Aus diesem allerweichsten Fell werden Persianer gemacht, erklärt mir Oybek (jetzt fühle ich mich wirklich schlecht). Shorkir stylt die Frisur der neuen Mütze noch mit einer kleinen Schere und etwas Haarspray wie ein Starfriseur. Das hat eine solche Komik, dass ich den Typ total ins Herz schließe. Aber eine Mütze kaufen, das kann ich einfach nicht.

Das alte Handwerk in Chiwa lebt, nicht zuletzt dank des Tourismus. Ob Geschnitztes, Geknüpftes oder Genähtes, überall wird gewerkelt, und jedem darf man über die Schulter schauen. Ein Holzverkäufer zeigt mir, wie man aus zwei ineinander geschnitzten Holzelementen einen Koranhalter in zwölf Positionen biegen und auseinanderfalten kann. In einer Teppichmanufaktur bearbeiten zwei Frauen gerade einen Auftrag aus Australien. Vier Monate knüpfen sie an einem mittelgroßen Seidenteppich. Ich darf »mithelfen« und verschwende beim Drumwickeln und Nachvorneziehen, beim Knoten und Abschneiden so viel Fadenlänge der kostbaren Seide, dass die beiden froh sind, als wir weiterziehen. Dennoch bescheinigt mir Oybek – jetzt, wo ich außer Plov kochen auch noch meine handwerklichen Kompetenzen unter Beweis gestellt habe – absolute Heiratsfähigkeit in Usbekistan und setzt mir damit ein imaginäres Krönchen auf. Das kann mir keiner mehr nehmen.

Später drehen wir an einem Stand mit bestickten Kissen. Ich frage gerade, warum da überall Granatäpfel drauf sind, als Michael erst leise, dann etwas lauter sagt: »Angel im Bild«. Angel-im-Bild sieht der aufmerksame Fernsehzuschauer ab und zu, wenn bei bewegten Interviewsituationen etwas meist Graues, Puscheliges am oberen oder unteren Bildrand erscheint und dann schlagartig verschwindet (wie eine Figur aus der Sesamstraße). Bei uns kommt das graue Pelzwesen heute von oben.
Ein Blick zum unaufmerksamen Tonmann: Ste ist im Stehen eingeschlafen! Ich wusste gar nicht, dass das geht, merke aber: Ich bin selbst kurz davor.
»ANGEL IM BILD!«
Jetzt ist er wieder wach. Und das Pelzwesen im Bild macht einen Satz. Das Ganze löst natürlich größte Heiterkeit aus, und wir drehen spontan einen kleinen O-Ton zum Thema, wie müde man eigentlich werden kann. Und gehen dann einen Kaffee trinken. Einen anständig starken.
Und schon geht der Durchfall wieder los.

- 33 -

Hohe Diplomatie in Karakalpakistan oder: der lange Treck zum Aralsee

Als ich mit Oybek vor der Reise meine Wunschroute durchgegangen bin, habe ich gemerkt, dass er ein Ziel kategorisch ablehnt: die autonome Republik Karakalpakistan (das ist der gesamte westliche Teil Usbekistans). Ich habe mir aber in den Kopf gesetzt, zum Aralsee zu fahren, und der liegt eben da. Oybeks Gegenargumente fand ich nicht stichhaltig und habe deshalb immer weitergebohrt. Dann kam raus: Da war er noch nicht, und da muss man zelten. Damit wurde das Ganze für mich natürlich erst doppelt interessant.
Und jetzt sind wir hier. Fast. In der karakalpakischen Hauptstadt Nukus checken wir ein und packen nur das Nötigste für eine zweitägige Jeeptour zusammen. Unser Tourguide holt uns im Hotel ab. Er heißt OKTOBER, wegen der Revolution! (Es gibt nur einen noch cooleren Namen in Usbekistan: MELS. Das steht für Marx, Engels, Lenin, Stalin.) Oybek und Oktober begrüßen sich wortreich und vor allem gleichzeitig. Sie hauen sich gegenseitig die Worte um die Ohren, so schnell kann ich gar nicht hin und her schauen. Die typisch usbekische Begrüßung geht nämlich so: Mit geschätzten zwölf Silben pro Sekunde fragt man einander gleichzeitig und ohne die Antwort abzuwarten, wie es dem anderen geht, der Ehefrau, den Kindern, was der Job macht, die Gesundheit. Es ist unheimlich effizient, denn dann ist

ja bereits alles gesagt. Oder zumindest gefragt. Oktober ist promovierter Historiker und Naturschützer. Er hat zwei Jeeps mit Fahrer angeheuert, Zelte und Proviant organisiert. Wir brauchen uns um nichts zu kümmern. Ein weiterer Fahrer mit einer japanischen Touristin schließt sich an, denn alleine ist die Strecke nicht machbar. Es gibt unterwegs keinen Handyempfang und eine einfache Autopanne könnte tödlich enden.
Unser Fahrer ist Russe und heißt Victor. Er ist gut drauf, fährt zackig und zeigt uns, dass er für alle Fälle ein Satellitentelefon dabei hat. Das Ding sieht aus wie ein Tastentelefon von früher, mit Schnur und Hörer, und thront im Handschuhfach. Nachdem sich die Fahrer zur Probe gegenseitig auf dem Satellitentelefon angerufen haben, stoppen wir an einer Melonenraststätte. Karakalpakistan ist ein Melonenparadies, über 160 Sorten gibt es hier. Und heute, zwischen Hunderten von Honigmelonen, in der letzten von sechs Drehwochen, erfahren wir etwas, das uns rückblickend so einiges erklärt. Oktober sucht ein paar Melonen zum Probieren aus, sie werden sofort aufgeschnitten. Beim Verteilen schauen uns alle streng an und lassen Warnungen auf Karakalpakisch, Usbekisch und Russisch los. Auch unser Fahrer ist ganz streng, und Oybek übersetzt.
»Julia-jon. Ihr müsst ihm versprechen, dass ihr jetzt NICHTS mehr trinkt. Keinen Schluck Wasser in der nächsten halben Stunde, sonst haben wir ein Problem. Wasser trinken und danach Melone essen geht, aber wenn du umgekehrt nach der Honigmelone Wasser trinkst, dann … ist alles dünn.«
»Dann ist alles dünn« ist usbekisch und bedeutet: »Gibt anständig Durchfall«. Auf der Weiterfahrt frage ich mich, warum das nicht im Reiseführer steht. Warum erfahren wir so ein schräges, le-bens-wich-ti-ges Naturgesetz erst in der letzten von sechs Drehwochen? Und WARUM BITTESCHÖN gibt es nach jedem Essen einen Teller mit Melone, nicht aber ein Warnschild mit einem durchgestrichenen Wasserglas? (Moment mal, Geschäftsidee: Piktogramm entwerfen, Auf-

kleber in Millionenauflage drucken, auf Melonen anbringen, Leben retten! Naja, ich merke es mir mal vor.) Jedenfalls haben wir etwas gelernt – für unsere letzten drei Tage in *Melon Paradise* keinen Tag zu früh. Auch wenn ich bei intensiver Netzrecherche keine wissenschaftliche Erklärung für das Phänomen finden konnte. Lediglich unser unfreiwilliger mehrwöchiger Selbstversuch sagt: Es stimmt. Nicht machen.

Apropos »Nicht machen«: Karakalpaken, die einem am Herzen liegen, sollte man nicht (und schon gar nicht vor laufender Kamera) fragen, wer denn hier eigentlich die Verantwortung für das Verschwinden des Aralsees trägt. Wenn ich jetzt nämlich schriebe, Herr Sowieso aus Sowieso hat mir das genau erklärt, dann bekommt der ein paar Tage später sehr unangenehmen Besuch von regierungsnahen … sagen wir mal: Ermittlern. Das A-Wort ist ein Reizthema, ebenso wie das B-Wort (Baumwollanbau). Der bereits seit den Sechzigerjahren schrumpfende Aralsee gilt als eine der größten menschengemachten Umweltkatastrophen. Ich sage es mal vorsichtig: Das Schwinden des Sees KÖNNTE THEORETISCH mit der Bewässerung von Feldern wie ZUM BEISPIEL BAUMWOLL-PLANTAGEN zusammenhängen. Schieben wir es auf die Sowjetunion, die kann sich nicht mehr wehren. Sie wollte das Gebiet hier schließlich zum größten Baumwolllieferanten weltweit machen (großer Wasserbedarf). Als Folge musste sie die wachsende Bevölkerung in der Wüste versorgen (noch mehr Wasserbedarf). Die zulaufenden Flüsse Sirdarja und Amudarja wurden im Laufe der Jahrzehnte so sehr angezapft, dass sie den Aralsee irgendwann nicht einmal mehr erreichten – weg war der Frischwasserzufluss, und los ging die Austrocknung, damit die Versalzung – eine unaufhaltsame Spirale nach unten. Von den aus dem Meeresboden und den aus (auf einer Insel im See getesteten) Chemiewaffen (ups!) frei gewordenen Herbiziden und Giften oder von den plötzlich auftretenden Begleiterscheinungen wie Asthma oder Tuberkulose weiß ich offiziell nichts und frage auch nicht nach. Was aber Tatsache ist:

Der ehemals viertgrößte See der Welt hat heute keine 10 Prozent der ursprünglichen Wassermenge mehr, Tendenz gegen Null. Der Aralsee heißt jetzt Aralwüste.
Wir fahren zweihundert Kilometer von Nukus nach Muynak, einem der wohl traurigsten Orte in Zentralasien. Muynak war mal eine Hafenstadt mit der führenden Fischkonservenfabrik der UdSSR und zig tausend Arbeitern. Als wir jetzt hinkommen, liegen da, wo einst das Ufer war, große verrostete Schiffe auf dem ausgetrockneten Meeresboden und schluchzen leise. Der früher noch viel größere Schiffsfriedhof ist mittlerweile abgetragen, bloß ein paar Kutter sind dem Metall-Ausschlachten noch nicht zum Opfer gefallen. Das Kino im Ort hat seit Jahren keinen Film mehr gezeigt, nur noch 10 000 Menschen wohnen hier. Die Stadt hat ihr früheres Leben ausgehaucht. Das einzige, das Geld von außen bringt, ist der Tourismus. Aber wer reist schon so weit, um sich diesem deprimierenden Anblick auszusetzen?
Oktober hat als Kind hier in Muynak im Aralsee geplanscht. Das Ufer ist mittlerweile hundertsechzig (!) Kilometer entfernt, und man merkt unserem Guide an, dass ihn das Aralsee-Schicksal nicht kalt lässt. Er erzählt mir von einem Projekt, in dem Samen von Saxaulpflanzen aus der Luft über der Aralwüste abgeworfen wurden. Sie sind salzresistent und absolut anspruchslos und sorgen dafür, dass das Salz nicht immer noch weiter weht und alles lahmlegt, was wachsen will. Tatsächlich kommen wir an vielen Sträuchern und Sandakazien mit leuchtend pinken Blütenständen vorbei. Oktober ist vorsichtig optimistisch für seinen See. Vielleicht kommt das Wasser irgendwann zurück. »Inschallah«, sagt er. So Gott will.

Jetzt will ich ihn aber auch endlich sehen. Noch drei Stunden Fahrt über den ehemaligen Meeresboden, über dem einmal vierzig Meter Wasser wogten (in der Wüste liegen Muscheln!). Über das Ustjurt-Plateau erreichen wir schließlich das Westufer. Von Weitem

sieht er ja ganz schön aus, der spärliche Rest vom Aralsee. Von Nahem geht's. Wir staksen über den Sand und sinken in feuchte Kuhlen ein, irgendwie ein bisschen eklig. Oybek versaut sich seine ledernen Leisetreter, und ich bin froh über meine Knobelbecher. In jeder Kuhle und vor allem in einer offensichtlich ausgehobenen Mulde schwimmen Millionen kleine rote Viecher – wie Kaulquappen, nur kleiner. Ich möchte hier nichts anfassen, es kommt mir alles vor wie Chemieunfall. Oktober erzählt, die Chinesen sammeln das rote Gewürm für irgendwelche Kosmetikzwecke. Bäh.
Auf einem Kliff oberhalb vom Strand haben unsere Fahrer den Gaskocher angeschmissen und Zelte aufgebaut. Oybek, der noch nie gezeltet hat, ist leicht gestresst und zählt immer wieder die Anwesenden und die Zelte. Neun Anwesende, sechs Zelte. Erst, als er erfährt, dass die Fahrer in ihren Autos schlafen, entspannt er sich ein bisschen. Aber so richtig geheuer ist das Campen unserem usbekischen Monsieur nicht.
Es wird dunkel, als ob ein Rollladen ohne Strippe-Festhalten heruntergedonnert wäre. Wir essen auf einer Plane unter einem Dach von Sternen (Aralsee-Plov), lassen sehr zur Freude der Fahrer eine Flasche Cognac rumgehen und legen uns dann auf den Rücken, um Sternschnuppen zu zählen.
Es ist fast unsere letzte Nacht in Usbekistan, und es ist eine besondere an einem besonderen Ort. Gut, die schnarchende Japanerin, die zuerst ins Bett geht, sorgt für wiederkehrendes Kichern, und der Sonnenaufgang über dem Aralsee für einen kleinen Konflikt, weil ich finde, den kann man auch EINMAL ohne *Depeche Mode* angucken. Aber sonst ist alles außerordentlich schön. Und besonders.
Übermorgen trennen sich unsere Wege: Bruder Oybek fährt wieder zu seiner Familie nach Samarkand, wir anderen teilen uns in Istanbul auf. Meine Brüder Michael und Ste fliegen nach Berlin, Bruder Julia nach Frankfurt.
Ich weiß schon, was ich zu Hause mache: Wieder-da-Plov!

Mongolei

GUT ZU WISSEN:

»Möri hariya!« – »Ich geh mal nach den Pferden sehen.«
(bedeutet: »Ich muss mal«)

oder

Eine praktische Anleitung,
wie man in der Steppe Pipi macht,
OHNE dabei gesehen zu werden

- 34 -

Leben außerhalb der Komfortzone – bei den Onkels in der mongolischen Steppe

Ulan Bator ist die kälteste Hauptstadt der Welt, im Schnitt vier Grad plus. Und die hässlichste. Vier minus. Zurzeit sind es Mitte zwanzig Grad – da kann ich mir ausrechnen, wie kalt es im Winter werden muss, um auf den Schnitt zu kommen. Ob man am Aussehen noch was machen kann, weiß ich nicht. Es ist leider wirklich mit Abstand die unwirtlichste, liebloseste Hauptstadt, die ich bisher gesehen habe. Der Hasenfuß in mir jammert: »Und hier fünf Wochen bleiben? Ich hab ja jetzt schon Heimweh!«, aber der Reisevogel hält tapfer dagegen: »Ey. Die Mongolei ist groß. Das kann nur besser werden.« Es wird definitiv meine härteste Reise.

Um die Mongolei zu sehen, braucht man einen Fahrer mit Geländewagen und einen Übersetzer-und-Reiseleiter. All das finden wir in einem knapp zwei Meter großen Modell: Luvsan Munkhtemuulen. Für uns: Temuulen. Ihn habe ich über sieben Ecken ausfindig gemacht und per Videokonferenz schon gut mit ihm gelacht. Temuulen hat seine Schulzeit in Berlin verbracht und spricht deshalb fließend deutsch. Er hat mir alles zugesagt, was ich drehen will, und wurde von der Filmproduktion komplett im Voraus bezahlt. (Nicht machen.) (Dazu komme ich noch.)

Jetzt knattern wir seit Stunden zu fünft in einem bis unter die Decke voll beladenen Mitsubishi Delica Richtung Osten. Wie bei allen importierten Japanern hat er das Steuer rechts. An dem sitzt Temuulen (der Boss), links an der Kamera Michael, und auf der Rückbank sind wir zu dritt. Hinter dem Fahrer sitzt unsere Köchin namens Tuyaa, Mitte vierzig und alleinerziehend – sie muss ihre zwölfjährige Tochter im Sommer oft allein lassen, um auf solchen Expeditionen ihr Geld zu verdienen. Backbord auf einem ausgeklappten Notsitz hockt Temuulens Neffe namens Zörigoo – er hat Ferien und ist (angeblich) angehender Filmstudent, weshalb er Michael zur Hand gehen wird. Außerdem soll er seinem Onkel beim Zeltaufbau und beim Notfalls-mal-was-Reparieren helfen. Ich sitze hinten in der Mitte und bilde mir ein, ich hätte die Regie. Im Kofferraum türmen sich außer unserem Gepäck Zelte, Tisch und Stühle, ein Benzinkanister, ein Trinkwasserkanister, ein Gaskocher und Lebensmittel für die nächsten Wochen.

In der Mongolei gibt es genau zwei »Autobahnen«, eine von Nord nach Süd und eine von Ost nach West, ansonsten fährt man Piste (wenn es eine gibt) oder querfeldein. Nach zwei Eingewöhnungstagen in Ulan Bator mit Proviant einkaufen und Temuulens Ehefrau Zayaa »Guten Tag und auf Wiedersehen« sagen brechen wir auf, ostwärts Richtung Steppe.
Wir lassen erst die Autobahn und dann eine Piste hinter uns und fahren nun durch eine wegweiser-, baum- und menschenleere Landschaft, die nur drei Dinge beinhaltet: Hügel, Täler und Grün. Ich werde ruhig, gaaanz ruuuhig. Es ist die abgefahrenste und unberührteste Natur, die ich je gesehen habe (»Siehste!«, triumphiert der Reisevogel). Unfassbare Weiten tun sich vor uns auf, die Mongolei ist mächtig schön. Was diese Weite mit mir macht, kann ich schlecht beschreiben. Mich auch innerlich weiten? So was vielleicht.

Temuulen will die Brüder seiner Mutter in der Region Sükhbataar besuchen. Die züchten Pferde und wohnen in Jurten in der Steppe. Aber besuch mal deine Onkels, wenn sie a) Nomaden sind und b) nicht ausgeschildert. Ihr Aufenthaltsort hat weder einen Namen noch eine GPS-Adresse. Wir fahren erst mal in die Bezirkshauptstadt Baruun Urt und besorgen Geschenke im Supermarkt: zwei Säcke Mehl (kein Witz), Pralinen und vier Flaschen Wodka. (Zwei davon behält Temuulen ein. Als »Zoll«? Wie auch immer.) Vor dem Supermarkt treffen wir Temuulens Tante Ichinkhorloo, die zu einer Untersuchung im Krankenhaus war. Mit ihr als Navigator finden wir den Weg in die Steppe sogar im Dunkeln.
Es ist rabenschwarze Nacht, als wir in Onkel Ganbats und Tante Saraas Filz-Zuhause ankommen. Zur Begrüßung gibt es für jeden eine Schale mit gesalzenem Milch-Tee. Tante Ichinkhorloo wohnt mit Mann – Onkel Ganbold –, zwei Töchtern, den Schwiegersöhnen, einem Kleinkind und einem Neugeborenen in der Jurte nebenan. In unserer Jurte gibt es noch keine Enkel.
Temuulen erteilt mir eine Einführung in die innere Ordnung des »Ger« (Jurte auf Mongolisch), hier hat nämlich alles und jeder seinen Platz. Nicht etwa, weil die Mongolen aufgrund ihrer breiten Streuung innerhalb der Steppe zwanghafte Züge entwickelt hätten und völlig aus der Bahn gerieten, wenn nicht alles an Ort und Stelle ist. Auch nicht, weil Ordnung das Leben mit vielen Menschen auf beengtem Raum erleichtert. Nein, es liegt am Glauben. Der alte schamanische Naturglaube will, dass der Eingang der Jurte i-m-m-e-r nach Süden ausgerichtet ist. Gegenüber im Norden – am ehrenvollsten Platz – sitzt das Familienoberhaupt, das ist meistens der Großvater. Und wenn ich »sitzen« sage, dann meine ich das wörtlich. Männer haben im Ger nämlich NICHTS zu tun außer zu sitzen (und dabei zu essen und zu trinken) oder zu schlafen. Der Westflügel ist dann für den Vater und Gäste. Frauen und Kinder haben ihren Platz im Osten der Jurte. In der Mitte steht der Ofen, dessen Abzug durch

das Loch in der Mitte der Holzkonstruktion des Daches ragt. Seine Öffnung zeigt nach rechts, damit die Frauen es nicht zu weit zum Herd haben. Wie rücksichtsvoll.
»Eine Frau darf nie höher sitzen als ein Mann«, sagt Temuulen. Er meint nicht oben und unten, sondern die Nähe zum Ehrenplatz am nördlichsten Punkt. Deshalb sitzt er zwischen dem Ehren-Onkel und uns niederem Weibsvolk.
Dann lerne ich, wie man eine Teeschale annimmt. Immer mit der rechten Hand! Dazu sagt man artig: »Bayarlalla«, das heißt Danke, und schnalzt dabei die vorletzte Silbe mit der Zunge. Angereicht wird auch mit rechts, wobei man den Ellbogen mit der linken Hand unterstützen darf – das ist dann besonders höflich. Selbst im Topf wird nur rechts herum gerührt (ist der Uhrzeigersinn vielleicht schamanischen Ursprungs?). Fazit: linke Hand und links rum – nicht machen.

Bis auf Klein-Zörigoo, der auf das Auto und dessen Beladung aufpassen soll, werden wir alle in diesem Ger schlafen. Ich bekomme als Gast das Bett, auf dem ich gerade links vom Eingang sitze, von Onkel Ganbat überlassen. Er schlüpft dafür zu Tante Saraa auf die Ostseite in ihr uraltes Bett. Beide Betten hängen in der Mitte gefährlich durch und bestehen aus einem Metallgeflecht auf Sprungfedern, die bei jeder Bewegung entweder laut knarzen oder »goiong-goiong« machen. Es ist rührend, den Onkel und die Tante so aneinandergekuschelt zu sehen. Sie kichern und tuscheln. Auf dem Boden, von Norden nach Süden aufgereiht, liegen die Schlafsäcke von Temuulen (als ehrenvollster Gast nach Julia, ganz im Norden), Michael (Mitte) und Tuyaa (natürlich ganz im Süden).
Es beruhigt mich zu sehen, dass unsere Köchin sich ebenfalls abschminkt und eine ganze Tasche voller Wattepads und Cremetübchen mithat. Ich nehme meine Wasserflasche und fahre mir beherzt mit einem nassen Wattepad durchs Gesicht. Sauber. Zähneputzen

geht allerdings besser im Freien. Vorher nehme ich noch Tuyaa auf die Seite, um zu fragen, wo man denn hier zur Toilette geht. Sie hakt mich unter, wir verlassen die Jurte, biegen nach rechts ab und gehen auf eine ganz leichte Anhöhe zu. Nach circa dreißig Sekunden bleibt Tuyaa stehen und gestikuliert: »Hier.« »Hier?«, frage ich ungläubig. Hier ist nichts. Im Sinne von nichts Gebautes. Aber die Frage erübrigt sich. Tuyaa hockt sich hin, lächelt mich aufmunternd an und macht ein Bächlein. Ach so! Überall kann die Toilette sein (und ich dachte, das machen wir nur beim Zelten so)! Abends und nachts ist das ja von mir aus auch völlig okay (bis auf die Hunde, die anschlagen und einen zu Tode erschrecken), aber tagsüber? Es gibt nichts, ich betone *nichts*, wohinter man sich verstecken kann. Keinen Baum, keinen Busch, keinen Felsen, nix. Starke Nerven braucht man. Und das sichere Wissen, wirklich richtig nötig zu müssen. Ich gestikuliere: »Ich brauche noch ein bisschen«, und Tuyaa lässt mich allein. (Inzwischen bin ich ja zertifizierte Fachfrau auf diesem hochspannenden Gebiet – die besten Tipps: siehe übernächstes Kapitel.)

Zurück im Ger schiebe ich mich in meinen Survival-Schlafsack, der extra für diese Extremreise angeschafft wurde, mit dem man es auch bei minus 35 Grad in der Steilwand noch lecker warm hat und in dem ich aussehe wie Raupe Nimmersatt. Ein riesiger senffarbener, ach Quatsch, GOLDENER Kokon. (Mal schauen, was für ein Modell da morgen rausschlüpft.) Ich habe mich gerade klappmessermäßig auseinander gefaltet, als es schon Schelte vom Chef gibt. »Du machst es verkehrt«, tadelt mich Temuulen. »Du darfst nicht mit den Füßen Richtung Norden liegen.« Ja, nee, ist klar, das hätte ich wirklich wissen können. Ich klappe mich wieder zusammen, mache wie beim Breakdance auf dem Rücken eine Drehung und klappe richtig herum wieder auseinander. Kopf im Norden, Füße im Süden, Ordnung wieder hergestellt, Temuulen zufrieden.

Mitten in der Nacht werde ich wach. Es raschelt und schnieft und schnarcht um mich herum. Ich ziehe meine Wanderschuhe, Mütze und zwei Jacken an und gehe nach draußen. Es ist klirrend kalt. Die Hunde haben mich noch nicht bemerkt, es herrscht absolute Stille. Einen Moment lang stehe ich vor unserem Ger und atme nur. Dann sehe ich den unglaublichen Sternenhimmel und einen kunstvoll über der Steppe aufgehängten Dreiviertelmond. Das Bewusstsein, in einer so abgelegenen Region im tiefsten Zentralasien zu sein, und das Wissen, dass wir an diesem surrealen, irgendwie aus der (unserer) Zeit gefallenen Nomadenleben teilhaben dürfen, erfüllen mich plötzlich mit tiefer Freude. Ich bin so bewegt, dass es mir ganz warm in der Brustgegend wird und ich später ein Tränchen der Rührung in meinen Schlafsack weine.

WIR Frauen stehen ja um fünf auf und kochen Tee für unsere Männer. Wir machen da kein großes Gewese drum, wir beschweren uns auch nicht – wir machen es einfach. Temuulen hatte den Onkels freimütig angekündigt, dass er ihnen eine Hilfskraft mitbringt. »Müssen wir die bezahlen?«, sollen sie gefragt haben. »Nein, die ist gratis«, hat er versprochen und lacht sich kaputt, als er mir das erzählt. Jetzt schlummert er in seinem blauen Schlafsack am Ehrenplatz und »die Hilfskraft« holt draußen Wasser mit Tante Saraa. (Michael ist natürlich schon wach und filmt.)
Der Tee MUSS fertig sein, bevor das mongolische Mannsvolk aufwacht. Ich bin allerdings nicht leise genug dafür. Weniger weil ich aufmucke, sondern weil ich um diese Stunde noch nicht so gut austariert bin und mich ungeschickt anstelle. Saraa und ich machen Feuer (Saraa macht Feuer, und ich mache Lärm). (Aber aus Versehen.) Als mir die Blechtür vom Ofen ausrutscht und krachend zufällt, zuckt Onkel Ganbad zusammen, dreht sich aber – wohl aus diplomatischen Gründen – wieder um. Temuulen rührt sich auch nicht. Mit einem Hammer (dessen Kopf ich aus Versehen vom Stiel haue)

schlagen wir auf einer Plane auf dem Boden Tee von einem großen gepressten Tee-Riegel ab.
Eine kleine Ziege kommt in die Jurte spaziert und latscht mir mitten durch die Teekrumen. Ist jetzt auch schon wurscht – wird ja nachher durch ein Sieb abgegossen. In der Jurte darf man nicht pingelig sein.
Das Ziegenkind möchte eine warme Milch, weil die Mutterziege gerade von seinem Zwilling in Beschlag genommen wird. Die kann nur ein Zicklein stillen, also gebe ich dem zweiten hier ein Fläschchen. (Kleine Ziegen kommen auf meiner Niedlichkeitsskala noch vor Welpen oder Kätzchen. Riechen allerdings auch etwas strenger).
Mongolisch Tee kochen dauert netto (ohne Ziege) zwanzig Minuten und geht so: Asche vom Vortag LEISE aus dem Ofen kratzen, von draußen getrockneten Kuhmist holen, in den Herd legen und anzünden, Topf oben drauf, vier bis fünf große Schöpfkellen Wasser hinein. Wenn es kocht, anderthalb Schöpfkellen Milch dazu. Eine Handvoll abgeschlagenen Tee in einem kleinen Topf mit dem heißen Milchwasser übergießen und ziehen lassen, dann das »Tee-Konzentrat« durch ein Sieb in den großen Wok gießen, umrühren und dasselbe wiederholen. Am Schluss kommt noch Salz hinein. (Wenn man lieb bittet, dann Zucker.)

Derweil Temuulen und der Onkel schließlich ihren Tee schlürfen, werde ich von Tante Saraas Nichte Uugnaa aus der Nachbarjurte zum Melken abgeholt. Und NATÜRLICH gucke ich nicht nur zu, ich melke selbst. Das geht so: auf einen Melkschemel hocken, Kuh nicht nervös machen, Eimer zwischen die Knie klemmen, Zitzen fassen und beherzt vom Euteransatz mit festem Griff nach unten streichen. (Kostet Überwindung, weil man denkt, das muss doch wehtun.) Wichtig: unten angekommen, Zitze leicht zusammendrücken wie beim Ventil vom Schwimmflügel, wenn man die Luft rauslässt. Sonst kommt nichts, ich betone NICHTS, in den Eimer. Zwischendurch die Hände mit Milch befeuchten, dann flutscht es

besser. Wer nicht täglich melkt oder sich auf diese Disziplin mit tagelangem Hand-Expander-Training vorbereitet hat, bekommt a) Krämpfe oder b) Muskelkater (ich bekomme beides). In jedem Fall ist es schwerer, als es klingt, und ohne die Hilfe der Nichte und der dazugeeilten Oma würde ich heute noch dasitzen, um den einen Eimer vollzukriegen. So aber kehren wir mit zwei Eimern Milch ins Ger zurück. Dort wird sie gesiebt und erhitzt.
Auf der Milch von gestern hat sich schon eine zentimeterdicke Rahmschicht gebildet, die kommt zum Frühstück aufs Brot und schmeckt köstlich.

Michael ist heute extrem schweigsam. Ich vermute, er hat auch nicht gut geschlafen, aber er hat ein ganz anderes Problem. Die Akkus sollten eigentlich auf der Fahrt über Temuulens Zigarettenanzünder aufladen, aber sie haben zu wenig Strom gezogen und sind jetzt nicht voll. Hier draußen gibt es keinen Strom, das heißt, irgendwann sehr bald ist Feierabend. Temuulen zieht die Onkels zurate. Ergebnis: Ein paar Kilometer von hier beim Brunnen soll es einen Generator geben, da fahren sie hin.
Ich Hilfskraft stelle solange (unter Aufsicht) aus Mehl und Wasser Teignudeln fürs Mittagessen her. Dann vertrete ich mir die Beine. Neben der Jurte sind die beiden Schwiegersöhne Agi und Bagi in der Sonne mit einer Ziege zugange. Sie legen sie hin, einer hält sie fest, und im nächsten Moment ist sie schon tot. Nur ein winziger Schnitt am Halsfell, der ihr nicht wehtut, ein Griff dort hinein und mit zwei Fingern die Halsschlagader durchtrennt. Es gibt kein Geräusch, und es fließt kein Tropfen Blut daneben. Ich drehe innerlich durch, weil Michael und die Kamera nicht da sind. Agi und Bagi nehmen das Tier aus und separieren schlabberige Teile von anderen schlabberigen Teilen, indem sie sie in eine Blechschüssel katapultieren. Ich halte Abstand.
Als die Männer mit vollen Akkus wieder da sind, brate ich ihnen zur Belohnung mongolische Nudeln mit Dosenkuh (Rindfleisch aus

der Konserve). Neben mir drei Mongolen, die die Jurte vollquarzen. Anders als der durchaus wohlgenährte Temuulen sind die Onkels winzig kleine wettergegerbte Männlein und erinnern mich ein wenig an Trockenobst. Auch die Tante reicht mir gerade mal bis zur Achsel, wenn wir nebeneinander stehen. Amüsiert schauen die beiden Onkels vom Bett-jetzt-Sofa hoch, und einer murmelt etwas, das Temuulen sehr zum Lachen bringt.

»Na los, sag schon.« Ich will mitlachen.
»Du siehst aus wie ein Avatar.«
Wenn ich mich so um- und an mir herabsehe: Da ist was dran.

Wir haben das Mittagessen gerade hinter uns (schmeckt eher mäßig, weil Würzen anscheinend was für verwöhnte Städter ist), als ich die Blechschüssel von vorhin auf dem Herd entdecke. Die Tante hebt den Deckel an, und mir wird sofort übel. Eben noch in der Ziege, jetzt schon vor meiner Nase. Graue Schatten in lauwarmem Wasser. Temuuulen und Tuyaa strahlen, der Onkel freut sich. Es ist natürlich eine Ehre, das angeboten zu bekommen, ich kenn mich ja aus. Ich sehe Michael hinter der Kamera grinsen. Der Drecksack weiß, was kommt: Organ für Organ werden Innereien aus dem Topf gefischt und rumgegeben.
»Das ist die Lunge!«
»Das ist die Leber!«
»Das ist der Darm, gefüllt mit Fleisch.«
(Das ist die Julia, die muss gleich brechen.)
Temuulen schiebt sich ein Stück Ziege nach dem anderen rein und schwärmt mit vollem Mund: »Daff iff die Niere, die eff ich am liepften.«
Und Stück für Stück drückt er auch mir Innereien in die Hand. Ich MUSS probieren, sonst fliege ich hier im hohen Bogen raus. Und zwar aus der ganzen Mongolei.

»Ich geb dir nur das Beste«, beteuert Temuuulen. Es kitzelt mich schon innen zwischen Hals und Kinn, ein leichter Würgereiz. Ich knabbere von jedem Ziegenteil einen Kubikzentimeter ab, versuche, so schnell wie möglich zu kauen, und runter damit. Den Rest in meiner Hand gebe ich an die Köchin weiter, die sich – nun ebenfalls mampfend – freut. Eine Win-win-Situation. Dem Onkel bleibt das natürlich nicht verborgen, aber er nimmt zur Kenntnis, dass ich immerhin gekostet habe.
Wer Spaß an solchen Beobachtungen hat, kann mal einer Gruppe Chinesen eine französische Käseplatte vorsetzen. Die fangen auch sofort an zu würgen und wenden sich ab.
Temuulen jedenfalls hat durchaus Spaß an der Prozedur, er ist ja öfters mit Touristen unterwegs und weiß, welch zarte Pflänzchen dabei sein können. Und mein Kameramann freut sich erst recht. Der hat jetzt übrigens wieder richtig gute Laune.

Zur Abwechslung bitte ich anschließend um Männerarbeit – die findet nämlich draußen statt. Der Onkel schickt mich Kuhdung »ernten«. Eine dankbare Arbeit, ich kriege die dringend benötigte frische Luft und muss mich nicht mal bücken, weil ich einen Stock zum Aufspießen der braunen Frisbees benutze. Ich sammle die gesamte mongolische Steppe leer. Danach geht's wieder.
Agi und Bagi fragen, ob ich Lust hätte, die Herden reinzuholen (jetzt, wo ich mich auch für Männersachen qualifiziert habe). Ich bekomme ein robustes kleines mongolisches Pferd und versuche, mich daran zu erinnern, wie das geht beim Trab: bei jedem zweiten Schritt vom Pferd aus dem Sattel »aufstehen«, bei jedem anderen zweiten Schritt wieder hinsetzen. Die Mongolen machen es allerdings anders, und das sieht sehr lustig aus: Sie erheben sich nicht, sondern nehmen jeden Schritt mit dem Popo im Sattel munter mit. Es geht nicht hopp-Pause-hopp-Pause, sondern hoppoppoppoppopp. Das Gehirn wird dabei auch gleich neu sortiert.

Wir drei Cowboys holen also die Schafe und Ziegen rein und haben dabei jede Menge zu Lachen – Agi und Bagi rufen mir mongolische Kommandos zu, ich antworte auf Deutsch und mache was anderes. (Später im Schneideraum gibt es einen O-Ton, der den Cutter tagelang unheimlich erfreut und den er mir immer wieder aus heiterem Himmel vorspielt: Im Bild reiten wir drei aus der Ferne auf die Kamera zu (eine Totale, sehr schön und absolut westernmäßig), aber im Ton zieht Agi (oder Bagi – man kann es nicht genau sehen) aus tiefstem Rachen die Nase hoch und rotzt einen famosen Flatschen in die Steppe. Wenig später hört man (weil ich ja das Mikro an mir habe) meinen leisen Kommentar: »Ich war's nich.«)

Am nächsten Morgen beim Abschied wird's noch mal eklig: Die treusorgenden Onkels haben uns als Zeichen der Freundschaft den Ziegenkopf in einen Pappkarton gepackt, der steht jetzt im Fußraum der hinteren Sitzreihe – da, wo nachher meine Beine stehen sollen. Als ich die Autotür aufschiebe und mir die sonnengewärmte Luft vermischt mit dem Ziegenkopfgeruch entgegenschlägt, ereilt mich doch noch ein hysterischer Moment. Wie sag ich es ihnen? »Entweder sie oder ich«? Oder besser: »Es fährt genau eine Zicke in dem Auto hier mit – und das bin ich«? Ich entscheide mich für ein resolutes »Die Ziege. Bleibt. Draußen.«
Sie fragen trotzdem, ob ich nächstes Jahr wiederkomme. Das rührt mich sehr. (Oder fragen sie aus Angst?)

- 35 -

Leben mit dem inneren Kompass – und einem mongolischen Macho

Temuulen ist hier der Chef, nicht ich. Ich muss das einfach mal lernen. Klugscheißen tut zwar ab und zu ganz gut, bringt aber unterm Strich: nix. Wir fahren mal wieder durch eine grüne Galaxie ohne Straßen, ohne Schilder und – wie ich verwundert feststelle – ohne Kompass. Ich beobachte das eine ganze Weile und denke: Mannometer, der muss sich aber ganz schön sicher sein, wo er lang fährt. Unzählige kleine Pisten kreuzen sich, laufen parallel, gabeln sich, führen irgendwo wieder zusammen, schlängeln sich dahin. Wie ein halb leerer Spaghettiteller.

Wir wollen an den östlichsten Punkt der Mongolei, zu einem heiligen Berg kurz vor der Grenze zu China. Zum östlichsten Punkt, denke ich, da würde es ja fast Sinn machen, wenn wir auch Richtung Osten fahren. Diskret krame ich meinen kleinen Kompass aus dem Rucksack (ein Schlüsselanhänger-Gimmick aus dem Outdoorladen) und schaue drauf. Wir fahren Richtung Süden. Soll ich was sagen? Mein Vernunftzentrum schlägt die Hände über dem Kopf zusammen und raunt: »Lass es BITTE gut sein«, doch mein Vorwitzzentrum kann nicht anders. Ich tippe Michael an. »Ich würde gerne ’nen O-Ton aufnehmen.«

Kamera läuft.

»Du. Temuulen, müssten wir nicht eigentlich Richtung Osten fahren?«
»Tun wir doch.«
»Ich glaub nicht.«
»Woher willst DU das denn wissen? Warst du schon hier?« Er lacht.
Das ist mein Moment. »Ich habe einen Kompass mit«, prahlt die kleine Besserwisserin.
Pause.
Der ignoriert mich!
»Willste den mal?«
Keine Antwort.
»Den KOMPASS hier, also ich leihe dir den gerne!«
»Brauch ich nicht.«
»Aber wär das nicht verrückt, wenn du da mal draufschaust? Wie orientierst du dich denn?«
»An der Sonne.«
Am farblosen Himmel ist kein Fitzelchen Sonne zu sehen, die geschlossene graue Wolkendecke reicht bis zum Horizont. Am Boden kein einziger Schatten, alles ist vollkommen einfarbig.
»Und wenn die mal nicht scheint?«
Stille.

»Also jetzt zum Beispiel, wie orientierst du dich denn jetzt?«
»Ich weiß, wo ich hin muss.« Und fährt unbeirrt weiter.
Das kann ich ja gar nicht haben, aber ich kann ihn auch nicht fesseln und knebeln und ihm den Kompass vor die Nase halten.
Da, ein Schild! »GER-CAMP 20 KM« steht auf einem Pfeil, der geradeaus und nach rechts zeigt. »Siehste?«, triumphiert mein mongolischer Freund.
Fünfzig Meter weiter kommt das nächste Schild. »GER-CAMP 19 KM« steht drauf. Aber der Pfeil zeigt in die andere Richtung, geradeaus und dann links.

»Siehste?«, knurre ich leise.
Und so fahren wir weiter, Temuulen dreht seine Kassette lauter (unfass-bare schnulzige mongolische Musik), ich stöpsele mir demonstrativ meine Kopfhörer ins Ohr und drehe was anderes auf. Soll er doch fahren, wie er will.
Als wir das eigentlich nur zwanzig Kilometer entfernte Ger-Camp bei Einbruch der Dunkelheit immer noch nicht gefunden haben, muss Temuulen zähneknirschend jemanden fragen. Eine Kunst für sich in der Steppe, wo nicht ganz so viel Verkehr ist wie auf der A5. (Ungefähr drei Fahrzeuge kommen pro Tag an uns vorbei). Jetzt könnte ich mich zwar freuen, weil ich die Schlauere war mit meinem 50-Cent-Kompass, aber die Genugtuung wird von der Tatsache überschattet, dass wir zur Not im Freien schlafen müssen – es ist saukalt, und mittlerweile regnet es auch.
Ein netter Mann, den Temuulen aus seiner Jurte »klingelt«, schwingt sich aufs Moped und fährt voraus.
Mit zwei Stunden Verspätung erreichen wir unser Camp. Es ist schon alles dunkel und gibt auch nichts mehr zu essen. Unsere Geduldsfäden sind zum Zerreißen gespannt (Hunger und Müdigkeit macht die Nerven spröde, ich glaube, ich hab's mal erwähnt). Meiner reißt, als Temuulen vorschlägt, dass Michael und ich uns ein Ger teilen. Er und Zörigoo wollen wie immer im Bus schlafen, und die Köchin soll halt in ihr Zelt (bei strömendem Regen und völlig durchgeweichtem Boden). Klar könnte ich mir mit Michael ein Ger teilen, aber mir geht es ums Prinzip. Temuulen hat so viel Geld im Voraus bekommen, dass er einfach mal etwas ohne Diskussion bezahlen soll. Eine Übernachtung kostet pro Person 15 Euro.
Ich bespreche mich mit Michael, dann bestehen wir darauf, zwei Gers zu »mieten«, und ich lade die Köchin ein, bei mir zu übernachten. Ich will auf keinen Fall, dass sie alleine im Zelt schläft, mir ist der ganze Ort unsympathisch, vielleicht weil es schon dunkel und alles matschig ist. Vielleicht weil die wenigen Leute hier nach

dunklen Gestalten aussehen. Temuulen hat keine Wahl, ist aber jetzt auch stinkig. Er kann es nicht leiden, wenn jemand anders über ihn bestimmt. (Das haben wir gemeinsam.)
Tuyaa und ich bringen die Lebensmittel hinein und fangen an zu kochen (innerlich koche ich schon den halben Tag). Tuyaa ist gerade am Auto, als zwei mongolische Frauen in die Jurte kommen. Sie setzen sich aufs Bett am Eingang (den Gästeplatz). Grußlos, einfach so. Ich atme schwer. Tuyaa kommt wieder, aber ich kann sie nicht wirklich fragen, was die Damen wünschen. Mongolisch und Russisch (was im einstigen Bruderstaat der Sowjetunion viele Mongolen sprechen) sind nicht in meinem Repertoire. Tuyaa scheint es nicht sonderlich zu stören, sie bietet den Damen Brot an.
Später lerne ich: In der Steppe sind die Leute darauf angewiesen, dass sie überall in die Jurte eintreten können. Sie bekommen etwas zu essen und zu trinken und ziehen dann ihrer Wege.
Die beiden Frauen entschwinden auch irgendwann wieder, dafür kommen zwei angetrunkene Mongolen herein. Jetzt reicht's mir aber. Raus, ganz fix! Ich gestikuliere: »Für heute geschlossen«, und: »Auf Wiedersehen«, bugsiere die beiden Männer nach draußen und verschließe die Tür. Daumen hoch, macht Tuyaa.

Hierzu erfahre ich, dass es ab und zu vorkommt, dass sehr betrunkene Männer in eine Frauenjurte »einfallen« und noch mehr wollen als essen und trinken. Ich verstehe. Deshalb geht Tuyaa immer mit mir zusammen aufs Klo oder auch duschen, wenn es eine der seltenen Gelegenheiten dazu gibt. Sie hat schlicht Angst.

Tuyaa wirft den Topf an, und ich lege schon mal meinen Schlafsack auf eins der Betten, von dem ich ausgehe, dass es da am wenigsten zieht. Es donnert an die Tür und unsere mongolischen Teamkollegen wollen herein. Temuulen und Zörigoo lassen sich auf MEIN Bett fallen und setzen ihr mongolisches Kartenspiel fort. (Sie spielen ständig Karten. Ich verstehe die Regeln nicht, aber ich bin auch nicht als Mitspieler erwünscht.) Ich bitte sie, sich auf das andere Bett zu setzen, weil ich hier am Wurschteln bin. Wie wär's mit dem Gäste-Bett, Männerseite, Nähe Notausgang? Aber Temuulen belehrt mich, dass ich das Bett an der Nordseite ohnehin nicht nehmen darf. Ist den Männern vorbehalten und bringt Unglück.

Plopp. Das war der eine Tropfen zu viel. Mein Donnerwetter entlädt sich schneller, als ich denken kann. Meine Kinnmuskeln spannen sich an, meine Fäuste ballen sich zusammen, und ich flippe aus. Ich mache ihm mit versteinerter Miene klar, dass wir hier in einem Touristencamp und nicht in privaten Jurten sind, dass das hier MEINE Gästejurte ist, für die wir BEZAHLT haben, und dass er und Zörigoo dementsprechend gerade auf MEINEM Bett sitzen. Dass wir darüber hinaus gerne alle bei MIR in der Jurte kochen und den Abend verbringen können, aber das ICH hier drin schlafen werde, wo ICH möchte. Und wenn ich alle zwei Stunden das Bett wechsle, ist das meine Sache. Punkt. (Jetzt geht's mir besser.)
»Du wirst sehen, das bringt Unglück«, entgegnet er.
Sachma!
Ich erinnere ihn eisig, dass er mir in einem anderen Camp das Bett im Norden zugewiesen hat.
»Ja, bei Touristen wirkt es vielleicht nicht so«, folgt eine eher dünne Erklärung.
Wirkt WAS nicht so? Bringe ich Unglück über uns alle und unsere Reise, bloß weil ich mir herausnehme, mein Bett frei zu wählen? Bei Nomaden zu Besuch werde ich niemandem (wissentlich) auf die Füße treten, das ist klar. Aber Temuulen ist in Berlin groß geworden, in BERLIN! Und jetzt lässt er hier den Traditionalisten raushängen, wann immer es ihm gerade passt. Ich hätte gerade gute Lust, jetzt im Topf links herumzurühren und als Ober-Sünde meine benutzten Taschentücher ins Feuer zu werfen. Und dann beim Rausgehen auf

die Schwelle zu treten – alles nur, um Temuulen zu zeigen, wie böse ich sein kann. Mache ich aber nicht.

Als ich später mit der armen Tuyaa, die das ganze Theater nur bildlich verfolgen kann, allein bin, werfe ich das Notfall-Satelliten-Telefon an und rufe in der Redaktion an. Ich habe die Schnauze wirklich gestrichen voll und kann das Tolle, das Berauschende, das Weite an der Mongolei gerade nicht mehr erkennen. (Es handelt sich hier um einen schweren emotionalen Notfall.) Meine Redakteurin pflichtet mir bei, berichtet, sie habe in China ähnliche Erfahrungen gemacht, und bestätigt mir, dass ich keine feministische Zicke bin. Das wollte ich doch hören. Geht mir schon besser.

Am nächsten Nachmittag geht das Machtspiel weiter. Wir erreichen unseren heutigen Platz zum Zelten (diesmal keine Einwände unsererseits). Temuulen steigt aus, nimmt sich einen Klappstuhl, zeigt auf mich und dann auf die Köchin. »Du hilfst ihr«. Dann haut er sich mit Zigarette in die Sonne, und mir klappt der Mund auf. (Punkt für ihn.)
Tja, Frollein, das sind die Regeln des harmonischen Zusammenlebens in der Mongolei: Mann macht Feuer, Frau macht Essen. Frau wirft den Topf an, Mann ruht sich aus und raucht erst mal eine. Mann sitzt am Ehrenplatz und kriegt als Erster sein Essen serviert. Das nagt dermaßen an meinem gebeutelten Feministinnenherz, dass ich erneut Zuspruch brauche und mich irgendwann, als wir in der Nähe einer Ortschaft Empfang haben (was nur alle vier bis fünf Tage vorkommt), fernmündlich bei meinem Mann darüber auslasse. Der wiederum amüsiert sich prima (ich weiß nicht mehr genau, ob er sagt: »Tut dir auch mal ganz gut« – falls ja, blende ich es umgehend aus) und macht gleichzeitig sichtbar, was ich vor lauter angekratztem Ego nicht erkennen kann: »Also ich find's total witzig.« Wie? Sorry, nee, aber da kann ich jetzt nicht zustimmen.

Einen Moment später wird mir bewusst, welche Komik tatsächlich da drin schlummert: Wichtig-wichtig-Regisseurin wird von Macho-Reiseleiter zur Küchenarbeit genötigt. Jetzt schält sie Kartoffeln, anstatt mit ausgestreckten Armen bedeutungsschwangere Rechtecke mit den Händen zu formen, hindurchzuschauen und zu sinnieren: »Hhmh, ja, das wäre ein schönes Bild«.
Und so kehrt der Humor durch die unendliche Weite zu mir zurück und ist mir sehr willkommen. Michael filmt von jetzt an Temuulen beim Pause machen, damit ich das im Film auch witzig erzählen kann. Gefällt unserem mongolischen Freund gar nicht. (Punkt für mich.) Aber der Film gefällt ihm später richtig gut. Er hat halt auch Humor.

Das Ganze macht noch etwas anderes mit mir. NATÜRLICH helfe ich unserer Köchin, erstens weil wir Frauen zusammenhalten und zweitens weil ich gern mit ihr zusammen bin. Sie bringt mir bei, wie man den weltbesten mongolischen Camping-Krautsalat macht und füllt mir jeden Abend das letzte heiße Wasser aus dem Topf in meine Wärmflasche. Ohne diese am Fußende vom Schlafsack würde ich hier keine Nacht einschlafen. Und drittens – jetzt hören die Hardcore-Emanzen bitte mal kurz weg – erdet es mich auch (allerdings erst nach vier Wochen). Es lässt mich nachvollziehen, dass die hiesige und für die meisten ja eher altmodische Rollenverteilung eine gewisse Grundordnung schafft. Hier funktioniert sie, weil das Leben selbst so archaisch ist. Herde – Jurte, draußen – drinnen. Du machst dies und ich das, ohne dass wir das vorher ausdiskutieren müssen.
Nur die Menge an Aufgaben ist (auch archaisch betrachtet) ungerecht verteilt – da zieht die Frau mal wieder den Kürzeren.
Und schon ist die Feministin in mir wieder hellwach …

- 36 -

Ein eigenes Kapitel nur für das Bächlein

Es gibt eine Frage, die ich zwar oft, aber immer nur LEISE gestellt bekomme. Gerne bringe ich Licht in das Mysterium des Austretens in der Steppe – über Pieseln mit Freunden und Groß unter freiem Himmel, wie man die eigene Schamschwelle niederwalzt, was man topografisch beachten und was man immer dabei haben sollte. (Und vermelde nachdrücklich, dass es nicht schlimm ist, wenn aus dem Nichts ein Bus auftaucht und alle winken und einen beglückwünschen.)

Erstens: Nichts trinken ist keine Lösung. Irgendwann muss man. Die einen öfter, die anderen nur morgens und abends. Ich öfter (»Trinken ist wichtig!«). Der Mongole – weil er die Jurte dafür verlassen muss – sagt: »Möri harya.« Das heißt übersetzt: »Lass mal nach den Pferden sehen«. Bei den Nomaden findet man, wenn sie länger an einem Ort bleiben, meist (etwas von den Jurten entfernt) eine schmale Grube, über der ein paar Bretter liegen und um die eine dreiseitige Steinmauer herumgebaut ist. Die ist maximal einen Meter hoch und hat keine Wand Richtung Süden. Vorteil: Man kann von Weitem sehen, ob sie frei oder besetzt ist. Nachteil: Man ist eben selber ganz gut sichtbar, wenn man mal muss. Wichtig: Nie nachts ohne Stirnlampe benutzen! Die Bretter sind manchmal glitschig,

und wer möchte schon im Dunkeln ausrutschen und dann um Hilfe rufen müssen …
Wer jetzt schon gestresst ist, den kann ich beruhigen. Die Mongolen interessieren sich in der Regel nicht die Bohne für das Geschäft anderer Leute. Wenn sie sich einer Toilette nähern, die nicht abschließbar ist, vielleicht in einem Ger-Camp, husten sie. Das heißt: »Ich komme jetzt«. Dann räuspert man sich ganz laut. Das bedeutet: »Nee, warte mal, hier ist gerade besetzt«. Im Gegensatz zu manch Deutschem bleibt der Wartende dann nicht mit den Füßen scharrend direkt vor der Tür stehen, sondern entfernt sich wieder. Klappt doch schon mal ganz gut.

Wir steigern den Schwierigkeitsgrad: Mal müssen in der Steppe. Was tun wir, wenn weit und breit kein Baum, kein Strauch, kein Felsen zu finden ist? Fakt ist, es muss gemacht werden, Verstopfung bringt schlechte Stimmung ins Team. Also: Erst mal unauffällig durchzählen. Fehlt einer? Lieber warten. Diskretion schafft Vertrauen. Alle da? Gut, dann los. Man schaut nach dem Sonnenstand und geht DIREKT AUF DIE SONNE ZU, so weit, bis man sich wohl fühlt. (Bitte nicht ganz bis zum Horizont wandern und etwas Zeit für den Rückweg einkalkulieren, denn die anderen zählen vielleicht nicht durch bevor sie fahren … Trampen in der Steppe kann lange dauern.) SOLLTE einem jetzt tatsächlich jemand hinterher schauen, ist er total geblendet und sieht: nichts. (Funktioniert natürlich nur morgens und abends so richtig, für mittags muss ich noch eine andere Strategie entwickeln.) Dieses Wissen verschafft jedenfalls psychologisch große Erleichterung und meistens dann auch bald physische.

Außerdem: Immer ein paar Blatt Toilettenpapier (keine Taschentücher, die lösen sich frühestens nach 3 Monaten auf) in der Hosentasche haben. Und weil ich ein Öko bin, schreibe ich auch das auf: Bitte unbedingt eine (am besten dunkle) Tüte für das benutzte

Klopapier dabei haben und alles wieder mitnehmen (das Häufchen darf bleiben). (Dann sind theoretisch auch Taschentücher okay.) In Ermangelung von Wasser Handdesinfektionsmittel mitnehmen – hilft enorm für die Psychologie. Klopapiertüte schön zuknoten und bei nächster Gelegenheit entleeren. Nie, ich betone NIEMALS, benutztes Klopapier oder vollgeschnäuzte Taschentücher in ein Feuer werfen! Feuer ist heilig und Müll darin bringt – große Überraschung – Unglück!

Und zum Schluss noch ein Tipp für den Pipi-Notfall während der Fahrt: Es gibt in der Steppe genau einen Platz, an dem man in dieser Situation in Abwesenheit von sonstigem Sichtschutz nicht gesehen werden kann: direkt hinter dem Auto. (Außer es ist ein Bus, dann hat man unter Umständen ergriffenes Publikum auf dem Ersten Rang.)

- 37 -

Total im (mongolischen) Fluss oder: Respekt muss man sich eben erarbeiten

Genau so habe ich mir die Taiga vorgestellt: Im Norden der Mongolei ist alles dauergrün. Der Khövsgöl-See ist auch im Juni noch mit einer dicken Eisschicht bedeckt, und nachts wird es hier einstellig kalt. Temuulen will mit uns an einem Ort übernachten, an dem drei Flüsse ineinanderfließen (au ja, baden!). Mit unserem Geländewagen haben wir schon so einige Bäche durchquert, aber direkt vor dem heutigen Ziel kommt ein echter Stresstest. Ein für die Jahreszeit unerwartet hoher Fluss schneidet uns den Weg zu unserem Zeltplatz ab. Das war's dann wohl.

Aber Temuulen ist unbeeindruckt. »Julia, schau mal nach, wie tief es ist«.

Aye, aye, Sir.

Bei den weniger reißenden Exemplaren genügt es, einen Stock an zwei, drei Stellen ins Wasser zu tauchen, um an der flachsten Stelle durchzuknattern. Bei diesem Modell wird das nicht reichen, da brauchen wir anderes Besteck. Cowboy Julia macht sich bereit. Geistesgegenwärtig lege ich die Funke und das Mikro ab – Vorsicht ist besser als Nachsicht – und wate mit nackten Füßen und weit hochgekrempelten Hosenbeinen in den Fluss. Kurzes Taubheitsgefühl, dann Kälteschmerz. OKAY, Badetemperaturen sind das nicht.

Ich rufe gegen das Rauschen an: »Hier ist es nicht tief!«
»Und weiter hinten?«
Ich wate weiter hinein. »Okay!« brülle ich.
»Und noch weiter hinten?«
Ich schreite weiter und denke noch: Der hat aber ganz schön Zug, der Fluss. Da reißt es mich plötzlich eine Stufe nach unten. Ich kann mich fangen und stehe jetzt bis zur Hüfte im Wasser. Hinter mir am Ufer höre ich große Erheiterung.
»Und wie ist es jetzt?«, brüllt Temuulen fröhlich.
»Jetzt ist es tief«, brülle ich zurück.
»Und dahinter?«
Will der mich umbringen? Ich muss mich nach links gegen die Strömung lehnen (hoffentlich bringt das jetzt nicht wieder Unglück). Abgesehen davon, dass es im Wasser recht ungemütlich ist, beschleicht mich die Sorge, davongetragen zu werden und erst im Baikalsee wieder aufzutauchen – schockgefrostet. Doch der Flussboden unter meinen Füßen steigt wieder stufenartig an, und ich brülle zum anderen Ufer, was sie an meinen Beinen sehen können: »Jetzt ist es nicht mehr tief!«
Team Drüben öffnet die Motorhaube und umwickelt die wichtigsten Teile mit Plastiktüten. Temuulen ist da absolut schmerzfrei, er macht das auch nicht zum ersten Mal. Ich möchte den deutschen Autobesitzer sehen, der die Elektronik seines Motors in Frischhaltefolie verpackt und dann durch einen achtzig Zentimeter tiefen Fluss düst. Hier muss es gemacht werden, alternativ warten wir bis Herbst. Kurzerhand werden alle wasserempfindlichen Sachen hochgelegt, Fenster und Türen verschlossen, die Knie angezogen, der Fußraum wird freigemacht und dann beherzt Gas gegeben.
Die fahren jetzt also ernsthaft durch einen Fluss.
Ich stehe mit nasskalter Hose am anderen Ufer und beobachte das Spektakel. Als sie auf meiner Seite ankommen, gibt es einen Riesenjubel, und Temuulen ist so euphorisch, dass er mich, nachdem er das nasse Auto auf seine finale Parkposition gebracht hat, sogar abholen

kommt, weil der Boden hier so scharfe Steine hat: Auf dem Rücken (!) trägt er mich aus der Gefahrenzone. Um so viel Kavaliertum zu erleben, musste ich erst mein Leben aufs Spiel setzen. Ich vermute, dass er mir bis gerade eben noch nie so richtig Respekt entgegen bringen konnte. Mit meiner Heldentat ändert sich das schlagartig. Spätestens jetzt weiß auch mein störrischer Mongole: Ich bin ’ne coole Socke.

Und dann ist die Zeit plötzlich rum. Über vier Wochen sind wir jetzt unterwegs, haben die Wüste Gobi durchquert, diverse Autopannen durchgestanden, heilige Orte besucht, Ovoos umrundet (Steinberge mit bunten Stoffstreifen dran – je drei Mal, bringt Glück) und was gefunden, was uns alle zum Lachen bringt: In der Mittelkonsole vom Auto ist eine Digitaluhr. Wann immer sie 11:11, 14:14 oder 22:22 anzeigt, schreit derjenige, der es zuerst gesehen hat, auf und feiert wie ein Torschütze an der Eckfahne. Wir entwickeln Strategien, um die anderen von der Uhr abzulenken: Schlafend stellen, damit die anderen sich in Sicherheit wähnen, vorm Sichtbereich der Anzeige herumwischen, damit der Blick verstellt ist, oder draußen ein Kamel entdecken – alles ist erlaubt. Hauptsache, man gewinnt.
Und wir sind ein eingespieltes mongolisch-deutsches Team geworden. Sobald wir nachmittags den Platz für die Nacht gefunden haben, sammelt derjenige, der zuerst ins Gebüsch verschwinden muss, auch Holz für das Feuer. Zörigoo schnappt sich die Wurfzelte und platziert sie mit dem Eingang nach Süden. Schlafsäcke und Isomatten kommen sofort hinein, damit niemand später im Dunkeln danach suchen muss. (Zörigoo und Temuulen schlafen auf den Sitzen in unserem Gelände-Minibus.) Tuyaa teilt mir mit, was auf dem Speiseplan steht (meistens Suppe mit Kartoffeln und Möhren, manchmal auch mit Dosenfleisch, dazu Krautsalat), und ich beginne sofort zu schnippeln. (Tuyaa hat sich unterwegs beim Nähen eine Nadel unter den Daumennagel gerammt, das hat sich entzündet und musste von Dr. Julia operativ geöffnet, entleert, desinfiziert und

verbunden werden. Jetzt fällt die Köchin für Kartoffelschälen und sämtliche Tätigkeiten, die mit Wasser zu tun haben, aus – Smutje Julia springt ein. Macht mir gar nichts!) Während wir kochen, filmt Michael oder sichert schon das Filmmaterial des Tages auf Festplatte. Temuulen ruht sich vom Fahren aus, indem er mit seinem Neffen Karten spielt und raucht. Er sitzt vor Kopf, bekommt den ersten und größten Teller von mir (macht mir GAR nichts!), und nach dem Essen spüle ich ab. Wenn ein Fluss in der Nähe ist, geht das problemlos, ansonsten steht ein halber Liter aus unserem heiligen Wasserkanister für Geschirr und Töpfe zur Verfügung. Einmal mit einem feuchten Lappen drüber – fertig.

Nach dem Essen platziert Zörigoo die Klappstühle um das obligatorische Lagerfeuer, und wir ziehen die Polarausrüstung an. Ich habe über meiner Outdoor-Montur noch einen gefütterten mongolischen Mantel, ein »Deel« von Temuulens Frau. Nach Einbruch der Dunkelheit wird es klirrend kalt. Daher macht allabendlich eine Tasse Wodka die Runde, der wärmt, desinfiziert von innen und trägt ein bisschen weg. Ich mag den aber nicht jeden Tag. Daher hier die Anleitung zum Ablehnen von Wodka ohne Brüskieren des Spenders: Tasse annehmen (rechte Hand!), in die andere Hand übergeben, mit dem rechten Ringfinger in den Wodka stippen, den Tropfen auf die Stirn tupfen, Tasse weitergeben (wieder mit rechts). So vergrämt man niemanden, und die Leber freut sich über eine kleine Verschnaufpause.

Wenn wir alle gemütlich sitzen, singt Tuyaa für uns. Ihre samtene mongolische Altstimme lässt unsere Gedanken durch die Steppe davonschweifen und bringt ein melancholisches Seufzen wieder mit zurück. Sie singt poetische Lieder über die Liebe, die Weite und die Natur. Tuyaa vermisst ihre Tochter, wie jeder von uns jemanden vermisst.

Nachdem unsere Köchin an den ersten Abenden immer als Einzige gesungen hat, bittet sie uns, auch mal was zu singen. Nicht gemeinsam, wohlgemerkt. Alle nacheinander. Nun trällert immer derjenige,

der gerade die Tasse in der Hand hält. Erst ist mir das noch unangenehm (dieser Leistungsanspruch!), aber bald hole ich ungeniert alte Gutenachtlieder und mein gesamtes Schnulzenrepertoire aus der Pubertät hervor und beschalle die Mongolei ohne Gnade. Michael ist da rücksichtsvoller. Gelinde gesagt tut er sich etwas schwer mit dem Singenwollen – heißt, er wird ziemlich grantelig, wenn man ihn nötigt zu singen. Ohne Begründung. Er singt eben nicht, Punkt. Das Singen und Temuulens Schmachtkassetten bringen Tuyaa und Zörigoo schließlich auf die Idee, nach der Rückkehr in Ulan Bator zum Abschied in eine Karaokebar zu gehen. In den letzten Tagen der Fahrt zur Hauptstadt reden sie von nichts anderem mehr. Michael leidet sichtbar unter der Vorstellung, und ich gieße ab und zu noch ein Tröpfchen Öl ins Feuer, indem ich ihn scheinheilig frage, ob er sich schon einen Titel herausgesucht hat.
Nach der Rückkehr nach Ulan Bator frage ich Temuulens Frau Zayaa, wie das eigentlich bei ihnen zu Hause mit der Rollenverteilung gehandhabt wird, und erzähle ein wenig von meinen Erfahrungen mit ihrem Liebsten. Zayaa fängt an zu kichern: »Deswegen fährt er wahrscheinlich so gerne auf Expedition! Da hat er endlich mal das Sagen!« What? Sie legt nach: »Weißt du, hier bekommt er von den Traditionen genau zwei Dinge: seinen Ehrenplatz am Tisch und die erste Portion. Das war's.« Sie mustert mich. »Lass mich raten. Er hat so getan, als würde er hier zu Hause auch von vorne bis hinten bedient?« Ich schaue sie mit großen Augen an, und sie schüttet sich aus vor Lachen.
Wir checken in dem Hotel ein, in dem wir schon die erste Nacht verbracht haben. Damals fanden wir das so schäbig. Und wie finden wir das jetzt? LUXUS PUR! Heißes Wasser, viel sogar! Kein Pipi- oder Zigarettengeruch, weiches Klopapier, sauberes Bettzeug, frische Handtücher, SECHS STÜCK!
Selig amüsiere ich mich über meinen ersten Schock vor ein paar Wochen und sortiere meine Siebensachen für den Rückflug. Aus dem

Nebenzimmer (wir haben wieder so eine »Suite«) kommt ein sonores Brummen. Ach nein, das ist eine Melodie. Ich schleiche mich in den Flur, luge um die Ecke – und traue meinen Augen kaum. Michael hat Kopfhörer auf und singt leise. Wie cool ist das denn, der übt für die Karaokebar! Er entdeckt mich und nimmt die Kopfhörer ab.
»Machst'n du da?«, flöte ich unschuldig.
»Das, meine Liebe«, grinst er, »geht dich ü-ber-haupt nichts an.«

Beim Abendessen schenken mir die Mongolen zum Abschied ein leuchtend blaues Deel – jetzt habe ich meinen eigenen Übermantel (für lange Februarabende im Freien)! Und dann ist er endlich da, der Moment, in dem sich wochenlanges Üben auszahlen wird, der Höhepunkt und krönende Abschluss dieses Roadtrips, auf den wir auf unterschiedliche Weise hingefiebert haben. Wir schieben uns zu fünft (ich in meinem neuen Deel) in eine kaschemmige Bar und bekommen den Schlüssel zu einem komplett mit schwarzem Filz und Schaumstoff ausgekleideten Raum. Lederbänke stehen entlang der Wände, auf einem Tisch trohnt ein großer Bildschirm. Die Mongolen legen sofort los. Routiniert wählen sie aus, drücken Knöpfe, Musik ertönt, kyrillische Texte wechseln die Farbe, und ich höre das Lied, das ich wochenlang jeden Tag gehört habe. Ich kann es locker mitsingen. Temuulen rockt die Show und hält mir beim Refrain das Mikro unter die Nase. Da kenn ich doch nix, da stimme ich mit ein! Welch ein fantastischer Abend!
Den wahren Showdown bringt jedoch Michael, als wir anderen uns angemessen ausgesungen haben. Mit einer eigenwilligen Interpretation von »Yesterday« (ich glaube, es ist die Geburtsstunde des Sprechgesangs in der Mongolei) rührt er uns fast zu Tränen. Nach Wochen des Bittens und Bohrens ist es dieser Moment – als er endlich für uns singt, für seine kleine mongolische Karawane –, in dem wir spüren: Egal, woher wir kommen, egal, wie wir aufgewachsen sind und wie schlecht wir auch singen mögen: Wir sind alle eins.

EPILOG

Jede Reise lässt mich anders nach Hause zurückkehren, als ich losgefahren bin. Innerlich reicher und bunter, ein klitzekleines bisschen klüger (aber wirklich nur ein My). Ich trage die Bilder und Geschichten mit mir herum, erzähle sie GERNE und andauernd, und Gewohnheiten aus anderen Kulturen mogeln sich in meinen Alltag. Wenn ich von Hand spüle, denke ich an Tuyaa. Wenn Gäste kommen, möchte ich es wie die Georgier machen und heute nicht über Politik reden. Ich mache mongolischen Krautsalat. Ich koche usbekisches Plov. Jeder Paketbote darf erst gehen, wenn er mir erzählt hat, aus welchem Land er kommt – dann freue ich mich wie Bolle, wenn ich sagen kann: »Da war ich schon!« und »Danke, Tschüss!« in seiner Landessprache raushaue.

Wenn ich reise, bin ich als Besucherin aus dem Ausland immer auch Botschafterin für mein Land, ebenso wie meine Gastgeber für ihres. Sie sind zu Freunden geworden und jetzt an mindestens einem Punkt mit meinem Leben verknüpft. Ich habe gelernt, wie erfüllend es ist, wenn ich nicht auf eigene Faust, sondern mit Einheimischen durch ihr Land streife und Zeit mit ihnen verbringe. So werde ich mit ihren Gewohnheiten vertraut (beziehungsweise kundschafte diese durch das ein oder andere Fettnäpfchen aus). Im Miteinander wird mir auch bewusst, wie schwer und dennoch bereichernd es ist, eigene Macken zu erkennen und mal testweise abzulegen, und schließlich: wie schön es immer wieder ist, nach Hause zu kommen und trotzdem nie mehr so zu sein wie vorher.

Und dann kommt, was immer ganz schnell wieder kommt:

Fernweh.

DANK

Und jetzt spiel ich euch das noch mal rückwärts!

Hätte mich der MDR nicht *Ostwärts* versendet, wäre dieses Buch nicht entstanden. Hätte mich der Flughafen (ein paar Jahre vorher) nicht für ein Sabbatjahr von der Leine gelassen, wäre kein einziger Reisebericht entstanden – und ich nicht als Praktikantin beim Fernsehen gelandet. Hätte ich (noch ein paar Jahre vorher) meinen Abschluss als Designerin ernster genommen, hätte ich nie Karriere am Flughafen gemacht, und dann wäre vielleicht auch die Sinnkrise nicht gekommen, die nötig war, um anzufangen, Reisegeschichten zu erzählen. Alles bedingt alles. Ich bin dankbar für diese Kausalkette und für die Begleitung so vieler Gefährten auf meinem Weg bis hierhin. Manche haben mich an die Hand genommen und ein Stück gezogen, andere mich eher geschoben, diverse haben mich vom Streckenrand angefeuert. Selbst den paar Leuten, denen ein Steinchen vor meinen Füßen aus der Hand gefallen ist (bestimmt aus Versehen), bin ich dankbar. Und ich bin froh über die vielen Schulterklopfer und den ein oder anderen gut gemeinten Tritt in den Hintern.

Claudia Schreiner hat als Kulturchefin beim MDR meine ersten Reiseberichte gelesen und dafür sogar ihr Telefon umgestellt. Danke für deine Einladung zum schrägsten Praktikum aller Zeiten! Peter Dreckmann, mein allererster Redaktionsleiter und geduldiger Mentor: Nicht nur bist du innovativ und ein verdammt guter Erzähler, vor allem hast du meine eigene Leidenschaft fürs

Geschichtenerzählen erkannt und mir klargemacht, dass man das ruhig ernst nehmen darf. Sogar als Beruf. Du bist der Urvater von *Ostwärts* und hast mir dafür den besten Kameramann ever mitgegeben. Weswegen du, lieber Michael Matz, mich seit Jahren an der Backe (und im Ohr) hast. Du gehst (reitest!) mit mir über Stock und Stein. (Sorry noch mal, dass du in Rumänien fast abgestürzt wärst, ich hätte da wirklich eher was sagen sollen. Und fürs Niesen ohne Vorwarnung.) Deine Professionalität, deine Besonnenheit, dein guter Blick und deine unermüdliche Passion fürs Drehen sind der wahre Grund, dass am Ende etwas Schönes rauskommt. Es ist eine Freude, mit dir zu arbeiten, und wir machen das noch mit neunzig. Los, schlag jetzt ein! Lieber Tom und lieber Ste, danke, dass ihr ein paar der Länder mitbereist und Michael seine Arbeit erleichtert habt. War groovy mit euch! Anja Hagemeier, Axel Seip und Ilka Rausch, ihr habt meine Stärken verstärkt und mich ermutigt, *ich* zu sein, und damit *Ostwärts* zu dem gemacht, was es heute ist. Christina Herßebroick, mit der Redaktionsleitung hast du *Ostwärts* übernommen und weiterentwickelt. Dafür, dass du in Anbetracht meines Wunsches (»Ich will SCHREIBEN!«) keinen Herzinfarkt bekommen, sondern im Gegenteil den Stein ins Rollen gebracht hast, bin ich dir von Herzen und für immer dankbar. Jens Puppe hat diesen Stein in Windeseile weitergerollt zu meiner Verlegerin. Antonia Bürger und Caroline Kaum vom Knesebeck Verlag haben mir den wärmsten Empfang geboten, den man sich als Buchautoren-ABC-Schütze wünschen kann. Und Caroline, mal ehrlich, dich hat mir doch der Himmel geschickt. Mit dir das Buch zu entwickeln, war die reine Freude. Deine E-Mails bringen mich zum Lachen und lassen mich deine klugen Ideen mit Freude annehmen. Deine auch, Nina Schiefelbein! Als Lektorin sorgst du andauernd dafür, dass ich »Oar, das ist gut!« jubele und mir an die Stirn haue, dass ich da nicht selbst drauf gekommen bin. (Ganz besonders anregend fand ich unsern Austausch über das passende

Synonym für Nasensekret.) Mit euch beiden an der Seite zu arbeiten, ist wie Plov kochen mit Usbekinnen, die das schon hundertmal gemacht haben.

Liebe Familie, liebe Freunde! Ihr seid das weiche Wattebett, in das ich maximal fallen könnte, weswegen ich niemals Angst haben muss zu stolpern. Der unsterbliche Humor, mit dem ihr alle mich umgebt, euer Nachhaken, eure Reaktionen und eure eigenen Stories, lassen mich so erzählen, wie ich es tue. Schön, dass ihr dabei seid und schon so viele Jahre meine Reiseberichte ertragt. Ach, und danke fürs Werbung machen, obwohl das Buch noch nicht mal gedruckt ist. Endlich mal mit Profis arbeiten!
Liebe Guldana, liebe Suhro-jon, lieber Gia, lieber Mischa, lieber Oybek-jon und lieber Temuulen! Mit Heimatliebe, Leidenschaft und Humor habt ihr mir eure Länder ans Herz gelegt, habt nichts beschönigt und euch (meistens) mit Augenzwinkern von mir aus der Komfortzone locken lassen. Danke für eure große Gastfreundschaft und langmütige Unterstützung unserer Arbeit. An der Tür vom Gästezimmer stehen eure Namen (kommt ruhig alle auf einmal – dann rolle ich Matten aus).

Liebster. Du bist der Erste am Morgen und der Letzte am Abend (sofern ich Empfang habe). Du tröstest, lachst, schüttelst deinen Kopf und rückst mir meinen gerade, wenn es nötig ist. Danke, dass du nicht aufgelegt hast, als ich im Dunkeln in der Mongolei zu weit gelaufen bin und das Lagerfeuer ausging. Du hättest mich zwar nicht wirklich retten können, aber es war schön zu wissen, dass du am Telefon dabei bist, wenn ich auf der Suche nach meiner Karawane in die Schlucht falle. Dir und deiner Geduld mit mir ist dieses Buch gewidmet.

Deutsche Originalausgabe
2. Auflage 2019

Ein Unternehmen der La Martinière Groupe

Konzeptentwicklung *knesebeck stories* & Projektleitung: Caroline Kaum, Knesebeck Verlag
Lektorat: Nina Schiefelbein, Holzminden
Fotos und Coverfoto: Julia Finkernagel, Offenbach
Labelentwicklung, Coverdesign & Layout: FAVORITBUERO, München
Satz und Herstellung: Arnold & Domnick, Leipzig
Druck und Einband: Livonia Print, Riga
Printed in Latvia

ISBN 978-3-95728-286-6

www.knesebeck-verlag.de